中文社会科学引文索引（CSSCI）来源集刊

中国经济史学会会刊

中国经济史评论

CHINA
ECONOMIC
HISTORY
REVIEW

主　　编／魏明孔　戴建兵
执行主编／隋福民

2022年第4辑
（总第18辑）

社会科学文献出版社
SOCIAL SCIENCES ACADEMIC PRESS (CHINA)

主办：中国经济史学会

河北师范大学历史文化学院

《河北师范大学学报》编辑部

《中国经济史评论》 编委会

主　　　编　魏明孔　戴建兵

编委会主任　谷更有

编委会成员（按姓氏笔画排序）

王　珏	王玉茹	王庭东	邢　铁	朱荫贵	刘建生
孙建国	苏金花	李　毅	杨　瑞	杨学新	谷更有
肜新春	张忠民	陈　锋	林文勋	郑有贵	赵志伟
赵学军	钞晓鸿	姜锡东	袁为鹏	贾丽英	倪月菊
徐建平	曹红军	康金莉	隋福民	韩　琦	温　锐
燕红忠	戴建兵	魏明孔	瞿　商		

执 行 主 编　隋福民

《中国经济史评论》 编辑部

主　　　任　隋福民
文字编辑　高振华　李　淼　田　牛　毕学进
技术编辑　白艳君

目 录

中国古代经济史

丝路贸易与秦汉的世界 …………………………………… 王万盈 / 1
清代民间经济纠纷的治理方式及其演变
　　——基于家法族规和州县官判牍的研究 ………… 高　原　燕红忠 / 23

中国近现代经济史

1914～1936年中国的柯布-道格拉斯生产函数 …… 张晓琴　倪　坤 / 43
近代华北内陆乡绅影响力与社会治理状况探究
　　——以民国山西河东乡绅为中心考察 ……………………… 张启耀 / 54
论上海商业储蓄银行的商业网络展开（1915～1937）……… 易星星 / 67
清末新政时期纸币滥发与物价波动 …………………………… 田　牛 / 92
清至民国时期清水江流域的山林共业与地方社会 …………… 袁文科 / 106
清至民国时期土地典、当交易辨析 …………………………… 赵牟云 / 129
转型经济中的"新"与"旧"
　　——20世纪30年代江西河口镇银钱业讼案研究 ………… 林胜强 / 147
改革开放初期安徽小三线企业调整研究（1978～1985）…… 张　胜 / 172

学术回顾与反思

2011年以来宋代货币研究综述 …………………… 姜锡东　孙　斌 / 195

书评

多维视野下的中原灾害史研究
　　——读《近代中原地区水患与荒政》 …………………… 郭子初 / 209

稿　约 ……………………………………………………………… 215

丝路贸易与秦汉的世界

王万盈*

摘　要：文章通过对汉代丝路贸易相关问题的论述，认为汉武帝时期以国家名义正式开通的陆上丝路与海上丝路，在人类历史上第一次将东西方世界联结为一体。中土蚕桑养殖、丝绸织造以及农耕、造纸等生产技术远播域外，殊方异域的香药、珍宝、饮食以及宗教文化等输入中土，汉王朝朝贡贸易圈正式形成，秦汉对世界的认知以及世界对秦汉的了解逐步加深，秦汉王朝的制度自信、文化自信以及民族自豪感得以极大提升。丝绸之路开通的最重要成果就是秦汉的世界与世界的秦汉这一人类命运共同体最终得以形成。

关键词：丝绸之路　朝贡贸易　命运共同体

秦汉时期尤其是西汉时期陆上丝路与海上丝路的正式开通，使东方世界与西方世界开始正面接触，中土蚕桑养殖、丝绸织造以及其他生产技术远播域外，殊方异域外来风物输入中土，彼此间的经济文化交流使秦汉王朝的世界观发生重大变化，也使"秦汉帝国"逐渐被其之外的世界所认知，秦汉的世界与世界的秦汉因丝绸之路而成为命运共同体，这理应被视为丝绸之路开通所引发的重要成果之一。

一　中土文化的流播

丝绸之路使世界其他地区认识了解"秦汉"成为可能，而认识"秦

---

* 王万盈，泉州市桐江学者特聘教授，福建省高校智库"海丝文化研究院"首席专家，国家语委"丝路语言文化研究中心"研究员。

汉"的主要媒介就是彼时中土物质文化的外向流播。在秦汉外传物质文化中，对域外世界产生较大影响者就是丝绸与黄金。汉武帝派张骞等出使西域，所携带的大宗物品就是丝绸，"赍金、币、帛，直数千巨万"①；汉昭帝时，傅介子出使楼兰，"介子与士卒俱赍金币，扬言以赐外国为名，至楼兰"；"汉使者持黄金锦绣行赐诸国"②。汉武帝首次以官方名义开海上丝绸之路"入海市明珠、璧流离、奇石异物"时，亦是"赍黄金杂缯而往"。③ 即使对西北少数民族首领的赏赐，也是以丝绸、黄金为主。如汉宣帝元康元年（前65）赐龟兹王"绮绣杂缯琦珍凡数千万"④；东汉安帝永宁二年（121）赐掸国王雍由调"印绶、金银、彩缯各有差"⑤；如是等等，不一而足。由此可见，丝绸与黄金是汉代对外输出的大宗商品。

与丝织品输出同时，蚕桑养殖技术、农耕技术以及金属冶铸技术等也逐渐由中土流播域外，首先是传到东北亚地区，朝鲜半岛、日本等地是植桑养蚕主要受益地区；其次是沿陆上丝路传播到中亚甚至欧洲等地，沿着海上丝路传入交趾、九真等地区。

植桑养蚕传入朝鲜半岛的时间可以追溯到商周时期，"殷道衰，箕子去之朝鲜，教其民以礼义，田蚕织作"⑥；箕子又制定颁布了成文法《乐浪朝鲜民犯禁八条》，汉文化也开始流播朝鲜半岛，汉语已经成为通用语言。到西汉时期，大同江流域一带已经通行汉语，这在扬雄《方言》中有明确记载。⑦ 之所以如此，与秦末以来大批汉人流入朝鲜半岛相关。秦末战争离乱使得大批燕齐民众避乱朝鲜、日本等地，"陈胜等起，天下叛秦，燕、齐、赵民避地朝鲜数万口"⑧。燕、赵、齐三地恰恰是秦汉时期丝织业发达之地，这些民众大量迁徙到朝鲜半岛，必然带去先进的植桑养蚕技术，使得朝鲜半岛丝织业技术快速提升。到东汉时，朝鲜半岛的马韩"知田蚕，作绵布"，辰韩"知蚕桑，作缣布"，但弁韩是否已经掌握蚕桑技术，史籍没有明确记载，估计弁韩还没有掌握蚕桑技术。随着植桑养蚕

---

① 《汉书》卷61《张骞传》。
② 《汉书》卷70《傅介子传》。
③ 《汉书》卷28下《地理志下》。
④ 《汉书》卷96下《西域传下》。
⑤ 《后汉书》卷86《南蛮西南夷列传》。
⑥ 《汉书》卷28下《地理志下》。
⑦ 华学诚汇证，王智群等协编《扬雄〈方言〉校释汇证》，中华书局，2006，第105页。
⑧ 《三国志》卷30《乌丸鲜卑东夷传》。

技术在朝鲜半岛的流播，到三国时期，弁辰已经"晓蚕桑，作缣布"。东汉时，东北少数民族濊也掌握了蚕桑技术，"知种麻、养蚕、作绵布"①。魏晋时蚕桑技术继续向辽东流播，前燕开创者慕容廆曾从孙吴引进桑种，种植桑树，"先是，辽川无桑，及廆通于晋，求种江南，平州桑悉由吴来"②。同样，日本也受到中国文化重大影响，徐福东渡日本不仅带去童男女三千人，而且有"五种百工而行"③，其中必然有植桑养蚕和缫丝织布的手工业者，否则史籍记载日本"土宜禾稻、麻纻、蚕桑，知织绩为缣布"④就难以解释。根据日本学者田久川研究，至迟在公元前后中国的丝织技术就传入日本，养蚕业也早已开始出现，当时日本北九州地区开始了织绢生产，"而植桑养蚕技术与丝织技术一样，均由中国传入"。田久川进而认为，移居日本的"秦汉移民大多从事养蚕织绢生产，被称为'ハタ'，日语意为'机织人'，他们的姓氏亦被笼统称为'ハタ'，所以'秦'字的日语读音即为'ハタ'。汉人也因精于织绫技艺而有'绫人'（アヤビト）之号"⑤。由此可见秦汉丝织技术对日本影响之深。曹魏时期，日本丝织技术有所提升，"出细纻、缣绵"。曹魏正始四年（243），日本朝贡物品中就有"倭锦、绛青缣、绵衣、帛布"⑥等丝织品。

两汉时期植桑养蚕与丝织技术沿陆上丝路传入中亚乃至欧洲，由于汉廷在伊吾屯田，五谷、桑麻种植技术已经在伊吾一带得到推广，史书所言东汉时"伊吾地宜五谷、桑麻、蒲萄"⑦即为明证。1980年考古工作者在尼雅遗址发现枯干的桑叶及一枚蚕茧，这表明在汉代精绝国所在地区已经出现植桑养蚕和丝织业。陈直先生更是明确指出："斯坦因在和阗北面一座古庙的废址里，发现了一幅壁画，画着一个四臂蚕神，就是中国古书上所谓先蚕。这是汉代养蚕法传入西域的例证。"⑧到南北朝时期，植桑养蚕技术进一步向西推进，到达波斯等地，《魏书·西域传》载：波斯国出"绫、锦、叠、毼、氍毹、毾㲪"等纺织品，其中的"绫、锦"都

---

① 《后汉书》卷85《东夷列传》。
② 《晋书》卷124《慕容宝载记》。
③ 《汉书》卷45《伍被传》。
④ 《后汉书》卷85《东夷列传》。
⑤ 〔日〕田久川：《古代中日关系史》，大连工学院出版社，1987，第37页。
⑥ 《三国志》卷30《乌丸鲜卑东夷传》。
⑦ 《后汉书》卷88《西域传》。
⑧ 陈直：《两汉经济史料论丛》，陕西人民出版社，1980，第85页。

是丝织品。这说明最迟在南北朝时期，植桑养蚕技术已经被波斯人掌握。

值得注意的是，两汉时期桑蚕养殖技术也传到欧洲的大秦，史载大秦国"人俗力田作，多种树蚕桑，皆髡头而衣文绣"①。至于为何大秦植桑养蚕技术先于其他欧洲地区引进，主要与大秦对丝绸格外钟爱有关。为得到中土丝绸，大秦"其王常欲通使于汉"，但由于安息为达到垄断丝绸交易目的，不断设置障碍，大秦无法直接交通中国，"安息欲以汉缯彩与之交市，故遮阂不得自达"②。直到大秦到中国的海上丝路开通，双方有了直接贸易交往，中土植桑养蚕与丝织技术就优先被引进大秦。因此，大秦"多种树蚕桑"也就不足为奇。当然也不排除另一个可能，就是大秦"与安息、天竺交市于海中"过程中，通过天竺商人引进植桑养蚕技术。

汉代西域一带少数民族地区尚未掌握凿井技术，随着丝路开通与汉王朝对西北的经略，中土穿井技术尤其是挖凿龙首渠所发明的"坎儿井"技术推广到西域，并因地制宜发扬光大。如李广利第二次伐大宛夺取汗血宝马，在初期刚刚围困大宛城时，李广利等人以为大宛"城中无井，汲城外流水，于是遣水工徙其城下水空以穴其城"③，"决其水源"④。但得知"宛城中新得汉人，知穿井"⑤消息后，遂放弃这一计划。这表明"井渠法"凿井技术已经传到西域。再如西汉轮台屯田是由桑弘羊向汉武帝建议实行的，其在屯田主张中有重要一点就是在轮台"益通沟渠，种五谷，与中国同时孰"⑥。李延年失宠后，曾与李延年交好的卫律投降匈奴，汉昭帝始元四年（前83），卫律也劝匈奴单于"穿井筑城，治楼以藏谷"，并"穿井数百，伐材数千"⑦。《前汉纪·武帝纪》载，罽宾"去长安万二千里，土地平坦温和，有苜蓿杂果奇木，种五谷稻"。两汉时期从鄯善以西到且末以东广大区域内，农业生产有较大发展，史载鄯善"自且末以往皆种五谷，土地草木，畜产作兵，略与汉同"⑧。由此可见，汉武帝时中原地区的水利技术与"五谷"种植已经传入西域和匈奴统治地区，当地原有的生产

---

① 《后汉书》卷88《西域传》。
② 《后汉书》卷88《西域传》。
③ 《汉书》卷61《李广利传》。
④ 《史记》卷123《大宛列传》。
⑤ 《汉书》卷61《李广利传》。
⑥ 《汉书》卷96下《西域传下》。
⑦ 《汉书》卷94上《匈奴传上》。
⑧ 《汉书》卷96上《西域传上》。

种植结构有所改变，对当地社会生活产生了重大影响。

汉代铁器及其铸造技术也随丝绸之路传入西域和匈奴统治区。林幹先生根据诺颜山墓葬出土的盛有谷物的陶器和乌兰乌德墓葬发掘出的汉人常用的铁镰等农业工具，认为这一时期"匈奴人的农业受到了汉人很大的影响，农业技术就是从汉人那里传入，而从事农业生产的劳动者，大多也是汉人"①。再如，在众所周知的汉尼雅遗址中出土的铁镰刀，与"今天陕西关中地区农民使用的镰刀形状相同"；而乌孙墓出土的铁铧，与汉代关中地区的铁铧别无二致，"在伊犁地区的昭苏县，相当于西汉时期的乌孙墓出土一张铁铧，舌型，中部鼓凸，铧体剖面近等腰三角形，后部有銎，銎作扁圆形。通体厚重、粗糙。这种形制，与关中长安、礼泉、陇县等地出土的西汉中晚期舌型大铧形制相同"②。在乌孙王国境内发现的汉代铁铧，应该与当时西汉在乌孙屯田直接相关。根据考古发掘，迄今为止尚未发现汉代以前新疆地区犁耕的证据，因此，"从考古资料分析，新疆犁耕始于西汉"③。从西汉开始，犁耕和铁器铸造技术继续西传，"自宛以西至安息国""不知铸铁器。及汉使亡卒降，教铸作它兵器"④。

随着两汉在西域的大规模屯田，中土牛耕技术也传到西域。新疆拜城克孜尔千佛洞175窟东甬道西壁正中，有一幅二牛抬杠图，"在莲花跏趺式（交脚式）的坐佛周围，画出类似二牛抬杠的牛耕图，有宽刃的镢和锄等工具。从牛耕图中的宽大铁铧来看，与发现的汉代铁铧比较接近"⑤。这说明"二牛抬杠"这种中原最先进的耕作方式已经通过屯田传入西域。

由于匈奴与中土接触最早，也最频繁，不仅大量汉人或逃亡或被虏进入匈奴族群之中生活，叛汉投降匈奴的卫律劝匈奴单于穿井筑城时就建议"与秦人守之"。这里的所谓"秦人"颜师古认为，"秦时有人亡入匈奴者，今其子孙尚号秦人"；《太平御览》引《述异记》："汉武帝遣将军王溃戍边。及帝崩，王莽篡逆，溃与莽有隙，遂留不敢归，因亡入胡中。士卒相率筑台，为望乡之处。"⑥可见流入匈奴的汉人为数不少。这些流入匈

---

① 林幹：《匈奴通史》，人民出版社，1986，第38页。
② 王炳华：《新疆农业考古概述》，《农业考古》1983年第2期。
③ 王炳华：《新疆犁耕的起源和发展》，《新疆社会科学》1982年第4期。
④ 《汉书》卷96上《西域传上》。
⑤ 阎文儒：《新疆天山以南的石窟》，《文物》1962年第7、8期。
⑥ （宋）李昉等撰《太平御览》卷178《居处部六·台下》，中华书局影印本，1960，第867页。

奴的汉人自然也就把中原地区先进的农耕方式带入匈奴领地。汉武帝元狩四年（前119），卫青"至寘颜山赵信城，得匈奴积粟食军。军留一日而还，悉烧其城余粟以归"①；汉武帝后元元年（前88），匈奴"会连雨雪数月，畜产死，人民疫病，谷稼不孰"。这里的"谷稼"就是"黍稷"。颜师古解释说，"北方早寒，虽不宜禾稷，匈奴中亦种黍稷"②；汉宣帝地节四年（前66），匈奴单于"遣左右大将各万余骑屯田右地，欲以侵迫乌孙西域"③；王莽始建国二年（10），西汉戊己校尉史陈良、终带投降南匈奴，"尽胁略戊己校尉吏士男女二千余人入匈奴"，"良、带径至单于庭，人众别置零吾水上田居"④。由此可见匈奴已经部分接受汉族农业生产方式，种植黍、稷，实行屯田。

汉代中土先进农业生产技术也传入交趾、九真等地。据文献记载，直到王莽专政时期，交趾仍处于"言语各异，重译乃通。人如禽兽，长幼无别。项髻徒跣，以布贯头而著之"的亚文明时期，但随着中土人士徙入，其生活方式开始发生变化，"后颇徙中国罪人，使杂居其间，乃稍知言语，渐见礼化"⑤。这其中的"礼化"不仅仅体现在语言与习俗方面，更多包含生产方式的改变。又如，东汉初年，任延为九真太守，这一时期九真郡农业生产方式仍处于原始的"烧草种田"阶段，"以射猎为业，不知牛耕"。任延到任后，"铸作田器，教之垦辟。田畴岁岁开广，百姓充给"⑥。

学界研究表明，中土玻璃制作技术并非来自域外。中土玻璃主要由最早的钾钙硅酸盐玻璃和战国以后的铅钡硅酸盐玻璃两类组成，汉代及以前尤其如此。"中原地区最早的古玻璃制造是从原始的瓷釉制作演变过来，用草木灰作助熔剂，始于春秋和战国早期，玻璃成分属含碱钙硅酸盐玻璃系统，其中 K_2O 含量大于 Na_2O 为其主要特征。"干福熹先生等进而认为："随着制备玻璃的助熔剂的改进，在战国中、晚期，采用了在古代青铜制备技术和炼丹术中使用的 PbO，发展了成分特殊的铅钡硅酸盐玻璃；另一方面采用硝石作助熔剂而形成了钾硅酸盐玻璃。这两类玻璃发展至汉代，

---

① 《史记》卷111《卫将军骠骑列传》。
② 《汉书》卷94上《匈奴传上》。
③ 《汉书》卷94上《匈奴传上》。
④ 《汉书》卷94下《匈奴传下》。
⑤ 《后汉书》卷86《南蛮列传》。
⑥ 《后汉书》卷76《循吏列传》。

已传至我国境内南方和北方地区,外传至朝鲜半岛、日本、东南亚和中亚地区。"① 汉代中土玻璃制作技术的外传,表明中国古代玻璃生产技术已经形成自己相对独立的生产体系,影响着东北亚、东南亚以及中亚地区玻璃生产。

两汉时期中土物产以及技术的域外流播,也得到了考古学上的有力证实。如 2003 年,考古工作者在新疆吐鲁番洋海墓地发现的竖琴,应该来源于小亚细亚或美索不达米亚。② 在 D 型墓中出土有少数汉式器物,如带弦纹的陶罐、木耳杯、木复合弓、木梳、铁刀、铁马衔和不见彩陶器等,时代为公元前 390 年~前 160 年,约公元前 2 世纪~公元 2 世纪的两汉时期。再如印度尼西亚雅加达博物馆陈列着中国汉代制造的绿釉陶器和黑釉陶器,虽然说明写的是从爪哇和苏门答腊出土的,但是,既然公元前 2 世纪末就已经开辟了中国到印度之间的航路,那么在爪哇岛和苏门答腊岛出土了 2 世纪左右的中国陶器也就不足为怪了。③

尤其值得一提的是,东汉后期中土造纸技术开始传入西域,这也是中国对人类文明最伟大的贡献之一。东汉和帝元兴元年(105),蔡伦改进造纸术④,"用树肤、麻头及敝布、鱼网以为纸",因其工艺简单,原料来源极为便捷,成本极低,此方法很快流行起来。加之作为书写材料的纸与此前的书写材料简牍、绢帛相较具有极大优势,因此,纸一出现,很快就取代了简牍绢帛这样的书写材料,"自是莫不从用焉"⑤。

经蔡伦改进的造纸术出现后,很快就向域外尤其是西域一带传播,这一点已经在考古学上得以大量证实。如 1906 年斯坦因在古长城烽燧中发现的用粟特文写在纸上的信,粟特人使用纸写信距离蔡伦改进造纸术"才四五十年,而外国人竟然就已经采用了中国纸"⑥。此外,斯坦因还在敦煌找

---

① 干福熹、承焕生、李青会:《中国古代玻璃的起源——中国最早的古玻璃研究》,《中国科学》(E 辑:技术科学)2007 年第 3 期。
② 新疆吐鲁番学研究院、新疆文物考古研究所:《新疆鄯善洋海墓地发掘报告》,《考古学报》2011 年第 1 期。
③ 〔日〕三上次男:《陶瓷之路》,李锡经、高喜美译,文物出版社,1984,第 153 页。
④ 蔡伦改进造纸术前,"纸"就已经出现。如《后汉书·贾逵传》载,著名经学家贾逵因在东汉章帝建初元年(76)奏言《左氏传》甚合帝意,汉章帝赏赐贾逵"布五百匹,衣一袭,令逵自选《公羊》严、颜诸生高才者二十人,教以《左氏》,与简纸经传各一通"。其中的"简纸"就是竹简和纸。可见在蔡伦改进造纸术前 30 年,已经有纸在使用中。蔡伦不是纸的发明者,而是改进造纸工艺的集大成者。
⑤ 《后汉书》卷 78《蔡伦列传》。
⑥ 季羡林:《中国纸和造纸法输入印度的时间和地点问题》,《历史研究》1954 年第 4 期。

到三张汉代纸写的残卷，1900年斯文·赫定在古楼兰遗址发现西晋时期用各色各样的纸书写的公文或私人信函，这一点季羡林先生已经有详细叙述，不再赘言。这里引起我们注意的是在西域发现的汉晋时期的纸张充分说明纸的使用甚至制造技术已经传入西域，并继续西传到波斯、大秦。对世界文明产生了重大影响。

除丝绸、黄金以及造纸术、农业生产技术、玻璃制造等的输出外，汉代中原地区的饮食加工、烹饪方法等也陆续流播域外。陈敏学博士曾考证过秦汉时期由"华"入"夷"的几种饮食，分别有"米、秫、酒、蘖"。如《史记·匈奴列传》记载，汉匈和亲期间，"岁奉匈奴絮缯酒米食物各有数"；"故诏吏遗单于秫蘖金帛丝絮佗物岁有数"。除每年奉送匈奴大量酒米秫蘖外，"谷米糒"更不可少。汉宣帝甘露三年（前51）一次就赏赐前来朝贺的匈奴单于"冠带，衣裳，黄金玺，盭绶，玉具剑，佩刀，弓一张，矢四发，棨戟十，安车一乘，鞍勒一具，马十五匹，黄金二十斤，钱二十万，衣被七十七袭，锦绣绮縠杂帛八千匹，絮六千斤"。后送匈奴单于出朔方鸡鹿塞时，又"转边谷米糒，前后三万四千斛，给赡其食"。此外，酱、橙子、橘子、龙眼、荔枝也曾赠送于匈奴。《后汉书·南匈奴列传》记载："汉乃遣单于使，令谒者将送，赐……太官御食酱及橙、橘、龙眼、荔枝。"

汉代由"华"入"夷"的食物水果还有"枸酱""桃、杏""梨""蔓菁""姜、桂"等①。"枸酱"即蒟酱，有人认为枸酱就是由胡椒所制成的酱类调味品，这是一种误解。《史记·西南夷列传》说"独蜀出枸酱，多持窃出市夜郎"，枸酱不仅传到西南夷、南越，也被作为礼品传入匈奴。其他如桃、梨、苹果、梅、杏、桂皮、干姜等也在两汉时期输入西域、印度等地。如《大唐西域记》载，"此境以往，洎诸印度，土无梨、桃，质子所植，因谓桃曰至那你（唐言汉持来），梨曰至那罗阇弗呾逻（唐言汉王子）"。再如姜、桂等香料，《海内十洲记》明确指出其"是西方国之所无者"。因此就有学者指出："先秦以来，华南地区香料的生产和使用比北方地区发达得多。中国饮食调料中的'五香'之一桂皮，是本土香料的典型代表，在江南和华南地区曾广泛种植，并在2000多年前的汉代就曾沿着

---

① 陈敏学：《秦汉时期的饮食文化交流及其推动因素——以华夷之间的交流为中心》，《咸阳师范学院学报》2016年第3期。

海上丝路出口到波斯和罗马帝国。"① 由于桂皮是美容品、医药品、香膏香脂以及香精中所使用的大量原料之一，深得罗马人重视。桂皮传入罗马帝国前，由于阿拉伯商人对桂皮来源地的封锁，罗马人一直误认为桂树生长在阿拉伯半岛。当中土的桂皮传入罗马帝国后，其价格昂贵得惊人，"一罗马镑高质量的桂皮价值一千五百枚古罗马银币，而低质量的也值五十个银币"②。

二 朝贡贸易体系的形成

如所周知，"九州同域，天下一统"是春秋以来中土思想家、政治家追求的终极目标之一。因此，秦始皇一统天下后在琅琊台刻石中云"颂秦德，明得意"，并以"临察四方""存定四极"作为最高统治者"明"与"德"的基本内容。西汉建立后，进一步强化了以汉统治区域为中心的"天下"概念，将游离于"四极"之外的世界视为"蛮夷戎狄"。余英时对此有较为清晰的认识，"汉代中国人有一种中国的世界秩序的清晰观念，这种观念是建立在内外之别基础上的"③，并以此为指导建构起影响深远的朝贡贸易体系。

秦汉王朝朝贡贸易体系的构建首先体现在对周边威胁尤其是军事威胁的清除上。从秦始皇"分天下以为三十六郡"，"经理宇内"到"使将军蒙恬发兵三十万人北击胡，略取河南地"，修筑长城，再到统一岭南，设桂林、象郡、南海三郡以及"筑亭障以逐戎人"等举措，就是要达到"以养四海"，使周边蛮夷"莫不宾服"的目的；其次就是通过对外交往增强中外互联互通，使世界开始步入中国化时代。

秦亡后，继之而起的西汉政权从刘邦开始迎击匈奴于平城，但却遭受到重大失利。平城之围使汉王朝清醒认识到其与匈奴军事力量上的明显差距，被迫采取"通关市，给遗匈奴"的"和亲"政策求得暂时和平，全力以赴恢复经济，增强国力。到汉武帝时，西汉王朝经济、军事力量空前强

---

① 周永卫：《对早期华南海上丝路民间贸易的重新审视》，《地域文化研究》2017年第2期。
② 〔法〕L. 布尔努瓦（L. Boulnois）：《丝绸之路》，耿昇译，新疆人民出版社，1982，第51页。
③ 〔英〕崔瑞德、鲁惟一编《剑桥中国秦汉史》，杨品泉等译，中国社会科学出版社，1992，第412页。

盛,开始实施"威德遍于四海"①军事打击举措,"南诛两越,东击朝鲜,北逐匈奴,西伐大宛"②。最终清除周边威胁,使汉王朝影响力上升到一个新的高度。这正如东方朔吹捧汉武帝那样:"圣帝在上,德流天下,诸侯宾服,威振四夷,连四海之外以为席。"③武帝时期汉王朝影响力的扩大,为朝贡贸易体系的生成奠定了基础。

秦汉朝贡贸易体系构建的另一重要体现就是外交活动的活跃,这也是综合国力的一种体现。西汉立国之初因民贫国弱,主要的外交对象就是对中原政权威胁最大的匈奴,但在绝对实力面前,西汉政府对匈奴的外交话语权并未掌控在汉王朝一方,如汉初刘邦等派出出使匈奴的外交官员刘敬、朱建之子、宋忠等,要么无功而返,要么被匈奴杀掉。即使汉武帝初年所遣苏武、张骞等,也被匈奴拘留十余年之久。随着武帝时期综合国力的强盛,"是时,汉兴六十余载,海内艾安,府库充实,而四夷未宾,制度多阙"④,亟须开拓外交工作新局面。为达到"款殊俗之附"⑤的目的,从汉武帝开始,两汉政府先后派江充、枚皋、苏武、卫律、公孙弘、张猛、谷吉、姚尹、萧育、刘讽、陈遵、侯藩、韩容、王丹、王昌、刘襄、段柳、郑众等近百人次出使匈奴,派张骞、续相如、傅介子、甘延寿、班超、郭恂出使西域,司马相如、唐蒙出使西南夷,安国少季、严助、终军使南越。"汉使者持黄金锦绣行赐诸国。"⑥尤其在汉武帝时期,出使周边地区的使节人数最多,出使频率最高,显示出汉武帝对扩大汉王朝影响力的急迫心情。往来于丝绸之路上的使者"相望于道,率十辈,大者数百人,小者百余人,一岁中使多者十余辈,少者五六辈,远者八九岁,近者五六岁而还"⑦。

为扩大汉王朝的对外影响,汉武帝对要求出使异域者采取来者不拒的态度,"自博望侯开外国道以尊贵,其后从吏卒皆争上书言外国奇怪利害,求使。天子为其绝远,非人所乐往,听其言,予节,募吏民毋问所从来,

---

① 《史记》卷123《大宛列传》。
② 《史记》卷103《万石君列传》。
③ 《史记》卷126《滑稽列传》。
④ 《汉书》卷58《公孙弘卜式兒宽传》"赞曰"。
⑤ 《后汉书》卷86《南蛮西南夷列传》。
⑥ 《汉书》卷70《傅介子传》。
⑦ (汉)荀悦撰《前汉纪》卷14《孝武皇帝纪》汉武帝太初四年条,文渊阁四库全书本。

为具备人众遣之，以广其道"①。不仅如此，汉武帝更是亲自上阵，在巡狩海上时，为显示"汉广大"，随行人员中"外国客"必不可少。对此，司马迁有详细记载："是时，上方数巡狩海上，乃悉从外国客，大都多人则过之，散财帛以赏赐，厚具以饶给之，以览示汉富厚焉。于是大觳抵，出奇戏诸怪物，多聚观者，行赏赐，酒池肉林，令外国客遍观各仓库府藏之积，见汉之广大，倾骇之。及加其眩者之工，而觳抵奇戏岁增变，甚盛益兴，自此始。"②汉武帝此举，耗费巨额财富，"设酒池肉林以飨四夷之客，作《巴俞》都卢、海中《砀极》、漫衍鱼龙、角抵之戏以观视之。及赂遗赠送，万里相奉，师旅之费，不可胜计"③。

对外关系中虽有巨额财富的耗费，但在客观上却扩大了汉王朝的影响力，以"汉"为核心的朝贡贸易圈最终在汉武帝时期建立起来，汉王朝的"天下观"开始步入实践期。从最初的"大宛诸国发使随汉使来，观汉广大"④，"及宛西小国驩潜、大益，宛东姑师、扜罙、苏薤之属，皆随汉使献见天子"⑤。到东汉和帝永元六年（94），班超击破焉耆后，"于是五十余国悉纳质内属。其条支、安息诸国至于海濒四万里外，皆重译贡献"⑥。到东汉，朝贡贸易圈进一步扩大，远在海外的日本也开始遣使奉献，刘秀建武中元二年（57），"倭奴国奉贡朝贺，使人自称大夫，倭国之极南界也。光武赐以印绶"⑦。东汉王朝赐金印给倭王，正式确立了两国之间的朝贡贸易关系。东汉桓帝延熹九年（166），"大秦王安敦遣使自日南徼外献象牙、犀角、玳瑁，始乃一通焉"⑧。罗马帝国与汉王朝的海上丝路贸易也得以正式开通，汉王朝的影响力进一步扩大到欧洲。

每一次"外国"真使节抑或假冒使节的"贡献"，都会使"天子大悦"，感觉"汉德"成功流播于徼外四夷之地，因此对这些域外"贡献者"的赏赐也就格外大方。如汉宣帝元康元年（前65），一次就赐给龟兹

---

① 《史记》卷123《大宛列传》。
② 《史记》卷123《大宛列传》。
③ 《汉书》卷96下《西域传下》"赞曰"。
④ 《汉书》卷61《张骞传》。
⑤ 《史记》卷123《大宛列传》。
⑥ 《后汉书》卷88《西域传》。
⑦ 《后汉书》卷85《东夷列传》。
⑧ 《后汉书》卷88《西域传》。

王及其夫人"车骑旗鼓，歌吹数十人，绮绣杂缯琦珍凡数千万"①；曹魏景初二年（238），倭国女王遣大夫难升米等给曹魏政权"献男生口四人，女生口六人，班布二匹二丈"，魏明帝曹叡予以丰厚回报，有"绛地交龙锦五匹、绛地绉粟罽十张、蒨绛五十匹、绀青五十匹"，美其名曰为"答汝所献贡直"。除此之外，曹叡又特赐倭女王"绀地句文锦三匹、细班华罽五张、白绢五十匹、金八两、五尺刀二口、铜镜百枚、真珠、铅丹各五十斤"②。如此事例，史书比比皆是，毋须列举。

汉代朝贡贸易体系中的另一重要内容就是体现汉王朝的中心地位与政治影响力。这主要表现在除物质赏赐之外的政治附属关系的建立上，即使这种关系缥缈脆弱，也能满足汉王朝统治者"率土之滨，莫非王臣"的心理。如西汉宣帝时曾派女外交家冯嫽给乌孙大、小昆弥"赐印绶"③；东汉光武帝刘秀建武十二年（36），"九真徼外蛮里张游，率种人慕化内属，封为归汉里君"④；建武中元二年（57），倭奴国奉贡朝贺，刘秀赐以"印绶"；东汉安帝永宁元年（120），扶余王遣使贡献，东汉政府赐尉仇台"印绶金彩"⑤；曹魏景初二年（238），曹叡封倭女王卑弥呼为"亲魏倭王，假金印紫绶"，封来使难升米、牛利为"率善中郎将""率善校尉"。两汉政权就是想通过授"印绶"的方式显示域外政权已经"臣属于汉"。由于"印绶"具有极强的象征意义，即使有些域外政权对此不以为意，但对汉室而言"印绶"的接受就意味着臣属关系的确立，因此，两汉王朝对此格外重视，如王莽以新代汉后在对外关系上所做的重要工作之一就是"外及匈奴、西域，徼外蛮夷，皆即授新室印绶，因收故汉印绶"⑥。

史籍有言："汉德其可谓允怀矣。黄支之南，大夏之西，东鞮、北女，来贡其珍。汉德其可谓允怀矣，世鲜焉。芒芒圣德，远人咸慕，上也；武义璜璜，兵征四方，次也；宗夷猾夏，蠢迪王人，屈国丧师，无次也。"⑦从上所述可知，汉代朝贡贸易的主要目的就是要实现统治者拥有四海的

---

① 《汉书》卷96下《西域传下》。
② 《三国志》卷30《乌丸鲜卑东夷传》。
③ 《汉书》卷96下《西域传下》。
④ 《后汉书》卷86《南蛮西南夷列传》。
⑤ 《后汉书》卷85《东夷列传》。
⑥ 《汉书》卷99中《王莽传中》。
⑦ （清）汪荣宝撰，陈仲夫点校《法言义疏》二十，中华书局，1987，第546页。

"天下观"理念，以"德"为核心手段，以"臣属""归服"为目的，从而确立起"秦汉"的世界。

三　中西文明的碰撞交融

丝路开通使得中西文明历史上第一次产生碰撞交融。张骞出使西域，西域葡萄传入中土，汉武帝更是建有以葡萄命名的"葡萄宫"，《资治通鉴》胡三省注就直接言曰："武帝伐大宛，采蒲陶种植之离宫，宫由此得名。"而葡萄形状也被中土织工移植到丝绸织造上，《西京杂记》中"霍光妻遗淳于衍蒲桃锦二十四匹"就是明证。这是西域文化影响中土的例证之一。再如张骞出使西域到达乌孙，两国随即展开外交活动，乌孙使节随张骞"献马数十匹报谢"，首次了解到汉王朝的强盛，"其使见汉人众富厚，归其国，其国后乃益重汉"[1]。随着双方交往增多，西汉先后将细君公主、解忧公主嫁于乌孙王，"乌孙公主遣女来至京师学鼓琴"，后汉宣帝又准备将解忧公主妹妹相夫嫁于乌孙王，"置官属侍御百余人；舍上林中，学乌孙言"[2]。龟兹同样如此。到汉宣帝时，龟兹与汉室联系更为密切，汉宣帝元康元年（前65），龟兹王与夫人朝贺汉室，汉宣帝对其赏赐丰厚，"王及夫人皆赐印绶。夫人号称公主，赐以车骑旗鼓，歌吹数十人，绮绣杂缯琦珍凡数千万。留且一年，厚赠送之"。此后龟兹又多次来汉朝朝贺，"乐汉衣服制度，归其国，治宫室，作徼道周卫，出入传呼，撞钟鼓，如汉家仪"[3]。

同时，汉文化对其他民族地区影响更大，如在蒙古发现的汉代时期的匈奴贵族墓，有大量汉式文物，如漆器、铜镜、铜钱以及丝织品等，"从墓坑建造到棺椁制度，以及随葬品的组合，已与大型汉墓无殊，清楚地看出汉文化影响越来越深"[4]。

正由于西域处于中西文明交流的重要节点，其地考古发掘出的文物往往带有更多中西文化交融的色彩。有学者通过对出土于新疆洛浦县山普拉02号墓西汉时期的"连方动物纹织成缘"和01号墓东汉时期的"暗红地

---

[1]　《汉书》卷96下《西域传下》。
[2]　《汉书》卷96下《西域传下》。
[3]　《汉书》卷96下《西域传下》。
[4]　田广金：《近年来内蒙古地区的匈奴考古》，《考古学报》1983年第1期。

氍织绦式蔓草并蒂花织成女裙残片"以及"马人武士纹织成壁挂残部"等的研究，认为不仅同样风格的毛织品在楼兰古址曾有出土，而且不论从织物名称或织造工艺及纹样风格来看，这些毛织品可能分别来自当时的大月氏、安息与大秦。这些毛织品是沿古代丝绸之路，作为商品传入中国新疆地区的①。1995 年考古工作者对汉晋时期的营盘墓地进行考古发掘，共发掘古墓葬 32 座，其中 15 号墓是营盘发掘墓葬中保存情况最好、最具特色的一座墓，其出土文物汇集了古代东西方不同的文化因素。墓主人棺外覆盖一条长方形彩色狮纹栽绒毛毯，25 岁的男性死者身盖淡黄色绢衾，头枕鸡鸣枕，面部罩盖麻质面具。身着红地对人兽树纹罽袍、淡黄色绢内袍、毛绣长裤。脚穿绢面贴金毡袜。腰系绢质腰带，其上垂挂香囊、帛鱼。左臂上系扎长方形刺绣护膊，头右侧置长方形残锦片。M15 随葬的毛织品有红地对人兽树纹双面罽袍、毛绣长裤、狮纹栽绒毯、绢面贴金毡袜和毛毡。原料主要是羊毛、羊绒。其中罽袍实物，除后背局部损朽外，保存基本完好。其色彩鲜艳，织工技艺高超。纹样带有明显的希腊化艺术风格。狮纹栽绒毯覆盖在彩棺外。长方形，四边残朽，残长 312 厘米、宽 178 厘米，以大红、深黄、中黄、橘黄、绿、草绿、藏青、湖蓝、浅蓝、粉红、深棕、白色等彩色栽绒显现花纹。主体纹样为一伏卧的雄狮，狮子的造型别具特色，其腰部细缩，后臀隆起，形成大的起伏，表现出较强的动感。狮头侧视，面部神态和善。富于装饰性的狮鬣以及足、臀、尾部延伸到了边框外，构图生动，并带有明显的外来艺术风格。②如所周知，中国不产狮子，《前汉纪》说乌弋国"出狮子犀牛"。直到汉武帝时期，随着丝路贸易的开通，域外的狮子才进入中土，"巨象、师子、猛犬、大雀之群食于外囿"③。从此，狮子才成为中土社会喜爱的猛兽之一，狮子的画像、石刻等开始流行于中土。

从 19 世纪末开始，我国西北尤其是新疆地区就不断有纺织品出土，其中相当一部分出土纺织品在纹样的题材内容、艺术风格及制作工艺等方面，都体现出异域文化的因素。1959 年考古工作者在新疆民丰尼雅遗址中发掘出一块蜡染蓝印花棉布，约为公元 1~3 世纪的纺织品。其中心图案已

---

① 武敏：《新疆近年出土毛织品研究》，《西域研究》1994 年第 1 期。
② 周金玲等：《新疆尉犁县营盘墓地 15 号墓发掘简报》，《文物》1999 年第 1 期。
③ 《汉书》卷 96 下《西域传下》。

残损，只能见到半只赤裸的脚，一段狮尾。左下角方框内为一半身裸体女神像，头后有顶光，颈佩缨珞，手持一盏装满葡萄的角形物，具有明显的佛教艺术色彩。对此夏鼐先生明确指出："新疆尼雅东汉遗址出土的靛蓝色蜡缬佛像花纹的棉布，当是印度输入品。"①

2001年，考古工作者对距武帝开通西域仅数十年后建造的平陵进行考古钻探和发掘，从陪葬坑中出土了大批殉葬骆驼骨骸，这是陕西及中原地区发现最早的骆驼实物，这次发现距汉武帝开通西域引进骆驼仅数十年。② 这一发现对研究汉代陆上丝绸之路有重要价值。

汉代海上丝路的开通，也使合浦、徐闻、番禺、交趾、日南等成为海上丝路贸易的重要港口。考古工作者在番禺、合浦、徐闻等汉代港口故地发现诸多外来文物。如1982年发掘的广州南越王墓，出土镂孔铜熏炉、象牙、乳香、圆形银盒和金花泡饰等。大象牙五支，长度都在120厘米以上，牙体粗壮，与纤细型的亚洲象牙有明显的区别，为非洲象牙。银盒造型纹饰与中国传统器具风格迥异，但和西亚的波斯帝国时期的金银器雷同，是广州地区出土的年代最早的舶来品。③ 这些都说明丝路开通引发了东西方文明的第一次大交流、大碰撞，彻底改变了秦汉对"世界"的认识，也使世界首次认识到秦汉。

四　秦汉的世界与世界的秦汉

丝路贸易的开通，使得秦汉时期的"世界"认知观发生了巨大变化，先秦时期的"中国"与"四夷"观念逐渐被"中国"与"外国"的世界观念所取代。④ 两汉人们对世界的认知随着丝路的延伸不断深入，世界对秦汉的认识也由臆测到逐渐清晰，以此为起点，世界开始步入中国化时代。

早在公元前7到前6世纪，西方文献中就出现对"中国人"的记载，普罗柯奈苏斯人亚里斯特亚士的《阿利马斯比亚》中将中国人称为"希伯

---

① 夏鼐：《中国文明的起源》，文物出版社，1985，第67页。
② 庞博：《汉昭帝平陵陪葬坑出土大批骆驼骨骸》，《中国文物报》2001年12月7日，第1版。
③ 张荣芳、黄淼章：《南越国史》，广东人民出版社，1995，第285～286页。
④ 王永平先生对此问题有颇为精彩论述。见氏作《从"天下"到"世界"：汉唐时期的中国与世界》，中国社会科学出版社，2016。

尔波利安人",意思就是指"居住在北风以外的人"。于是,居住在北风之外宁静幸福的"希伯尔波利安人"成了西方最早的中国人形象。①当然这一形象尚处于想象状态,并非真实的中国人形象。公元前4世纪,古希腊地理学家克泰夏斯的《史地书》以及古罗马地理学家斯特拉波的《地理书》描述"中国人"形象时,其说法显示出其依然对"中国"无甚了解。直到公元1世纪,居住在埃及亚历山大城的一位操希腊语的商人在其所著的《厄立特里亚海航行记》中首次提到中国的另一个名称"秦国",说大洋就止于此。他甚至还提到中国北方有一座大城市叫"秦尼",据《希腊拉丁作家远东古文献辑录》载:"经过这一地区之后,就已经到达了最北部地区,大海流到一个可能属于赛里斯国的地区,这一地区有一座很大的内陆城市叫秦尼(Thinai)。那里的棉花、丝线和被称为 Sêrikon(意为丝国的)的纺织品被商队陆行经大夏运至婆卢羯车(Barygaza),或通过恒河而运至穆利。"② 在成书于150年左右的《地理志》一书中,埃及学者托勒密也指出在极东之地有"秦尼国"和"秦尼城"。托勒密《地理志》的记载,说明在公元2世纪时古代埃及已经对中国有了大致的了解,这首先就要归功于汉武帝时期海上丝路的正式开通,使得古埃及学者通过往来于南海海上丝路的商人了解到更多秦汉的情况。古埃及学者通过海上丝路了解中国,罗马学者也不例外。老普林尼所感慨的"我国每年至少有一亿枚罗马银币被印度、赛里斯以及阿拉伯半岛夺走"③,恰恰印证了史书记载的大秦"与安息、天竺交市于海中,利有十倍","其王常欲通使于汉,而安息欲以汉缯彩与之交市,故遮阂不得自达"的准确性,大秦经由海道直通东汉前,要得到中国的丝绸,就要受到安息和天竺中间商的盘剥,也说明秦汉的丝绸对罗马帝国的巨大影响。世界的秦汉轮廓开始逐渐清晰。

秦汉对自身以外世界的认知同样经历了由模糊到清晰的过程。如对罗马帝国的认知,先秦典籍中没有"大秦"或"犁轩"一词。《史记》将大秦记为"犁轩""黎轩",说安息"其西则条枝,北有奄蔡、黎轩","以大鸟卵及黎轩善眩人献于汉"④。《史记》所叙述的"大秦"是与"安息"

---

① 邹雅艳:《古希腊罗马时期西方的中国形象》,《天津大学学报》(社会科学版)2012年第6期。
② 〔法〕戈岱司:《希腊拉丁作家远东古文献辑录》,耿昇译,中华书局,1987,第18页。
③ 〔法〕戈岱司:《希腊拉丁作家远东古文献辑录》,耿昇译,中华书局,1987,第12页。
④ 《史记》卷123《大宛列传》。

连在一起顺带叙述的，没有记载有关大秦的任何人文地理内容，而且这个记载还是源自张骞对西域地理的述说。班固《汉书》中终于有大秦的记载，如称大秦为"犁靬""犛靬"；汉武帝初置酒泉郡，以通西北国，"因益发使抵安息、奄蔡、犛靬、条支、身毒国"①。但也没有详细记录有关大秦情况。到《后汉书》时，大秦的记载开始逐渐丰富，如东汉安帝永宁元年（120），"掸国王雍由调复遣使者诣阙朝贺，献乐及幻人，能变化吐火，自支解，易牛马头。又善跳丸，数乃至千。自言我海西人。海西即大秦也，掸国西南通大秦。明年元会，安帝作乐于庭，封雍由调为汉大都尉，赐印绶、金银、彩缯各有差也"②。这是史书有关大秦直接与东汉政府交往的第一次记录，比《后汉书》所记载的汉桓帝延熹九年（166）"大秦王安敦遣使自日南徼外献象牙、犀角、玳瑁，始乃一通焉"③ 要早将近半个世纪。而且《后汉书·西域传》还专门有"大秦传"详细叙述其城市、物产、货币以及贸易等详情，说明这个时期汉王朝对"中国"之外的"大秦"有了较为清晰认识。

同样，秦汉时期的中国对日本的认知也有一个由模糊到清晰的发展过程。《山海经·海内北经》将最早认识的"倭"列入"燕"地之列，有"盖国在钜燕南，倭北。倭属燕"，显然仅属于大概位置。《论衡·恢国篇》讲到周成王时说，"越常献雉，倭人贡畅"④，但先秦时期的中土对"倭"认识仅此而已。秦始皇派遣徐福入海寻求长生不老之药时，徐福除给始皇帝讲东海之中有三座"仙岛"外，并未讲还有"倭人"居住之岛，史书也没有明言徐福最终到达日本，仅是说徐福最终留居在亶洲。徐福入海所去的"亶洲"，有学者认为就是今天的日本列岛，"亶洲在东海中，秦始皇使徐福将童男女入海求仙人，止在此洲，其数万家，至今洲上人有至会稽市易者"⑤。即便如此，也不清楚"亶洲"基本情况。直到班固《汉书》才出现"倭"的记载："乐浪海中有倭人，分为百余国，以岁时来献见云"⑥。但《汉书·地理志》依旧将"倭人"置于"乐浪"郡下叙述。对

---

① 《汉书》卷61《张骞传》。
② 《后汉书》卷86《南蛮西南夷列传》。
③ 《后汉书》卷88《西域传》。
④ 黄晖：《论衡校释》卷第19《恢国篇》，中华书局，1990，第832页。
⑤ 《史记》卷6《秦始皇本纪》，张守节《正义》引《括地志》。
⑥ 《汉书》卷28下《地理志下》。

其情况依然不甚明了。

翻检《后汉书》会明显看出，从东汉开始，有关日本的记载开始多起来，如刘秀建武中元二年（57）正月辛未，"东夷倭奴国王遣使奉献"①；东汉安帝永初元年（107），"倭国遣使奉献"②。东汉末期的李巡在给《尔雅》作注时将"九夷"解释为"一曰玄菟，二曰乐浪，三曰高骊，四曰满饰，五曰凫臾，六曰索家，七曰东屠，八曰倭人，九曰天鄙"③；同时期人应劭在《风俗通义·四夷》篇中也持类似看法。《后汉书·东夷传》也专门给"倭"立传，直到这个时候中国人才对日本历史有较为清晰的了解，如"倭在韩东南大海中，依山岛为居，凡百余国。自武帝灭朝鲜，使驿通于汉者三十许国，国皆称王，世世传统。其大倭王居邪马台国。乐浪郡徼，去其国万二千里，去其西北界拘邪韩国七千余里。其地大较在会稽东冶之东，与朱崖、儋耳相近，故其法俗多同"。同时《后汉书·东夷传》对日本的土产、气候、习俗等也有了较为详细介绍，"土宜禾稻、麻纻、蚕桑，知织绩为缣布。出白珠、青玉。其山有丹土"④。当陈寿撰写《三国志·倭传》的时候，对日本的认识更为清晰，甚至连中土通往日本的海道已经记述得十分清楚："倭人，在带方东南大海之中，依山岛为国邑。旧百余国，汉时有朝见者，今使译所通三十国。从郡至倭，循海岸水行，历韩国，乍南乍东，到其北岸狗邪韩国，七千余里，始度一海，千余里至对马国。"⑤曹魏正始元年（240），曹芳正式遣使"奉诏书印绶诣倭国"，再次确认双方的贡使关系，"拜假倭王，并赍诏赐金、帛、锦罽、刀、镜、采物"⑥。随着东汉对日本认识的加深和双方之间交往的增多，中土民众对"倭"的了解也日渐增多，"倭髻"这种发型甚至流行于民间，《玉台新咏·日出东南隅》中秦罗敷的"头上倭堕髻，耳中明月珠"⑦，更是将一位美丽少妇形象呈现于人们眼前。

值得注意的是，秦汉史籍对海外诸国的地理位置的记载往往以长安或洛阳为地理坐标进行描述，如"象郡治临尘，去长安万七千五百里"⑧；嫪

---

① 《后汉书》卷1下《光武帝纪下》。
② 《后汉书》卷5《孝安帝纪》。
③ （清）孙诒让：《墨子闲诂》卷5《非攻中第十八》，清光绪三十三年刻本，第90页。
④ 《后汉书》卷85《东夷列传》。
⑤ 《三国志》卷30《乌丸鲜卑东夷传》。
⑥ 《三国志》卷30《乌丸鲜卑东夷传》。
⑦ （南朝·陈）徐陵编《玉台新咏》卷1《古乐府诗六首》，上海书店，1988，第4页。
⑧ 《汉书》卷1下《高帝纪下》。

羌"去阳关千八百里,去长安六千三百里";鄯善国"去阳关千六百里,去长安六千一百里";罽宾国,"王治循鲜城,去长安万二千二百里";安息国,"王治番兜城,去长安万一千六百里。不属都护"①;"安息国居和椟城,去洛阳二万五千里"②;"西南极矣,山离还,自条支东北通乌弋山离,可百余日行。而乌弋山离、罽宾、莎车、于寘、拘弥诸国相接,远者去洛阳二万一千里,近者万余里焉"③;等等。这是一个值得十分注意的现象。史家这种叙事方式和书写现象出现,一方面表明相关史家依然以中国为中心,由近及远观察秦汉以外的世界,随着观察目光的延伸,越远的世界影像就显得越模糊,叙述的内容就越简略,甚至失真;另一方面也表明汉代人在坚持不懈探究秦汉以外"世界"影像的同时,虽然"传统'天下观'仍然是汉朝人认识世界的基本思路"④,但对世界的认知较丝路贸易或朝贡贸易开通前已经有了巨大进步。秦汉的世界与世界的秦汉以丝绸之路为纽带开始越来越清晰。

秦的统一与多民族国家的建立,使得秦朝成为东亚乃至亚洲最为强大国家,就连秦始皇和他的臣子们也对统一的秦王朝产生了强烈的制度自信,"海内为郡县,法令由一统,自上古以来未尝有,五帝所不及"⑤。延及汉代,经济的快速发展,陆海丝路通道的开通,无论是从经济文化上还是政治上都使得汉朝上至最高统治者下至黎民百姓产生了极大的民族自信,汉武帝"盖有非常之功,必待非常之人"⑥的重用人才政策,使得人才辈出。尤其是张骞立功异域以取封侯,极大激发了更多人的冒险心理,纷纷上书自告奋勇出使西域,"自博望侯开外国道以尊贵,其后从吏卒皆争上书言外国奇怪利害,求使"。汉武帝更是乐见其成,"天子为其绝远,非人所乐往,听其言,予节,募吏民毋问所从来,为具备人众遣之,以广其道",以致"使者相望于道。诸使外国一辈大者数百,少者百余人,人

---

① 《汉书》卷96上《西域传上》。
② 《后汉书》卷88《西域传》。
③ (晋)袁宏:《后汉纪》卷15《孝殇皇帝纪第十五》,东汉殇帝延平元年条,文渊阁四库全书本。
④ 王永平:《从"天下"到"世界":汉唐时期的中国与世界》,中国社会科学出版社,2016,第50页。
⑤ 《史记》卷6《秦始皇本纪》。
⑥ 《汉书》卷6《武帝纪》。

所赍操大放博望侯时"①。中外交通首次全方位开通,"观汉广大"的域外使节络绎不绝,精明的商胡贩客日款于塞下,"驰命走驿,不绝于时月"②。这一切既得益于汉王朝的强盛,也得益于陆上丝绸之路与海上丝绸之路的贯通。

结　语

"六合同风,九州共贯"的秦汉大一统政权的建立不仅使国家治理能力有较大提升,在人类历史上首次解决了超大型国家治理的难题,而且更能在发展经济中有效聚集资源,集中力量进行建设,拓展对外关系,从而使秦汉农业、手工业、商业以及对外贸易较前有极大发展,取得了不俗成就。仅就丝路经济而论,秦汉植桑养蚕规模扩大,产量提升,丝织技术提高,与之相应的丝路贸易得以全面拓展,国家主导下的陆海丝路正式开通,经贸交流和人员往来频繁,对这一时期的东西贸易格局和地缘政治产生了重大影响。中华文化的外播,殊方异域外来风物的内输,影响着世界文明的进程,丰富了丝路沿线地区民众的生活,改变了人们对原有"世界"的认知,人类命运共同体就如此奇妙地因丝路贸易而联系在一起,更成为秦汉王朝制度自信、文化自信、民族自信的源泉。

如上文所论,汉王朝的强盛与丝绸之路的开通带来的重要影响除统治者理想的朝贡贸易圈得以成功建立起来之外,另一重要影响就是秦汉制度设计与制度建设的成功,使汉朝的国家自信、民族自信得以重新塑造。苏武出使匈奴被囚十九年之所以不失民族气节,班超投笔从戎,能形成"大丈夫无它志略,犹当效傅介子、张骞立功异域,以取封侯,安能久事笔研间乎"③的理想以及司马迁"自周公卒五百岁而有孔子。孔子卒后至于今五百岁,有能绍明世,正《易传》,继《春秋》,本《诗》《书》《礼》《乐》之际?意在斯乎!意在斯乎!小子何敢让焉"④的当仁不让信念,无不是民族自信在个体身上的体现。孔子所言"君子疾没世而名不称焉"已经成为汉代绝大多数"君子"的追求,这一点连贵为皇帝的秦皇汉武也不例

---

① 《史记》卷123《大宛列传》。
② 《后汉书》卷88《西域传》。
③ 《后汉书》卷47《班超列传》。
④ 《史记》卷130《太史公自序》。

外。汉武帝多次东巡海上，都要让"外国客"与自己一同乘船巡视，其目的司马迁看得还是比较清楚，"是时上方数巡狩海上，乃悉从外国客，大都多人则过之，散财帛以赏赐，厚具以饶给之，以览示汉富厚焉。于是大觳抵，出奇戏诸怪物，多聚观者，行赏赐，酒池肉林，令外国客遍观各仓库府藏之积，见汉之广大，倾骇之。及加其眩者之工，而觳抵奇戏岁增变，甚盛益兴，自此始"①。当然，太史公司马迁的这段记述，看到的只是汉武帝想通过"炫富"以"倾骇"外国客的表面目的，并没有看到这一做法背后更需强大经济力量进行支撑的发展因素，或许也没有看出汉武帝想通过这一举措展现汉帝国文化软实力的文化自信和制度自信的深层目的。

正因为丝路经济与丝路贸易带来大量的殊方异域外来风物，中外经济文化交流空前兴盛，因而也引发史家的高度赞誉："遭值文、景玄默，养民五世，天下殷富，财力有余，士马强盛。故能睹犀布、玳瑁则建珠崖七郡，感枸酱、竹杖则开牂柯、越巂，闻天马、蒲陶则通大宛、安息。自是之后，明珠、文甲、通犀、翠羽之珍盈于后宫，蒲梢、龙文、鱼目、汗血之马充于黄门，巨象、师子、猛犬、大雀之群食于外囿。殊方异物，四面而至。于是广开上林，穿昆明池，营千门万户之宫，立神明通天之台，兴造甲乙之帐，落以随珠和璧，天子负黼依，袭翠被，冯玉几，而处其中。设酒池肉林以飨四夷之客，作《巴俞》都卢、海中《砀极》、漫衍鱼龙、角抵之戏以观视之。及赂遗赠送，万里相奉，师旅之费，不可胜计。"② 虽然这一赞誉主要针对汉武帝而言，但我想汉代丝路贸易的整体影响也完全可以以此评价。

Silk Road Trade and the World of Qin and Han Dynasties

Wang Wanying

Abstract: By discussing the issues related to the Silk Road trade in the Han Dynasty, the article argues that the land Silk Road and the Maritime Silk

---

① 《史记》卷123《大宛列传》。
② 《汉书》卷96下《西域传下》"赞曰"。

Road, which were officially opened in the name of the state during the period of Emperor Wu of the Han Dynasty, were the first in human history to connect the East and the West as a whole. Production technologies such as sericulture, silk weaving, farming, and papermaking in China were spread far and wide, and exotic fragrances, treasures, food, and religious culture were imported into China. The tributary trade circle of the Han Dynasty has been officially formed. The Qin and Han Dynasties' knowledge of the world and the world's understanding of the Qin and Han dynasties have been deepened step by step, and the Qin and Han dynasties' institutional confidence, cultural confidence and national pride were greatly improved. The most important consequence of the opening of the Silk Road is that the world of Qin and Han and the Qin and Han of the world, a community with a shared future for mankind, were finally formed.

Keywords: the Silk Road; Tributary Trade; Community with a Shared Future

清代民间经济纠纷的治理方式及其演变
——基于家法族规和州县官判牍的研究*

高　原　燕红忠**

摘　要：本文以清代民间经济纠纷及其治理方式为视角，通过对清代家法族规和州县官判牍的分析，探究清代民间经济纠纷治理中的官民互动及其演变过程，以窥清代基层社会治理转型之端倪。研究表明，家法族规作为清代习惯法的代表，是国家法的补充和延伸，填补了国家法在处理民间纠纷方面的空白。清代中后期开始，家法族规在引导基层自治方面发挥了更为重要的作用。在这一时期的基层司法实践中，官府有意识地将纠纷交由民间自治，宗族以"调处方"、"见证方"和"执行方"的角色发挥了不可替代的作用。亲族关系和民间习俗惯例逐渐成为州县官断案决狱的重要考量因素。本研究为重新审视当前的纠纷解决机制，创新基层社会治理方式提供了历史镜鉴。

关键词：宗族　经济纠纷　家法族规　判牍

一　问题的提出

民间纠纷及其治理方式一直是研究传统中国基层社会治理的核心话题之一。学术界对于传统中国民间纠纷的治理方式进行了丰富的探讨，这些讨论大多聚焦于民间纠纷的治理主体是以州县衙门为代表的官府政权，还

---

* 本文为用友基金会第五届"商的长城"重点项目"中国族谱族规资料整理与研究（1368—1949）"（2021—Z10）、上海财经大学研究生创新基金资助项目（CXJJ—2020—354）、上海财经大学经济学院研究生科研创新项目（KYCX—2020—06）阶段性成果。

** 高原，上海财经大学经济学院博士研究生，上海外国语大学助理研究员；燕红忠，上海财经大学讲席教授，博士生导师。

是以宗族、乡里为代表的民间力量。一种观点认为，传统中国民间纠纷的治理主要依靠民间力量。马克斯·韦伯认为传统中国的社会治理史"充满了朝廷力图在城区以外发挥行政功能的努力"，然而这种努力基本上是失败的，一出城墙，面对传统社会里最具自主性的组织——宗族，"皇家行政的威力就一落千丈，无所作为了"。① 瞿同祖曾指出"家族是最初级的司法机构"，族长最重要的任务之一就是处理族内纠纷，族内纠纷应先由族长仲裁，不能调解才由国家司法机构处理。在司法权方面，族长具有最高的裁决权和惩罚权。② 萧公权通过对清代纠纷和解方式和程序进行研究，认为民间和解能够有效地消弭争端，阻止裂痕演变成暴力斗争或降低纠纷的不利影响。同时，作者也指出在帝制中国，和解的目标是解决纠纷与争端，并非判定孰是孰非，因而并不能保证公平公正。③ 另外，清代流行的"吃讲茶"④ 习俗同样说明了民间调解纠纷机制的普遍存在。

另一种观点则认为官府政权在民间纠纷解决中发挥了重要作用。如日本学者滋贺秀三在以淡新档案为史料研究清代州县衙门的诉讼程序时指出，官府听讼与民间调解相互补充、同时运转，不能"过分强调投诉官府之难、办案效率之低"，也不能"过分强调民间调解的作用，动辄将其理想化"。⑤ 日本学者寺田浩明同样认为应将官府审判与民间调处视作"一个连续的秩序整体"。⑥ 俞江以徽州投状文书为线索，认为清代民间调处纠纷属于非法定的解纷性质，不具有法律强制力，民间纠纷案件的裁决权在于县衙，清代形成了以"以县衙为中心，乡里调处仅发挥辅助县衙审断的功能"的诉讼格局。⑦ 里赞也论及类似观点，他从清代四川南部档案出发，

---

① 〔德〕马克斯·韦伯：《儒教与道教》，王容芬译，商务印书馆，1999，第145页。
② 瞿同祖：《中国法律与中国社会》，商务印书馆，2010，第26~30页。
③ 萧公权：《调争解纷——帝制时代中国社会的和解》，陈国栋译，载萧公权《迹园文录》，中国人民大学出版社，2014，第91~92页。
④ 胡祖德在《沪谚外编》中将"吃讲茶"解释为："因事争论，双方往茶肆中，将事由宣之于众，孰是孰非，听凭公论。"见胡祖德《沪谚外编》，上海古籍出版社，1989，第67页。
⑤ 〔日〕滋贺秀三：《清代州县衙门诉讼的若干研究心得——以淡新档案为史料》，姚荣涛译，载刘俊文主编《日本学者研究中国史论著选译》第8卷，中华书局，1992，第539页。
⑥ 〔日〕寺田浩明：《日本的清代司法制度研究与对"法"的理解》，载寺田浩明《权利与冤抑：寺田浩明中国法史论集》，王亚新等译，清华大学出版社，2012，第205页。
⑦ 俞江：《论清代"细事"类案件的投鸣与乡里调处——以新出徽州投状文书为线索》，《法学》2013年第6期。

发现社会力量在解决民间纠纷中的作用似乎并不明显,四川南部县和巴县直接诉讼到官府的"琐情"案件仍十分繁多,处理狱讼成为州县官最繁重的事务。①

不同于上述两种观点,黄宗智将清代民间纠纷处理分为三个层次:宗族乡里的非正式调解,州县衙门的正式审判和介于两者之间的第三领域。黄宗智认为,正是在第三领域,民间调解和官府审判发生互动,大量争端得以成功解决。以宝坻、巴县、淡新档案中的628件案件为例,在第三领域获得解决的案件可能多达258件。② 可见,随着对地域性史料的深入挖掘,有关民间纠纷治理中"国家"与"社会"扮演角色的探讨更加多样化。

综上,现有研究更多地关注官府政权、民间力量及二者的互动在清代民间纠纷治理中扮演了何种角色,然而对于民间纠纷的治理方式在整个清代的演变过程,仍缺乏深刻的认识,同时专门针对民间经济纠纷的研究也相对较少。③ 康乾盛世后,清代社会经历了"嘉道中衰",对外遭遇了鸦片战争等一系列外患侵扰;对内则民变四起、战乱不断,自然灾害频繁发生,19世纪中期爆发的太平天国起义更是对清王朝统治造成严重威胁。在清代国力日渐式微的背景下,尽管国家法律制度形式依旧,但其执行力却大大减弱。本文聚焦于民间经济纠纷及其治理方式,通过对家法族规和州县官判牍等史料的梳理,以期回答民间纠纷的治理方式从清代中后期开始发生了哪些变化;以宗族为代表的民间力量在民间经济纠纷治理中发挥了怎样的作用;以及在这一时期的基层司法实践中,官府政权与民间力量的互动机制如何等问题。

有鉴于此,一方面,本文利用上海古籍出版社出版的《中国家谱资料选编:家规族约卷》,从制度文本的演变轨迹出发,揭示家法族规作为清代习惯法的代表,与国家法相互渗透、相互配合,填补了国家法在解决民间纠纷方面的空白,构成维护民间秩序,实现基层社会治理的基础。清代

---

① 里赞:《晚清州县审断中的"社会":基于南部县档案的考察》,《社会科学研究》2008年第5期。
② 黄宗智:《清代的法律、社会与文化:民法的表达与实践》,上海书店出版社,2007,第91~111页。
③ 关于清代民间经济纠纷的论著可见王日根、陈瑶《试论清至民国宁化的民间经济纠纷及其解决》,载常建华主编《中国社会历史评论》(第7卷),天津古籍出版社,2006;肖燕《清代家庭经济纠纷的诉讼解决——以清代地方官判牍中的案例为中心》,华东政法大学硕士学位论文,2008。

中后期开始,随着国家能力衰弱,国家法律控制体系日渐失灵,家法族规在规范族人行为,解决民间纠纷,引导基层自治方面发挥了更为重要的作用。另一方面,本文以沈衍庆在道咸年间担任江西兴国等地知县时撰写的《槐卿政迹》判牍为研究对象,从基层司法实践的视角进一步印证了清代中后期开始,官府在民间经济纠纷的解决过程中有意识地依赖于民间力量,宗族在其中扮演了"调处方"、"见证方"和"执行方"的角色。家法族规呈现的大多是民间纠纷的调处依据,而判牍则更多展示了民间纠纷的动态解决过程和真实效果,本文综合运用这两类史料,从制度文本的演变轨迹和基层司法实践两方面考察清代民间经济纠纷的治理方式及其演变过程,进而反映清代基层社会治理的发展转型。

二 民间经济纠纷的概念界定

传统中国的司法实践并不存在"刑事""民事"的概念划分,而是将违法犯罪行为分为"重案"和"细故"两类。"重案"即人命盗逃、谋反叛逆、贪赃枉法等重情,"细故"大多是民间纠纷案件。清代学者包世臣在《齐民四术》中将"自理民词,枷杖以下,一切户婚、田土、钱债、斗殴"等事统称为"细故"。① 《大清律例》第三百三十二条"越诉"条例规定"户婚、田土、钱债、斗殴、赌博等细事,即于事犯地方告理,不得于原告所住之州、县呈告"②。

本文使用的"民间经济纠纷"一词,具体包括被清代法律视作"细故"的案件中涉及经济利益和财产关系的纠纷,如田土、钱债、继承、争产等。清代对于民间纠纷案件实行州县自理,即从诉讼程序上看,这类案件不必逐级审转,州县有权终审;从《大清律例》规定的五刑看,这类案件为笞杖刑案件;从案件性质上看,这类案件属于民事案件、轻微刑事案件或治安管理案件,大多是民事案件。③ 本文所论的"民间经济纠纷",既包括诉讼到官府的纠纷案件,也包括在官府之外由宗族等民间力量进行调处的纠纷。

---

① 包世臣:《齐民四术》,中华书局,2001,第252页。
② 张荣铮等点校《大清律例》,天津古籍出版社,1993,第507页。
③ 参见郑秦《清代司法审判制度研究》,湖南教育出版社,1988,第206页。

本文之所以选择民间经济纠纷及其治理方式为切入点，一方面，"涉讼事少"是地方官考评的重要依据，地方官不仅需要平息某一具体的纠纷和争端，更要教化民众以维护基层社会秩序，而民间纠纷的审理过程是传递教化安民理念的绝佳时机，以最终达到"未讼者可戒，已讼者可息，故挞一人，须反复开导，令晓然于受挞之故，则未受挞者，潜感默化"的效果。① 因此，处理民间纠纷，虽然名义上只是"雀角细事"，却是地方官最重要的活动，是实现地方社会治理的关键所在。另一方面，相对于危害国家安全和政权稳定的命盗重案，民间经济纠纷与民众福祉和切身利益密切相关，往往伴随着暴力行为，如在钱债纠纷中，常出现"寻衅滋扰""勒契强殴"等情形；在继承纠纷中，常因口角微嫌，互殴争控。经济纠纷的有效解决能够从源头防止矛盾激化，避免社会治理危机。道咸年间河南知府李钧曾指出民间纠纷的诉讼缘由"非争继也，为争嫡也，亦非争嫡也，为争产也"。② 可见，经济利益是民众争讼的主要诉求。民间经济纠纷的出现是一个社会的常态，更能反映社会治理的真实面貌，对民间经济纠纷及其治理方式的研究和认识，是理解传统中国基层社会治理方式转型的重要视角。

三 制度文本：基于家法族规演进的考察

中国传统社会建立在浓厚的血缘关系和牢固的地缘关系之上，民间纠纷多发于乡里之间，作为血缘与地缘相结合的社会组织，宗族在纾解民间纠纷中发挥了重要作用，家法族规在其中扮演了"济国法之不足""助国法所不及"的角色。清朝历代政府对宗族家法族规的态度经历了由"承认"到"限制"再到"以国家名义保证其合法性和权威性"的转变。雍正时期，国家明确承认家法族规的强制性效力，赋予族长可依据家法处死族中怙恶不悛之徒的权力：

> 从来凶悍之人……其本人所犯之罪，在国法虽未至于死，而其尊

---

① 汪辉祖：《学治臆说》，《魏源全集》第 14 册，《皇朝经世文编》卷 15～卷 33，岳麓书社，2004，第 353 页。
② 李钧：《判语录存》卷 1 "嫡庶不明事"，载杨一凡、徐立志主编《历代判例判牍》第 10 册，中国社会科学出版社，2005，第 15 页。

长族人翦除凶恶，训诫子弟，治以家法。至于身死，亦是惩恶防患之道，使不法之子弟，知所儆惧悛改，情非得已，不当按律拟以抵偿。①

此后，家法族规纷纷被列入家谱。乾隆时期，面对宗族势力的不断膨胀，国家废除了雍正时期的"以家法处治"条例，收回宗族的生杀大权，遏制宗族干预司法之风。乾隆帝认为，若将地方官维护社会治安的职责假手于族正，则"与世袭土司何异"。②嘉庆以后，国家能力由盛转衰，统治者重新承认家法族规在处理宗族事务、约束族人行为方面的效力。这一时期，宗族通常将家法族规呈送州县衙门，由官府批准并颁发，以国家名义承认家法族规的合法性和权威性，从而强化了宗族调处民间纠纷的权力。例如，咸丰九年（1859），湘阴狄氏将家规呈请湘阴知县，在给官府的呈词中写明家法是国法的补充，"士遵祖训家法，以辅国法之行"，湖南长沙府湘阴县知县对狄氏家规予以批准：

呈阅家规十六则，均极周备，准悬示众人，共知观法。俾阖族子弟，咸兴礼让而远嚚陵，本县有厚望焉。③

清代中期及以后是我国家法族规发展的最高峰时期，不少宗族陆续修订家法族规使其更加严密和完善。家法族规的所管范围不断扩大，涉及族内生活的各个领域，并以国家法律的强制力作为最终保障。绝大多数家法族规保存于家谱中，以"祠规""宗规""族约""乡约""族戒"等形式记载。我们整理和研究了《中国家谱资料选编：家规族约卷》中所涵盖的清代222份家规族约，其中156份家法族规涉及民间纠纷治理条款：清代前中期（嘉庆朝及以前）50份，清代中后期（道光朝及以后）106份。

家法族规中的民间纠纷治理条款主要体现在三个层次：劝谕、调处和惩戒。纵观清代家法族规的演变过程，这三个层次在不同时段的分布各有侧重。如图1所示，清代前中期，绝大多数（70%）家法族规仅涉及"劝谕"，即规劝族人息争息讼；清代中后期，家法族规中出现了更多"调处"

---

① 昆冈等修，刘启端等纂《钦定大清会典事例》卷811《刑部》，《续修四库全书》第809册，上海古籍出版社，2002，第850页。
② 《高宗纯皇帝实录》卷1335，《清实录》第25册，中华书局，1986年影印本，第1098页。
③ 《湘阴狄氏家谱》卷5《家规》，1938年木活字本，上海图书馆馆藏。

和"惩戒"规定，39%的家法族规规定了纠纷调处程序，38%的家法族规涉及对健讼行为的惩罚。接下来，本文从家法族规的制度文本出发，考察民间纠纷治理条款中的"劝谕"、"调处"和"惩戒"在家法族规中的具体体现及演变过程。

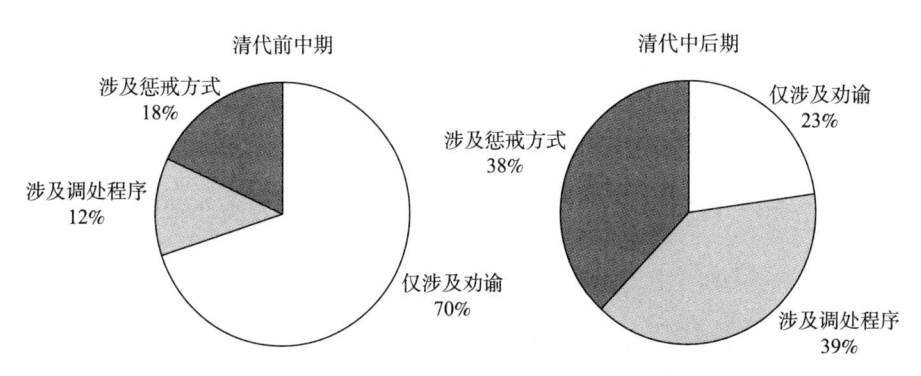

图1 清代家法族规中民间纠纷治理条款的演变过程

清代前中期：涉及惩戒方式 18%，涉及调处程序 12%，仅涉及劝谕 70%

清代中后期：仅涉及劝谕 23%，涉及惩戒方式 38%，涉及调处程序 39%

资料来源：上海图书馆编《中国家谱资料选编：家规族约卷》，上海古籍出版社，2013。

（一）劝谕：使涉讼者知难而退

家法族规通过劝谕教化，一方面大力宣传诉讼风险，夸大胥吏衙役的横暴腐败及诉讼结果的不确定性，使涉讼者知难而退；一方面要求族人和睦乡邻，缓急相济，勿以小忿而生嫌隙。崇尚无讼，是中国传统法律文化的重要特征，无讼的理想在家法族规中具体表现为"讼端尽息""争讼当止"的教化理念。家法族规中还经常出现"一字入公门，九牛拔不出""堂上一点朱，民间千点血"等谚语刻画诉讼成本之高，劝族人息讼止争。一旦涉讼，耗时费力，轻则受胥吏侮辱，重则倾家荡产，性命难保，"讼则终凶"。因此，民众普遍形成"惧讼"心态，民间纠纷由民间调处无疑是一种成本更低、灵活便捷的解纷方式。

（二）调处：使解纷者有据可循

调节和裁决民间纠纷是宗族的重要职能之一，家法族规对民间纠纷调处程序的规定，成为解决民间纠纷的依据。从清代家法族规的演变轨迹可以看出"不劳官府而自治"的理念贯穿于清代宗族纠纷治理的始终。然而，清代中期以前，家法族规对于民间纠纷的处理大多仅提到"勿讼官府""鸣族公议""听族公道"等原则，很少涉及民间纠纷的具体调处程序。从清代中后期开始，家法族规对于民间纠纷的调处程序有了更加完备细致的规定，进一步明确了纠纷调处主体、调处场所、调处方式等细节。宗族调处在程序上享有优先权，在宗族内部，民间纠纷的调处也要逐级反映，不能越级上告。例如，道光十四年（1834）湖南湘乡陈氏家规"遵公断"一条：

> 凡有口角，听本房房长处释。所处未妥，乃鸣之户长，又集众房长及知理法者公断之。①

同治元年（1862）山东历城孙氏祠规将"词讼"视为"结怨之门，丧家之窦"：

> 如事出小衅，含忍为上。果有事关重大，情理难容，许具呈祠。祠正会同各分房长，折衷处分。被处之人，不得私怨谤毁。但有造意阻挠，利在败规者，合族齐集祠内，定行重处。其祠正并各房长处事，务要秉公，不可偏私。如既经议处而不服，方许经官。若不经族处而竟兴词讼者，罚照禁条。②

光绪二十三年（1897）江西萍乡陈氏家规"立严规"一条：

> 凡遇族事，房长斯文依次列坐，据理详论，余人不得喧哗。及有投族之事，二比站立中堂，静听诘问，从容应答，欠理则跪，无理应责，无得狡词强辨，以致重罚。③

光绪三十一年（1905）江苏无锡薛氏宗约规定：

> 族中贵相和好，切不可以小嫌而成仇隙。如或有故相争，必各据实陈词宗祠，祠主定期约族望、族贤及彼此近支尊长同集宗祠，各平

---

① 《黄塘陈氏续修族谱》，清道光十四年介福堂木活字本，载上海图书馆编《中国家谱资料选编：家规族约卷》，上海古籍出版社，2013，第316页。以下所引族谱均为《中国家谱资料选编：家规族约卷》版，不再一一注明。
② 《孙氏族谱》清同治元年刻本，第417页。
③ 《萍邑姜岭陈氏族谱》，清光绪二十三年德星堂木活字本，第562页。

心易气，面陈始末，然后共度其是非曲直，委曲剖明，务各输服相好如初，即拜祖宗、谢族众而退，方不失一本之谊。如退而有后言，敢擅兴讼者，唤至宗祠责治，族众公议量罚。①

除了对宗族内部纠纷进行调处外，清代中后期开始，家法族规对于族际纠纷的调处程序也有明确规定。对于族际纠纷，家法族规规定的基本原则仍是"委曲调停于和息"，防止矛盾激化。族际纠纷同样应先由宗族调处，调处不成才可告官。即使告官，仍应充分听取宗族意见，以期胜诉。而对于贫困族人，有的宗族予以资助讼费。例如，光绪二十三年（1897）安徽青阳柏氏家规规定：

> 本族倘与外姓有不平之事，亦不可好逞血气，遽生讼端。必须浼凭亲邻，从公解释，务期大事化作小事，小事化作无事，保身全家之道也。万不得已而必讼，亦必商之宗族，质之分长，以操全胜之策乃可也。倘日后有讼，不先谨慎而率意妄行者，胜亦轻罚，败必重罚，以为负气生事之戒。②

光绪三十一年（1905）江苏无锡薛氏宗约规定：

> 族人有与外人成隙，果系无妄之祸者，先告祠主、族望、族贤并科第仕宦者，细细商酌。即实系受屈，亦静听调停消释，不可兴讼。如彼处先告官，势必不可已，然后通族协力与之理直。贫者宗祠酌助讼费。③

（三）惩戒：对违规者严厉打击

家法族规有着一套完整而独特的惩罚体系，朱勇曾将家法族规中常见的惩罚方式由轻及重分为 11 种：训斥、罚跪、记过、锁禁、罚银、革胙、鞭板、鸣官、不许入祠、出族、处死。④从家法族规的演变轨迹可以看出，

---

① 《五牧薛氏宗谱》，清光绪三十一年木活字本，第 626 页。
② 《临城柏氏宗谱》，清光绪二十三年木活字本，第 559 页。
③ 《五牧薛氏宗谱》，清光绪三十一年木活字本，第 626 页。
④ 朱勇：《清代宗族法研究》，湖南教育出版社，1987，第 98~99 页。

清代中期以前，对于健讼行为的惩罚措施大多为训斥、锁禁等警戒羞辱类的惩罚。清代中后期开始，惩罚方式逐渐增多，惩罚力度明显加重，对于健讼行为，不仅予以革胙、出族等剥夺资格类惩罚，甚至出现"处死"的规定；惩罚范围不断扩大，不仅涉及擅自兴讼行为，还涉及教唆词讼行为和解纷中的徇私偏袒行为。

首先，家法族规对于擅自兴讼行为最常见的惩罚方式是"共攻"，即由族长和族众共同对擅自兴讼者加以谴责和声讨。如，道光二十六年（1846）江苏镇江曹氏祠规规定："若不经由族长，即兴词讼者，鸣鼓共攻。"① 同治十一年（1872）河南淅川杨氏家规"禁刁讼"一条："今与我族众约，凡稍可得已之事，有不鸣宗党，辄自讼官者，墓祭之日，众责以义。"② 清代后期开始，家法族规中对擅自兴讼者的惩罚方式日趋多样化、严厉化，甚至出现"处死"的规定。如，光绪十二年（1886）安徽婺源齐氏敦彝堂祠规"兴礼让"一条，对兴讼者视情况予以杖责、罚银、记过、革胙、削族或送官究治等惩罚：

> 合族袷耆开祠理论，贫者杖责，八十板。富者罚银，二十两。抗拒不遵，呈官究治，仍于谱内大书"族蠢""议削"等字，停饼止胙，终身不齿。③

光绪三十四年（1908）安徽桐城徐氏家规对擅自兴讼，祸延本族者甚至予以处死：

> 如有贪利成风以及争斗为事、性喜兴讼者，小则宗祠责罚，大则公庭究治，甚至累及身家、祸延本族者，即处死无论。④

其次，民间诉讼繁多，多由讼棍教唆包谋而起。清代中后期开始，家法族规中陆续出现对教唆词讼行为的惩罚，惩罚方式包括削谱、不许入祠、送官究治等。光绪九年（1883）江苏宜兴堵氏祠规规定："刁写呈状，

---

① 《京口城南曹氏宗谱》，清道光二十六年世德堂木活字本，第372页。
② 《杨氏宗谱》，清同治十一年刻本，第462页。
③ 《翀麓齐氏族谱》，清光绪十二年木活字本，第523页。
④ 《皖桐徐氏宗谱》，清光绪三十四年正谊堂木活字本，第644页。

代作中保,起成词讼者,削籍。"① 光绪十八年(1892)江西宜春吴氏家规"公是非,息争讼"一条云:"犯者本人责罚,挑唆者无论尊卑,概从重罚。"② 光绪三十三年(1907)安徽桐城汪氏家范"戒争讼"一条云:"倚恃刀笔代人作词者,户长指名送官究治。"③ 宣统三年(1911)安徽建德周氏家规"戒非为"一条规定:"若为人唆讼作词状,更是败类。如子弟有一于此,族长必须禁止,倘若不听不改,即不准入祠祭祀。"④

最后,清代中后期的家法族规中开始出现对徇私偏袒行为的惩罚规定。这类惩罚主要针对房长、族长等解纷主体的失责行为,惩罚方式多为斥革,即剥夺其宗族职务,同时另选符合要求者充任。道光十八年(1838)湖南湘潭颜氏家规规定:"至族长及房长,或有初鲜终、网利市权,则知法犯法,罪更加等,阖族告于祖,另为择立,黜其人,正其罪。"⑤ 光绪八年(1882)安徽桐城汪氏家规规定:"如户长或图利受贿,处事不公,尊长大宗同族众齐集公堂,指实摘发,共议革去,另举有德者为之。"⑥

从民间文献族谱中记载的家法族规出发,探究宗族在民间纠纷治理中的作用及民间自行解纷机制,是一种自下而上的研究视角。从清代中后期开始,统治者面临着前所未有的民族危机和政权危机,在国家能力日渐式微的背景下,宗族在民间纠纷治理中发挥了更为重要的作用,国家以法律形式批准、认可家法族规,家法族规因而被赋予了更充足的执行空间和更大的执行力度。具体而言,家法族规中对于民间纠纷调处程序的规定更加完备,对违规者的惩戒力度明显加重。作为清代习惯法的代表,家法族规具有强制约束力,影响着民众对日常生活事务的处理。在家法族规的劝谕下,纠纷往往被消弭于萌芽状态;而一旦发生纠纷,家法族规中的调处程序即可作为解决纠纷的有效依据;同时,家法族规对擅自兴讼、教唆词讼和解纷主体的徇私偏袒行为做出惩罚,是国家法的细化和补充,从而维护基层社会秩序的稳定。

---

① 《堵氏族谱》,清光绪九年永言堂木活字本,第491页。
② 《宜春石里登南桥吴氏族谱》,清光绪十八年渤海堂木活字本,第541页。
③ 《枫林汪氏宗谱》,清光绪三十三年存著堂木活字本,第641页。
④ 《安徽建德县纸阬山周氏宗谱》,清宣统三年木活字本,第697页。
⑤ 《颜氏续修族谱》,清道光十八年元吉堂木活字本,第327页。
⑥ 《高林汪氏宗谱》,清光绪八年余庆堂木活字本,第515页。

四　司法实践：宗族影响纠纷治理的路径

清代民间纠纷实行州县自理，即由州县官全权治理，因此，州县官的判牍是考察清代民间纠纷案件的重要史料。判牍生动地描绘了民间纠纷的审判细节，能够较为真实地还原各类案件的基本情况，是研究中国传统社会基层司法实践的直接史料来源。不同史料有各自的出发点和价值取向，倾向于有选择地记录彰显自我作用的部分，州县官的判牍则更注重凸显官府在纠纷解决中的作用。尽管如此，从官府话语出发，我们同样能够看到在清代中后期基层司法实践中，宗族参与并影响民间纠纷治理的路径与机制。

这一部分，本文以清代沈衍庆所撰的《槐卿政迹》为研究材料，《槐卿政迹》内容包罗万象，记录客观翔实，经济纠纷占绝大部分，是不可多得的州县层面的司法实践史料，故选此为样本。自道光二十二年（1842）至咸丰二年（1852），沈衍庆先后出任江西兴国、安义、泰和、鄱阳等地知县，《槐卿政迹》是沈衍庆在此期间所著判牍的集成，总计135件。实际上，沈衍庆所著判牍远多于此，他在给陈虎臣的书信中写道："弟所著判牍不下数千，首求其惬心贵当，百无一二，间有其事，其文足资传信。"[①] 正如沈衍庆在案件"强造阎害事"条下所写，"本县判牍谆谆，不嫌词费，诚以鸿沟之限，稍未剖清，则雀角之嚣，难期永戢"[②]，《槐卿政迹》详细记录了各类案件的诉讼缘由、案情经过、涉讼各方关系、审判过程及判决结论，案件涉及钱债、争产、户婚等民间细故的多个领域，能够很好地反映清代基层社会诉讼争议的焦点和地方社会治理的重心。通过研究这些判牍，我们既能够理解清代民众涉法生活概貌，也能看出在清代州县审判过程中，如何调动宗族等民间力量辅助纠纷处理，如何利用民间习惯作为纠纷解决依据，以及如何在堂审时灌输息讼教化理念。

笔者按纠纷类型和诉讼缘由将《槐卿政迹》中的案件整理如下，见表1。田土、争产、钱债等经济纠纷共102件，占所收录案件的76%。清代以来商品交易，特别是土地交易日趋频繁，形成了"一个由无数主体构成，且

[①] 沈衍庆：《槐卿遗稿》卷5，《清代诗文集汇编》第652册，上海古籍出版社，2010，第468页。

[②] 沈衍庆：《槐卿政迹》卷3"强造阎害事"，载杨一凡、徐立志主编《历代判例判牍》第10册，中国社会科学出版社，2005，第202页。

在他们之间充满了个别的不同利益主张和利益冲突的竞争社会"①，经济纠纷自然会不断发生。从诉讼缘由看，经济纠纷大多由所有权不清晰导致，或是因山界不清引起的侵占墓址、侵砍树木纠纷；或是因买卖契约不详引起的田产归属、地基归属纠纷；或是因析产契约不清引起的继承家产纠纷；或因租佃契约模糊引起的钱债纠纷；还有一类纠纷涉及公产所有权归属问题，如公田、公路、河路、水源、祠堂等公产权属不清导致的侵占盗卖纠纷。

清代民间经济纠纷的判决方式通常有两种类型，一是责惩，一是训诫和息。责惩即处以笞、杖或枷号等责罚，在批语中常以"杖责以儆""量予责惩，免行深究""重惩枷号""薄责免究"等形式出现。《槐卿政迹》102 件经济纠纷中，有 31 件纠纷的判决方式涉及责惩，其余 71 件经济纠纷均采用训诫和息的方式进行调解，正如沈衍庆所言"一调停间可以两得其平，而解难解之结"，②调处息讼是州县官处理民间经济纠纷时始终秉持的治理理念，而宗族在纠纷调解中起到举足轻重的作用。进一步，本文将《槐卿政迹》中宗族参与并影响纠纷治理的方式总结为以下几个方面。

表 1　《槐卿政迹》案件整理

纠纷类型	诉讼缘由	数量（件）
田土争产类（79 件）	占山争葬	17
	继承家产纠纷	13
	灌溉水源纠纷	9
	占树争山	8
	侵占他人墓址	7
	侵砍他人树木	6
	地基归属纠纷	4
	侵占他人田产	4
	公田归属纠纷	3
	祠堂归属纠纷	3
	占桥争堰	2
	河路归属纠纷	1
	公路归属纠纷	1
	侵占车船纠纷	1

---

① 〔日〕寺田浩明：《权利与冤抑——清代听讼和民众的民事法秩序》，载寺田浩明《权利与冤抑：寺田浩明中国法史论集》，王亚新等译，清华大学出版社，2012，第 208 页。
② 《槐卿政迹》卷 3 "伪买谋吞事"条，第 215 页。

续表

纠纷类型	诉讼缘由	数量（件）
钱债纠纷类（23件）	借贷纠纷	7
	钱粮税赋纠纷	6
	房屋租售纠纷	5
	合伙生意纠纷	3
	租佃纠纷	2
户婚家庭类（26件）	婚约财礼纠纷	10
	再嫁凭自愿案	4
	婚外奸情案	3
	离婚纠纷	2
	添丁入谱纠纷	2
	修纂家谱纠纷	1
	抚养子女纠纷	1
	拐骗成妻案	1
	婆媳矛盾案	1
	纵女辱婿案	1
友邻关系类（7件）	邻里斗殴案	2
	控烧毁房屋案	1
	合修土堤纠纷	1
	邻里盗窃案	1
	越界铲草案	1
	邪神惑众案	1

其一，宗族发挥调处作用，通过说服、劝导纠纷当事人，进而消除纠纷。如"寻衅逞凶事"一案，黄明芬和黄明莲兄弟与邻居黄显才就借山种树一事发生纠纷，这一案件在上报官府前先"经族邻劝处"，涉讼双方和解后息讼结案，说明在州县官批示宗族调处之前，宗族力量已经介入纠纷调处。① 还有一些案件，州县官往往先责令宗族予以调处，宗族"秉公处理"后禀报州县，调处不成功再由州县判决。如"强占公路事"一案，先后经历了"族长调处""准予调息""痛予责惩"三个阶段。职员刘煜升将自家门口多年前买的地筑墙建院，刘道其等人寻衅索诈不遂，以"强占

---

① 《槐卿政迹》卷2"寻衅逞凶事"条，第191页。

公路"为由上控刘煜升。沈衍庆审断时,首先交由族长调处,"本县念族谊攸关,批饬族长约束"。刘煜升"备席邀请族邻等调息",刘道其等人却不服调处,强行拆去刘煜升院门,导致矛盾激化。接着,沈衍庆通过调查图契而认定该地归刘煜升所有,仍"意存睦族,姑准予限调息"。然而,刘道其却再次生事,狡辩称图契是伪造的,不足为凭。沈衍庆便亲自实地勘验,勘验结果与堂讯一一吻合,故而认定刘道其等人讹诈刁横,"大负本县再三开导、曲折矜全之至意",对其予以责惩和重究。① 此外,对于擅于调处息讼的族人,州县官予以嘉奖,如"解释嫌蒉事"一案,沈衍庆称赖氏是"巾帼中之善于排难解纷者",应"量予奖赏",以"嘉其善于息事也"。②

其二,在案件审理过程中,州县官充分利用宗族进行调查取证,正所谓"乡党耳目之下,必得其情,州县案牍之间,未必尽得其情"。③ 这时宗族的角色由"调处方"转变为向官府禀告实情的"见证方"。"吞产指继事"一案是一件典型的继承家产纠纷:被继承人萧发特出走多年,生死未卜,又无儿女,属于"已死未有应继之人";萧发特的侄子萧滨元是孤子,身兼两家宗祧,而且是"出大宗入继小宗",继承资格受到质疑;萧发特的田产由萧润姿经营管理多年,实现田产增值,分产时应考虑萧润姿的贡献。沈衍庆审理这一纠纷时,充分听取了宗族的意见,"询之族房人等,佥称均无应继之人"。因此,沈衍庆按"绝户附祭"处理,将萧发特的遗产一半作为祭产,由族众管理,另一半由萧滨元与萧润姿平分,既"笃周亲之义",又"酬经纪之劳"。④《槐卿政迹》中常出现"族证盈庭""当凭族邻证明""质之户族等供指甚明"等表述,可见宗族作为"见证方",其证人和证词是州县官审清案件事实的重要依据。

其三,一些案件经州县官审理后直接交由宗族执行,此时宗族扮演了判决"执行方"的角色。一种情况,纠纷由族谱中的不当表述引发误解而起,州县官即要求宗族修改族谱中的某些内容或通过订立禁约的方法解决族内纠纷。如"戒祖窃伐事"一案,戴宣定和戴天来从戴帅氏家搜出一根树木,咬定该树是戴帅氏的叔叔戴昭珊窃伐于祖坟瓦泥山上,从而引起争

---

① 《槐卿政迹》卷2"强占公路事",第182~183页。
② 《槐卿政迹》卷4"解释嫌蒉事",第228~229页。
③ 徐栋:《牧令书》卷17,载官箴书集成编纂委员会编《官箴书集成》第7册,黄山书社,1997,第380页。
④ 《槐卿政迹》卷2"吞产指继事",第162~163页。

讼。沈衍庆审讯后发现，戴昭珊是聋盲人，并无窃伐能力，而戴帅氏又无法合理解释树的由来。因此，沈衍庆决定责罚戴帅氏一千文交予族人，以杜口实；责令"戴族众等明立规条，嗣后该瓦泥山之树严禁私采可也"。① 又如"冒祭图占事"一案，袁氏与程氏因占山争葬而互控，该山本应归袁氏所属，而程氏族谱中有"葬上山，一名石山"字样，沈衍庆在批语中称，程谱中这一句话"系画蛇添足，饬即涂销，以免垂涎而杜后衅"。② 另一种情况，纠纷由于财产权属不清或所有权凭证遗失、损毁而起，州县官则要求宗族勒碑立界，明确所有权归属，防止侵蚀盗卖纠纷。如"藐断屠占事"一案，吴氏和夏氏因盗葬纠纷而屡次兴讼，夏氏冒认吴氏祖坟，越葬吴界，沈衍庆认为若不明确疆界，无法杜绝两姓的觊觎侵蚀纠纷，因此责令"公亲协同原差暨两造人等遵照登山立界"，界北归吴氏，界南归夏氏，各管各业，交界之处，双方均不得添棺插葬。③

其四，亲族关系是影响州县官审断结果的重要因素。《槐卿政迹》中涉及经济纠纷的案件，批语多为"本应责惩，姑念族谊，从宽免究""姑念族谊攸关，酌从薄责""念系族邻，曲予宽宥，以全敦睦"等。"揹契陷业事"一案颇为有趣，很好地印证了州县官敦亲睦族的纠纷治理理念。程万兴与程元春是堂兄弟，程万兴向程元春索贷未遂，故妄争祖产，引发争讼。沈衍庆判决称："万兴挟嫌妄争，本应坐诬。姑念祖属周亲，一富一贫，不妨略事言情，裒多润寡。酌令元春等贴补万兴钱一百六十千，以全亲睦。"这一案件中，诬告者程万兴不仅没有受到责惩，反而收获一笔"意外之财"，沈衍庆的断案依据就是涉讼双方"祖属周亲"，且贫富悬殊，应周恤贫乏。④

其五，相对于国家正式的法律，乡土社会中的家法族规、乡规民约等习惯法在民间纠纷治理过程中发挥着更为重要的作用。《槐卿政迹》所收录的102件经济纠纷判牍中，仅有两处判决提及清代律例，⑤ 却反复出现"情法兼尽""虽执国法，仍顺人情""以乡俗论"等批语。可见，在基层司

---

① 《槐卿政迹》卷2"戕祖窃伐事"，第181~182页。
② 《槐卿政迹》卷4"冒祭图占事"，第229~230页。
③ 《槐卿政迹》卷6"藐断屠占事"，第280~281页。
④ 《槐卿政迹》卷6"揹契陷业事"，第279页。
⑤ 一处是《槐卿政迹》卷3"飘空独占事"："仍照例断作官荒。饬令张姓将牌拔弃，陈、王二姓将佃自行退除，棚自行拆毁，判约当堂涂销，各具遵结。"（第212~213页）另一处是《槐卿政迹》卷4"毁冢灭骸事"："本县念切安良，先宜除暴，应将庆志、庆佩收禁，照诬告律详办，至妄控受贿各情，仍候府宪另行提究可也。"（第222~223页）

法实践中，国家法律条款被援引的概率并不高，州县官审理民间纠纷时常将情融于法，使法与理均得其平，"奉行乎法，而实不拘于法；变通乎法，而究不背于法"，① 民间习俗惯例是官府审断的重要依据。例如，财产所有权归属需要依据契约确定，家谱不足为凭，但如果契约遗失或两造因契约冲突，沈衍庆也考虑将家谱所载作为断案依据。"盗庇侵祖事"一案，陈村和韩村中间有一片方家林，陈姓和韩姓多葬于此地，双方以"族谱刊载为凭"，并无管业契据，陈姓以韩姓盗伐墓木具控。沈衍庆断理此案的依据便是两姓家谱："夫管业必以印契，家谱例不为凭，然世守相沿，不妨从俗仍旧。"② 又如"欺鸾飘占事"一案，邹姓、兀姓、黄姓共管一座山场，因邹姓越界取茅引发争讼。堂讯时，兀姓仅以乾隆年间印有山图坟墓的族谱为凭，并无管山契据，邹姓以契据为凭。沈衍庆将族谱与契据对比，并结合族人证词，发现契据有笔误，将"兀"误写为"郭"，将"黄"误写为"王"。针对这一案件，沈衍庆总结道："虽坟山例以契为断，碑谱不得为凭，然亦必视其谱据之确与不确，契界之符与不符，自可准情度理，以定中正之衡。"③ 由此可见，州县官在裁决案件时依循民间习惯，将习惯性实践转化为习惯性规则，"作为国家法的替代选项"④。

综上，从州县官判牍出发，探究宗族参与并影响基层司法实践的路径与机制，是一种自上而下的研究视角。在清代中后期的基层司法实践中，州县官有意识地依赖于宗族等民间力量来处理纠纷，宗族在民间纠纷治理实践中以"调处方"、"见证方"和"执行方"的角色发挥作用，亲族关系和民间习俗惯例逐渐成为州县官断案决狱的重要考量因素，宗族参与并影响民间纠纷治理的路径更加多样化。官府政权的正式审断与民间力量的非正式调处之间相辅相成，相得益彰。

结 论

传统中国基层社会治理方式一直为学界所关注，形成了不同的学术观

---

① 李钧：《判语录存》序，第3页。
② 《槐卿政迹》卷6"盗庇侵祖事"，第276页。
③ 《槐卿政迹》卷5"欺鸾飘占事"，第241~242页。
④ 巩涛：《地毯上的图案：试论清代法律文化中的"习惯"与"契约"》，黄世杰译，载邱澎生、陈熙远编《明清法律运作中的权力与文化》，广西师范大学出版社，2017，第290页。

点。费孝通的"双轨政治"、萧公权和张仲礼等人的"乡村精英治理"、杜赞奇的"经纪人模式"、黄宗智的"集权的简约治理"、张研的"双重统治格局"等是其中的代表性观点。龙登高等学者论及基层自治与国家能力的关系，认为传统中国基层自治模式使国家能够实现低成本治理，由此塑造了传统中国的国家能力。①尽管解释路径有所差异，但在传统中国基层社会治理中，民间力量的自我管理与自我服务使得"皇权无为而天下治"，尤其是民间力量在地方公共品供给方面发挥的重要作用，已基本成为学界共识，但学界对清代基层社会治理方式转型的研究相对不足。

本文以民间经济纠纷及其治理方式为切入点，探究清代民间纠纷治理中的官民互动及其演变过程，从一个新的微观视角理解清代基层社会治理方式的转型。清代中后期开始，随着国家能力日趋式微，民间纠纷治理的力量主体更加依赖宗族等民间力量。一方面，国家以法律形式赋予宗族参与基层社会治理的各项权力，对宗族参与基层治理给予更高的激励水平，同时承认家法族规的合法性和强制性，赋予了家法族规更大的执行空间，家法族规与国家成文法典共同构成了实际运行的司法系统。在"轻其轻罪，重其重罪"的原则下，国家法对人命盗逃、谋反叛逆、贪赃枉法等重情给予严厉处罚，而对于民间纠纷等细故却甚少干预。家法族规则弥补了国家法在民间纠纷治理方面的欠缺，是国家法的必要补充和延伸。通过对清代家法族规的细致分析，其制度文本的演变轨迹得以呈现：清代中后期开始，家法族规对于民间纠纷的调处程序有了更加详细完备的规定，对于民间纠纷的涉讼主体、解纷主体的惩罚方式逐渐增多，惩罚力度明显加重。家法族规在规范族人行为，解决民间纠纷，引导基层自治方面的比较优势更加凸显。另一方面，从这一时期州县官判牍所反映的基层司法实践中，同样可以看出官府有意识地将纠纷交由民间自治，无论是在"纠纷调处""调查取证"，抑或是"判决执行"环节，宗族在其中都发挥着不可替代的作用。从民间经济纠纷治理方式的演变，得以窥见清代中后期开

---

① 详见费孝通《乡土重建》，华东师范大学出版社，2019；萧公权《中国乡村——19 世纪的帝国控制》，张皓、张升译，九州出版社，2018；张仲礼《中国绅士研究》，上海人民出版社，2008；〔美〕杜赞奇《文化、权力与国家：1900—1942 年的华北农村》，王福明译，江苏人民出版社，2003；黄宗智《集权的简约治理：中国以准官员和纠纷解决为主的半正式基层行政》，《开放时代》2008 年第 2 期；张研、牛贯杰《19 世纪中期中国双重统治格局的演变》，中国人民大学出版社，2002；龙登高、王明、陈月圆《论传统中国的基层自治与国家能力》，《山东大学学报》（哲学社会科学版）2021 年第 1 期。

始,基层社会治理方式由"政府管理为主导",民间力量仅仅发挥"民助官治"作用的模式,逐渐过渡到"民间力量为主导",民间力量发挥更为重要的"基层自治"作用的模式。

宗族等民间力量参与纠纷治理的历史经验,不仅为我们重新审视当前的纠纷解决机制,拓宽纠纷治理思路提供参考,而且为创新基层社会治理方式,探索法治、德治、自治在当今社会治理中的有效融合提供历史镜鉴。我国正处于经济发展和社会转型的关键期,基层社会的矛盾纠纷日益复杂多样,调处难度也越来越大,维稳成本不断上升,纠纷治理机制亟待健全完善,基层主体化解纠纷的能力需要进一步挖掘。相对于传统中国而言,当今中国的国家能力获得了举世瞩目的发展,如何在新时期的社会治理中兼顾国家能力增长与基层自治活力两者的平衡,如何设计更加有效的纠纷治理的制度安排,仍值得进一步研究。

Evolution of Economic Disputes Settlement in Qing Dynasty: a Study on Clan Regulations and County Officials' Judgments

Gao Yuan   Yan Hongzhong

Abstract: This paper explores the interaction between officials and clans in economic disputes resolution in Qing Dynasty through the analysis of clan regulations and county officials' judgments, in order to get a glimpse of the transition of local governance in Qing Dynasty. The research shows that: (1) As the representative of customary law, the clan regulations are the supplement and extension of the national law. From the middle and late Qing Dynasty, clan regulations played a more important role in guiding local autonomy. (2) In the county-level judicial practice of this period, the officials consciously leave disputes resolution to non-governmental forces, and the clans played an irreplaceable role as "mediator", "witness" and "executioner". Kinship as well as folk customs and practices are influencing factors of county officials adjudication. From the aspect of economic disputes resolution, this paper demonstrates that from the middle and late Qing Dynasty, local governance began to change from "government dominated" to "non-government dominated. This paper also provides a historical mirror for re-examining the current disputes resolution mechanism and innovating the way of local governance.

Keywords: Clans; Economic Disputes; Clan Regulations; County Officials' Judgments

1914~1936年中国的柯布－道格拉斯生产函数*

张晓琴　倪　坤**

摘　要：最新拟合的1914~1936年中国柯布－道格拉斯生产函数表明，北洋政府时期中国的劳动产出弹性系数较南京政府时期更高，资本产出弹性更低。这主要是因为在处于现代化初期的近代中国，随着外国资本引入和本国生产的现代化发展，现代化有效资本对国内总生产的刺激效应在北洋政府时期明显比南京国民政府时期更高，长期全要素生产率也明显比短期全要素生产率更高。

关键词：C－D生产函数　劳动力　资本

在经济学中，柯布－道格拉斯生产函数（以下简称C－D生产函数）是一种特殊的生产函数形式，它通常用来表明两种或两种以上生产投入与通过这些投入所获得的总产出之间的某种关系。据研究，瑞典经济学家Knut Wicksell、英国经济学家Philip Wicksteed和法国经济学家LéonWalras最早曾对此类函数形式有过理论探讨。① 对此，Bo Sandelin研究认为，Wicksell最早曾在1895年时就已含蓄地将劳动和资本用一次齐次生产函数

---

* 本文为国家社会科学基金重大项目"近代中国经济指数资料整理及数据库建设"（16ZDA132）、广东省教育厅特色创新项目"近代中国50年货币供应量的估算与不可控外生机制研究（1887—1936年）"（2016WTSCX030）阶段性成果。

** 张晓琴，经济学博士，广东财经大学经济学院讲师；倪坤，经济学博士，深圳职业技术学院商务外语学院讲师。

① 据研究，Wicksell曾在1916年时提出过类似C－D生产函数的函数模型理论探讨，他认为在生产技术基本确定条件下，农业生产总值是劳动、土地和资本的一次齐次函数。Carl-Axel Olsson, "The Cobb—Douglas or the Wicksell function?" *Economy and History*, 14: 1 (1971), 64 – 69, DOI: 10. 1080/00708852. 1971. 10418884.

表达出来。① 后来美国经济学家 Paul H. Douglas 和 Charles W. Cobb 在 1927~1928 年完成并发表的一篇期刊文章中首次应用这一简化的理论经济模型来分析 1899~1922 年美国的社会经济总产值与总固定资本和总就业劳动力三者之间的数量关系。Douglas 和 Cobb 是在以商品和要素市场自由竞争的前提下,以美国的社会经济发展为真实案例,对这一生产函数理论模型加以应用和检验。② 虽然现实世界的宏观经济运行受到很多其他因素影响,但二人研究结果表明,在合理选择相关变量数据时,借助于最小二乘法,$P(L, C) = bL^k C^{1-k}$ 这一理论模型能够很好地拟合 P、L 和 C 三者之间的关系。此处 P 表示某一经济体一年中生产的所有商品的实际货币价值,L 表示一年中的社会总就业劳动力,C 表示一年中所有机器、设备和建筑物等固定资本的实际货币价值。b 一般被认为是全要素生产率。k 和 $1-k$ 通常分别被称为资本和劳动产出弹性。③

此后,该生产函数理论公式在学界所受评价褒贬不一。一方面,该函数理论面世之后,来自经济学界的早期评价多为强烈质疑和反对,其中部分计量经济学家们对这一函数统计结果的解释的质疑和批评最为尖锐。④ 如 Franklin M. Fisher 认为该模型中所采用的社会总资本和总劳动力变量均存在异质性,因此该生产函数理论值得商榷。⑤ 有部分学者认为,该函数缺乏站得住脚的理论基础。如 J. S. L. Mccomb 从经济思想发展角度总结梳理了自 1928 年 C-D 生产函数面世后所受到的一些未曾被 Douglas 妥善回应或解决的质疑和批评。他认为 Douglas 以新古典边际生产率理论作为研究总生产函数的主要理论基础,但因理论基础薄弱,该函数广受学界批判。虽然 Douglas 为此做了大量的调查和辩护,但直至 Solow 在技术变革和

---

① Bo Sandelin, "On the origin of the Cobb-Douglas production Function," *Economy and History* vol. XlX: 2 (1976), pp. 117-123. DOI: 10.1080/00708852.1976.10418933.
② Douglas 和 Cobb 的研究主要针对美国社会经济的工业部门,而非 Wicksell 最初所关注的农业部门,因此忽视了土地这一变量。
③ Paul H. Douglas、Charles W. Cobb, "A Theory of Production. The American Economic Review," Vol. 18, No. 1, Supplement, Papers and Proceedings of the Fortieth Annual Meeting of the American Economic Association (Mar., 1928), pp. 139-165.
④ Paul H. Douglas, "Are There Laws of Production?" *The American Economic Review*, Vol. 38, No. 1 (Mar., 1948), pp. i-ii+1-41.
⑤ Franklin M. Fisher, "The Existence of Aggregate Production Functions," *Econometrica*, Vol. 37, No. 4 (Oct., 1969), pp. 553-577.

总生产函数方面的经典理论研究现世，才又促使 C－D 生产函数复生。① Jesus Felipe、McCombie② 认为尽管 Solow 和 Romer 在 C－D 生产函数的基础上发展了新古典经济增长理论，但类似 Samuelson 等人的批判和质疑依然值得重视。③ Jesus Felipe 也曾撰文认可了 Samuelson 的观点，并认为 C－D 生产函数本质上源于会计恒等式。④ 另一方面，C－D 生产函数也获取了部分学者的支持。由于 C－D 生产函数在研究工业生产领域部分统计变量之间数量关系的适用性较高，该理论公式被更多学者认可并应用于案例分析和实证检验。如 M. Bronfenbrenner 认为该函数基本符合现实经济发展规律，但在使用该函数时需要格外注意三个变量的统计数据甄选问题。⑤ 此外该函数并不适用于拟合长时段的经济模型，Douglas 和 Cobb 的研究似乎表明发达国家的劳动和资本占总产出份额是恒定的。但"稳定的社会生产"这一假定受到越来越多学者的质疑。尤其该生产函数暗含的"劳动在总产出中所占比重不变"的前提假定，在某一研究时段劳动力市场有大幅增长时无效。⑥ 因为长期中人口和就业劳动力都有较为明显的变化。Jeff Biddle 认为，虽然 C－D 生产函数遭受过不少批判和质疑，但后来经济学家们对该函数的认可程度以及在该函数基础上的延伸和拓展，说明这一研究方式取得了压倒性的胜利。⑦

广东外语外贸大学中国计量经济史研究中心刘巍教授研究认为，只有

---

① J. S. L. Mccomb, "'Are There Laws of Production?': an assessment of the early criticisms of the Cobb-Douglas production function," *Review of Political Economy*, Volume 10, Number 2, 1998. pp. 141 – 173. Solow R. M., "Technical Change And The Aggregate Production Function," *Review of Economic and Statics*, Vol. 39, No. 3 (Aug., 1957), pp. 312 – 320.

② Jesus Felipe, John McCombie, "The Illusions of Calculating Total Factor Productivity and Testing Growth Models From Cobb-Douglas to Solow and Romer," *ADB Economics Working Paper Series*. No. 596 (October 2019).

③ Paul A. Samuelson, "Paul Douglas's Measurement of Production Functions and Marginal Productivities," *Journal of Political Economy* Vol. 87, No. 5, Part 1 (Oct., 1979), pp. 923 – 939.

④ Jesus Felipe, "The Estimation Of The Cobb-Douglas Function: A Retrospective View," *Eastern Economic Journal*, Vol. 31, No. 3, 2005. pp. 427 – 445. Jesus Felipe, "Production Function Estimation: Biased Coefficients and Endogenous Regressors, or a Case of Collective Amnesia?" *Working Paper*, No. 994 (2021).

⑤ M. Bronfenbrenner, "The Cobb-Douglas Function and Trade-Union Policy," *The American Economic Review*, Vol. 29, No. 4 (Dec., 1939), pp. 793 – 796.

⑥ https://en.wikipedia.org/wiki/Cobb%E2%80%93Douglas_production_function#cite_note-6.

⑦ Jeff Biddle, "Retrospectives The Introduction of the Cobb-Douglas Regression," *Journal of Economic Perspectives*, Volume 26 (Number 2. 2012), pp. 223 – 236.

在一个受供给约束的社会中，C-D生产函数方可成立，因为只有在供给未能满足需求时，C-D生产函数中的变量K是全部参与生产的，所对应的社会固定资本统计量才都是"有效资本"。[①] 显然，近代中国是符合C-D生产函数之前提假设的。虽然C-D生产函数"出生"于1928年的美国，但是，第一次世界大战之后美国已经转变为需求约束型经济，不过是当时经济学界没有察觉而已（如同英国在工业革命之后进入了需求约束型经济时代，而新古典经济学家没有感觉一样）。直至1929年大萧条爆发，凯恩斯才发现欧美发达国家宏观经济运行的主要问题已经由先前的"有效供给不足"转变为"有效需求不足"了，而形成新的经济学框架则是在1936年。所以，我们认为，Douglas和Cobb所创立的C-D生产函数暗含的前提与近代中国社会的宏观经济态势基本吻合，使用C-D生产函数来研究近代中国的宏观经济运行基本可行。

近代中国基本处于一个自由贸易状态，且关税自主受到各资本主义国家不同程度的干涉甚久，在生产能力极为薄弱的工业投资领域更是近乎完全开放。而对于这一切，北洋政府无能为力，南京国民政府虽有所努力，但收效不大。出于其他动机，南京国民政府在国内干涉和管制最多的还是金融业。因此，总体来看，近代中国几乎处于一个完全开放的自由市场经济中。此种情况下，近代中国的投资和固定资本存量随着市场扩大和技术引进而几乎处于自然增长状态。刘巍和刘丽伟曾估算了中国1927~1936年的C-D生产函数，结果为$Y=2.063L^{0.31}K^{0.69}$，该函数基本符合处于劳动密集型增长趋势下的近代中国实际情况——劳动产出弹性低，资本产出弹性高。[②]

众所周知，近代中国宏观经济研究之困难很大程度上在于数据统计资料的稀缺，本文试图通过重新整合部分学者的估算额，以获取更长时段的序列数据，并尝试拟合抗战前整个民国时期的C-D生产函数。而根据C-D生产函数的原模型，必须要有国内生产总值、就业劳动力和固定资本三项序列数据。本文的国内生产总值采用广东外语外贸大学中国计量经济史研究

---

① 刘巍、陈昭：《经济学理论的前提假设与解释能力——计量经济史视角的研究》，中山大学出版社，2018，第202~244页。

② 这与美国1899~1922年的C-D生产函数$Y=1.01L^{3/4}K^{1/4}$形成鲜明对比，主要是因为英美等欧洲国家早已在19世纪末期完成第一次工业革命，机器大工业使得这些国家的工厂普遍实行规模化生产，实属资本密集型生产模式。刘巍、刘丽伟：《1927—1936年中国柯布道格拉斯生产函数初探》，《求是学刊》1998年第3期，第50~53页。

中心估算的 GDP 时间序列数据。

就笔者目前所能收集到的近代中国经济和人口发展的相关史料，尚未发现近代中国的人口统计序列数据，只好采取结合部分年份的总人口估算额和年增长率进行进一步推算。在葛剑雄先生主编的《中国人口史》系列第五卷中，1910 年全国人口数据经修正为 43640.2 万，按照 1953 年的人口普查当年总人口数据为 58855 万，可知这 43 年间的人口年增长率约为 7‰。① 另外，章有义先生在《明清及近代农业史论集》一书中估算认为 1887~1912 年中国的人口年均增长率约为 7.7‰，1912~1932 年中国的人口年均增长率约为 5.8‰。② 笔者结合这三个年增长率推算了本文计量所需年份的总人口数序列，见表 4。有关近代中国劳动力和职业分布的资料不多，据刘巍先生研究，1933 年中国农业和非农业劳动力占总人口比重大致为 51.84%；③ 美国学者费正清先生认为，这一职业分布趋势在整个民国期间变化不大。④ 至此，本文暂且以估算和推算的人口序列数据与当年的总就业率之乘积来获取民国时期的就业人口序列数据。

关于近代中国的固定资本存量数据较为少见，吴承明先生曾估算过 1894 年、1911 年/1914 年、1920 年和 1936 年四个年份的产业固定资本额。⑤ 但仅凭这几个年份的产业资本存量显然不能估算出 C－D 生产函数，因此我们需要采用其他方法进一步推算近代中国的资本存量。经济学家们在估算资本存量时大多采用美国学者 Raymond W. Goldsmith 于 1951 年创立的永续盘存法，国内学者如张军扩⑥、李治国和唐国兴⑦，张军和章元⑧等在估算新中国成立后部分年份的资本存量时也都采用此法。使用该方法的

---

① 葛建雄、曹树基等：《中国人口史》第五卷，复旦大学出版社，2001，第 703~704 页。
② 章有义：《明清及近代农业史论集》，中国农业出版社，1997，第 23 页。
③ 转引自刘巍、刘丽伟《1927－1936 年中国柯布－道格拉斯生产函数初探》，《求是学刊》1998 年第 3 期，第 50~53 页。
④ 〔美〕费正清：《剑桥中华民国史（1912－1949 年）》上卷，中国社会科学出版社，2016，第 38~39 页。
⑤ 吴承明：《中国近代资本集成和工农业及交通运输业产值的估计》，《中国经济史研究》1991 年第 4 期，第 23~26 页。
⑥ 张军扩：《"七五"期间经济效益的综合分析——各要素对经济增长贡献平侧算》，《经济研究》1991 年第 4 期，第 8~17 页。
⑦ 李治国、唐国兴：《资本形成路径与资本存量调整模型——基于中国转型时期的分析》，《经济研究》2003 年第 2 期，第 34~42＋92 页。
⑧ 张军、章元：《对中国资本存量 K 的再估计》，《经济研究》2003 年第 7 期，第 35~43＋90 页。

前提是知道相关年份的资本形成额——即投资额。美国学者罗斯基在《战前中国经济的增长》一书中估算了近代中国1903~1936年的投资额，相对而言这是目前来看较为系统全面的投资估算时序数据。近代，无论是现代化固定资本存量还是投资额，中国都处于初步积累阶段，在向市场经济过渡期间，政府所起到的经济管制和监督作用微弱，市场相对较为自由，因此，在全面抗战前投资和资本存量的增长速度相对较为自由稳定。罗斯基先生估算的中国的近代固定资本投资总额见表1。

表1 中国近代固定资本形成总额

单位：百万元

年份	总额	年份	总额
1903	81	1920	476
1904	72	1921	560
1905	110	1922	639
1906	150	1923	486
1907	180	1924	523
1908	154	1925	514
1909	178	1926	634
1910	223	1927	590
1911	166	1928	746
1912	163	1929	893
1913	207	1930	848
1914	267	1931	843
1915	183	1932	865
1916	243	1933	1034
1917	210	1934	1271
1918	223	1935	1287
1919	442	1936	1398

注：固定资本形成总额即投资总额，为中国本部和东北之资本加总额。
资料来源：〔美〕托马斯·罗斯基著，唐巧天、毛立坤、姜修宪译《战前中国经济的增长》，浙江大学出版社，2009，第246页。

吴承明先生估算的四个年份的产业固定资本额见表2。

表2 近代中国产业固定资本额

单位：万元

年份	1894	1911/1914	1920	1936
固定资本额	12155	178673	257929	999056

注：按吴先生的统计口径，产业固定资本额=外国在华企业资本+官僚资本+民族资本。
资料来源：吴承明：《中国近代资本集成和工农业及交通运输业产值的估计》，《中国经济史研究》1991年第4期，第23~26页。

广东外语外贸大学中国计量经济史研究中心刘巍教授曾在《1927—1936年中国柯布道格拉斯生产函数初探》一文中将吴承明估算的1911年/1914年、1920年和1936年的产业固定资本额按1933年币值折算，分别为25.62亿元、29.93亿元和86.82亿元，本文循此方式将资本存量的时间序列数据往前推进。

首先，观察罗斯基和吴承明的统计口径，吴承明估算的产业固定资本额是近代工业和交通运输业的资本加总，而罗斯基的固定资本形成总额是按照水泥、钢铁和机械三种现代化工业原材料的消费累加所得，可知，罗斯基的统计口径远比吴承明的要大。从1920年到1936年，产业固定资本总额增加了56.89亿元，而据罗斯基的估算，1921~1936年近代化资本形成额之和达131.31亿元，可认为，罗斯基的统计总额中平均每年约有43.32%（56.89÷131.31≈0.4332）的产业资本落入吴承明所统计的工业和交通运输业，另有56.68%的产业资本可能落入类似农业、军事和传统手工业等行业和部门。依据永续盘存法，可以按照$K_t = K_{t-1} + 0.4332 I_t$计算1914~1936年间其他未知年份的产业固定资本存量。①

张东刚先生曾统计估算过近代中国部分年份的农业投资额，见表3。

表3 1907~1936年间部分年份中国农业估算投资额

单位：亿元（1933年币值）

年份	1907	1922	1927	1931	1932	1933	1934	1935	1936
投资额	24.78	27.32	29.88	30.15	29.72	24.79	22.30	25.11	32.76

资料来源：张东刚：《近代中国农业投资的估算与分析》，《南开经济研究》1996年第5期，第71~77页。

---

① 吴承明先生在《中国近代资本集成和工农业及交通运输业产值的估计》一文中估算的1911/1914年的产业资本中外国资本为1914年，官僚资本为1911年，民族资本为1913年，固定资本额数值难以统一，因此本文的计量回归从1914年开始。

据刘巍先生等估算，1920年的农业固定资本（不包括土地）为81.42亿元，每年的农业投资总额中约30%转化为农业固定资本（包括农具、役畜、房屋、仓囤圈栏等）。1920年农业固定资产折旧率为6%，在近代中国农业部门技术水平变化甚微的条件下，我们以此数字近似为该时段的折旧率。[①] 若按照1907～1922年的年增长率计算1908～1921年逐年投资额、1922～1927年的年增长率计算1923～1926年逐年投资额、1927年和1931年的年增长率计算1928～1930年逐年投资额。再以1920年农业固定资本额为初始点，依据永续盘存法，前后即可推算出1907～1936年的农业投资额和固定资本额序列数据。

如1919年农业投资额 $I_{1919}=26.79$ 亿元，则1920年的农业固定资本额为： $I_{1919}\times30\%+1919$ 年固定资本额 $\times(1-6\%)=81.42$ 亿元，由此可推出1919年固定资本额为78.07亿元。再将近代农业固定资本额与相应年份的产业固定资本额相加，可得近代工农业资本总额序列数据。

汇总以上所获得的1914～1936年间国内生产总值、就业人口和资本存量数据，见表4。

表4　1914～1936年的Y、K、L估算额

单位：亿元（1933年币值），亿人

年份	国内生产总值	就业人口	农业固定资本额	产业固定资本额	工农业固定资本总额
1914	163.39	2.3293	58.70	22.31	81.01
1915	166.10	2.3428	62.96	23.10	86.06
1916	160.75	2.3564	67.01	24.15	91.17
1917	143.97	2.3700	70.87	25.06	95.94
1918	143.51	2.3838	74.55	26.03	100.58
1919	180.88	2.3976	78.07	27.94	106.01
1920	183.02	2.4115	81.42	29.93	111.35
1921	191.31	2.4255	84.63	32.43	117.06
1922	213.43	2.4396	87.69	35.20	122.89

---

① 刘巍、刘丽伟：《1927—1936年中国柯布道格拉斯生产函数初探》，《求是学刊》1998年第3期，第50～53页。

续表

年份	国内生产总值	就业人口	农业固定资本额	产业固定资本额	工农业固定资本总额
1923	211.45	2.4537	90.62	37.30	127.93
1924	236.58	2.4679	93.53	39.57	133.10
1925	226.87	2.4822	96.41	41.79	138.21
1926	238.63	2.4966	99.28	44.54	143.81
1927	248.58	2.5111	102.13	47.09	149.22
1928	257.11	2.5257	104.96	50.32	155.28
1929	266.26	2.5403	107.65	54.19	161.84
1930	276.21	2.5551	110.19	57.86	168.05
1931	285.70	2.5699	112.60	61.51	174.11
1932	294.70	2.5848	114.89	65.26	180.15
1933	294.60	2.6047	116.92	69.73	186.65
1934	269.00	2.6248	117.34	75.24	192.57
1935	290.90	2.6450	116.99	80.81	197.80
1936	309.40	2.6653	117.50	86.82	204.32

注：工农业固定资本总额＝产业资本额＋农业资本额。受统计数据限制，本文没有再考虑资本转化的滞后效应和产业资本折旧率。

资料来源：生产总值数据引自刘巍、陈昭《近代中国50年GDP的估算与经济增长研究》，经济科学出版社，2012，第107页；总人口数据的估算可参考葛建雄、曹树基等《中国人口史（第五卷）》，复旦大学出版社，2001，第703~704页和章有义《明清及近代农业史论集》，中国农业出版社，1997，第23页所提供的人口年增长率。

设定在规模报酬不变条件下，1914~1936年间的C－D生产函数为：

$$F(L,K) = Y = AL^{\alpha}K^{1-\alpha}, (0 < \alpha < 1) \tag{1}$$

因为规模报酬不变，所以有：

$$F(\lambda L, \lambda K) = A(\lambda L)^{\alpha}(\lambda K)^{1-\alpha} = A\lambda^{\alpha+1-\alpha}L^{\alpha}K^{1-\alpha} = \lambda F(L,K), (0 < \alpha < 1)$$

在（1）式两端同除以 L，可得：

$$\frac{Y}{L} = A\left(\frac{K}{L}\right)^{1-\alpha}, (0 < \alpha < 1)$$

再两端取对数,可得:

$$ln\frac{Y}{L} = lnA + (1-\alpha)ln\frac{K}{L}, (0<\alpha<1) \qquad (2)$$

根据表4的数据,$ln\frac{Y}{L}$ 和 $ln\frac{K}{L}$ 可通过计算而得,lnA 和 $(1-\alpha)$ 需通过最小二乘回归分析获知。在此之前,笔者已检验出 $ln\frac{Y}{L} \sim I(1)$,$ln\frac{K}{L} \sim I(1)$,即均为一阶单整,且二者之间存在协整关系。进一步做OLS回归,得:

$$ln\frac{Y}{L} = 1.2684 + 0.8071 ln\frac{K}{L}$$
$$t = 4.9600 \quad 12.6433$$
$$R^2 = 0.8839; F = 159.8518$$

可知,$A = 3.5552$,$\alpha = 0.1929$。1914—1936年间中国的C-D生产函数为:

$$F(L,K) = Y = 3.5552\, L^{0.1929} K^{0.8071} \qquad (3)$$

以上的回归结果中,3.5552为全要素生产率,代表1914~1936年间中国的技术进步、经营管理等综合影响因素。本文的全要素生产率比刘巍等估算的函数要高,笔者认为这是因为1927时中国的资本主义市场经济已有所发展,至1936年中国的经济增长达到抗战前的顶峰。而1914年北洋政府刚成立不久,在一个工业现代化"从无到有"的过程中,长期看技术进步和经营管理等对总产值的刺激效应理应更明显。

$\alpha = 0.1929$ 为劳动力产出弹性系数,$1-\alpha = 0.8071$ 为资本产出弹性。即1914~1936年,投入劳动力每增加1%时,总产出增加0.1929%;投入资本每增加1%,总产出增加0.8071%。相比刘巍等所估算的1927~1936年间的C-D生产函数,本文的劳动产出弹性系数明显偏小,相对应的资本产出弹性明显偏高。笔者认为,1914~1927年,中国的现代化水平相比1927~1936年时更低,严重缺乏能够进一步刺激有效生产的有效资本。而一旦有新的有效资本参与生产,生产能力增加的效果就会异常显著,属于极为典型的"资本欠缺型"经济。

Cobb-DouglasProduction Function in China During 1914 – 1936

Zhang Xiaoqin   Ni Kun

Abstract: The latest estimated Cobb-Douglas production function of China during 1914 – 1936 shows that the output elasticities of labor in Northern Warlord Government period is higher than that in Nanjing National Government period, and the output elasticities of capital is lower. This is mainly because when in the early Republic of China, with the introduction of foreign capitals and modernization of production, the stimulative effect of modernized effective capital on GDP in the period of Northern Warlord Government is higher than that in Nanjing National Government. Meanwhile, the TFP during 1914 – 1936 is also significantly higher than that during 1927 – 1936.

Keywords: C – D Production Function; Labor; Capital

近代华北内陆乡绅影响力与社会治理状况探究

——以民国山西河东乡绅为中心考察[*]

张启耀[**]

摘 要：乡绅是传统时代乡村社会的主要领导力量和地方社会发展的重要阶层。近代时期，虽然中国社会各方面逐渐发生着变迁，但相较于沿海沿江地区，山西河东位居内陆，其传统和保守的阶层特性又较强，因此乡绅这一群体在民国时期的势力发展与社会治理便表现出较明显的区域特色。本文通过采取比较法和计量统计法等手段，考察这一时期河东乡绅的社会影响力，包括其经济实力、职业选择和政治参与等方面，同时揭示民国河东乡绅的真实社会治理状况，说明了近代社会变迁时期这一群体较弱的经济实力和政治参与程度抑制了其社会治理能力，并最终反过来又对近代河东社会产生了深刻影响。

关键词：山西河东 乡绅 社会影响力 社会治理

在中国传统社会，乡绅是乡村中起重要作用的人物。乡绅不仅是乡村的主要领导阶层，而且是乡村建设与文化发展的主力，对地方社会产生着较大影响。但清末以降，中央集权能力急剧衰落，绅权却日益膨胀并不断劣化，旧有乡绅的职业选择、经济政治势力和道德观念等方面都发生着新

---

[*] 本文为国家社科基金重大项目"近代中国乡村建设资料编年整理与研究（1901—1949）"（17ZDA198）、山西省社科联 2021 年度重点项目"民国河东乡绅社会影响力考察"（SSKLZDKT2021143）、山西省社会科学院 2021 年度规划课题一般项目"民国河东乡绅的职业状况和政治参与研究"（YWYB202140）阶段性研究成果。

[**] 张启耀，历史学博士，运城学院河东文化研究中心教授，山西师范大学、赣南师范大学硕士生导师，研究方向为中国近代乡村社会史和区域社会文化史。

的演变,很多地区出现了"土豪劣绅"的历史现象。及至民国时期,乡绅的这些变化反过来又潜移默化地影响着区域社会文化的发展变迁。因此,研究民国时期的乡绅阶层,对于深入了解民国乡村社会、探求这一阶层对近现代社会的影响具有重要意义。

近代乡绅研究自民国初年以来一直受到国内外学者密切关注,到目前为止,相关成果异彩纷呈,数量多不胜数。早期研究涉及乡绅形象变迁与基层社会治理等方面的成果包括:吴晗、费孝通等的《皇权与绅权》①,周荣德的《中国社会的阶层与流动》②,以及萧公权的《中国乡村——19世纪的帝国控制》③ 等论著。这些成果是近现代中国传统乡绅研究的开山之作,是早期相关研究的代表性成果,为后来学者开展相关研究工作打下了较好基础。近二十年来,传统乡绅研究进入爆发期,优秀成果不断涌现。华人学者黄宗智、王先明和美国学者杜赞奇等都在近代华北乡绅研究方面成果卓著,先后出版了专著《华北的小农经济与社会变迁》④《变动时代的乡绅——乡绅与乡村社会结构变迁(1901—1945)》⑤《文化、权力与国家:1900—1942年的华北农村》⑥,成为探索近代华北乡绅问题最有影响和代表的成果。近几年来,与近代山西乡绅有关的研究成果也不断出现,如英国学者沈艾娣的《梦醒子:一位华北乡居者的人生(1857—1942)》⑦、中国大陆学者张启耀的《民生维艰:田赋负担与乡村社会变迁——以二十世纪前期的山西为范围》⑧ 等,为学界下一步展开更深入的山西地方乡绅研究奠定了基础。

尽管以上有关近代华北及山西乡绅研究成果的学术价值较高,但在目前,由于种种原因,作为典型内陆区域且为华夏文明主要发源地的河东地区的近代乡绅研究仍基本是空白,学界难以对这一区域的近代乡村社会有

---

① 吴晗、费孝通:《皇权与绅权》,上海观察社,1949。
② 周荣德:《中国社会的阶层与流动》,学林出版社,2000。
③ 萧公权:《中国乡村——19世纪的帝国控制》,九州出版社,2018。
④ 黄宗智:《华北的小农经济与社会变迁》,中华书局,2000。
⑤ 王先明:《变动时代的乡绅——乡绅与乡村社会结构变迁(1901—1945)》,人民出版社,2009。
⑥ 〔美〕杜赞奇:《文化、权力与国家:1900—1942年的华北农村》,王福明译,江苏人民出版社,2010。
⑦ 沈艾娣:《梦醒子:一位华北乡居者的人生(1857—1942)》,北京大学出版社,2013。
⑧ 张启耀:《民生维艰:田赋负担与乡村社会变迁——以二十世纪前期的山西为范围》,山西人民出版社,2013。

较清晰的把握。本文通过考察河东乡绅的经济实力、职业选择、政治参与度及社会治理状况，进而探索这一阶层社会影响力的研究角度在学界也具有较强的创新性，这可以给相关研究起到一定的启示作用。同时，河东地区作为一个典型的内陆乡村地区，对其近代乡绅的社会影响力及社会治理状况的研究也对其他内陆地区乡绅的深入研究起到抛砖引玉的作用。

"河东"作为地理名词和区域名称，很早已被使用。"河东"地名以其居于黄河之东而得名，但传统意义上，"河东"的核心区域绝大多数时间在晋西南的运城一带，即今天的山西省运城市。河东地处内陆，在近代虽然也经历了一定程度的社会变迁，但是相比沿海沿江地区甚至山西省内的其他地区，其社会更为传统保守，乡村各阶层的演变程度也较低，尤其是河东乡绅相对于其他地区乡绅而言更具有较强的传统性，从而也就具有了较明显的近代区域特色。以下通过区域比较法和计量统计法等手段，分别从经济实力、政治参与度等方面揭示河东乡绅在民国时期的经济和政治状况，展现这一时期民国河东乡绅的经济实力，最终展示出河东乡绅对近现代区域社会的深刻影响。

一 民国河东乡绅的经济实力

从长期来看，各地乡绅产生经济实力差异的根本原因是土地集中程度的高低不同。一方面，按照民国时期学者的观察和研究，中国各地"因为自然环境的不同，土地的分配状况也不一致"，"中国在三十亩以下的农户既占绝对多数，自耕农占半数以上，这是当然之事。若以北、中、南三部来说，北部、中部自耕农占多数，南部则反是"。"其中要以湖南的分配最不公平。"① 因此，南部省份的自耕农户数比例相比北方省份来说要低得多。换句话说，南方省份的土地集中程度整体上比北方省份要高很多，结果是，南方各省的乡绅不仅在数量上较多，而且经济实力也强很多。同时，从近代其他相关学者的研究资料中也可以看到，即使在全国范围内，"山西土地固不如他省之集中，地主势力尚小"②。这又表明，山西的土地集中程度在全国属于最低之一。

---

① 逸箫：《各地乡村状况调查》，《村治》1930 年第 11、12 期合刊。
② 杨木若：《山西农村社会之一斑》，《新农村》1933 年第 2 期。

另外，史料显示，就算是在山西的各区县中，河东地区的土地集中程度也属于最低之一，而晋西北地主富农土地占有比例最高，为60.8%，达到或略高于全国的平均水平。①

表1 兴县76户地主士绅土地占有情况

土地占有等级	土地占有实数	土地占有率（%）	户 数	占总户数的比率（%）
100~199亩	180亩	0.2	1	1.3
200~499亩	6980亩	7.2	22	28.9
500~999亩	18270亩	18.9	23	30.3
1000亩以上	71022亩	73.6	30	39.5
合计	96452亩	100	76	100

资料来源：《山西名人传略》第34页，山西省档案馆藏，档案号：A—22—1—4—1，第14~15页。

表1对山西西北地区兴县地主乡绅的财产状况做了较详细的记载，除了7户财产情况不明外，其余76户的土地占有情况都做了统计，因此具有较强的代表性。表中显示，占地200亩以上的地主士绅有75户，占表列户数的99%。即使是占地500亩以上者也有53户，占表列总户数的70%。这样的土地集中程度已经是相当高的了。

史料显示，山西其余地区的土地集中程度均低于晋西北地区。山西中部地区地主富农（即乡绅阶层的主体）占地平均比例为31.5%（以平定、盂县等地为例），山西西南部河东地区的万泉、曲沃等4个县20个村地主富农占地平均比例却只有24.36%，远远低于全国平均土地集中程度。②虽然晋西北地区土地相对贫瘠，产量不高，但晋西北地区这样的财富集中程度还是远大于位处晋西南的河东地区。而大量的史料也显示，由于占据着大量土地，传统晋西北地区地主乡绅在乡村社会的经济实力和影响力是十分巨大的，其势力相对于晋西南河东地区的地主乡绅还是大得多的。③

下面再以河东地区一个典型的乡村为例做进一步说明。河东解县为"晋南一个模范小县，东胡农村则居于离城约十里之中条山脉之麓"。"在该村农户中，自耕农占十分之六，半自耕农与佃农各占十分之二。""该村

---

① 山西省史志研究院：《山西通史》，山西人民出版社，2001，第555页。
② 山西省史志研究院：《山西通史》，山西人民出版社，2001，第555~556页。
③ 参见王先明《士绅构成要素的变异与乡村权力——以20世纪三四十年代的晋西北、晋中为例》，《近代史研究》2005年第2期。

有农户一百零三户,每户平均耕地 10.95 亩,农户自耕农占其过半。"① 可以看到,在民国时期河东地区这样的一个普通村庄,有地的农户即已占到总户数的十分之八,无地农户仅仅只有十分之二,土地集中程度相对要低得多。

以上这样的土地占有状况在很大程度上反映了山西各地乡绅的经济实力。通过对近代山西几个区域乡绅土地占有状况的比较,可以看到,尽管近代整个山西的土地集中程度在全国都相对较低,但晋西南河东地区的土地集中程度又在山西范围内最低,这在某些方面限制了河东乡绅的发展空间,减少了河东地区出现较大乡绅的机会,也从整体上削弱了河东乡绅的经济实力。

二 民国河东乡绅的职业状况与政治参与度

土地占有状况在很大程度上表现了一个阶层的经济实力,也进一步影响了这一阶层的职业选择。可以肯定,由于经济实力相对薄弱,河东乡绅在民国时期占据公职的数量就更少一些,而晋西北地区土地集中程度较高,乡绅地主的权势更大,占据的公职就较多。

从整个晋北地区来看,该地区不仅土地集中程度超过河东地区,而且各县份乡绅占据了绝大多数基层社会的公职,紧紧把持了基层社会的权力。下面以当时晋北地区的社会调查为例,并与河东乡绅的相关情况进行比较。

表 2 晋北三县二十七个农村自治公务人员的社会成分(1935 年)

单位:人

社会成分	职别					
	村长副	监察员	调解员	闾长	学董	总计
无产者	—	—	—	—	—	—
贫农	—	—	—	—	—	—
自耕农	—	—	10	15	—	25
富农	22	47	54	83	12	218
地主	28	56	47	69	15	215

① 康文富:《晋南解县东胡农村素描》,《农学月刊》1942 年第 1、2 期合刊。

续表

社会成分	职别					
	村长副	监察员	调解员	闾长	学董	总计
手工匠	—	—	11	10	—	21
小商人	4	12	13	7	—	36
总计	54	115	135	184	27	515

资料来源：范郁文：《晋北边境三县农民生活概况》，《新农村》1935年第24期，第30~31页。

表2中，调查者以晋北三个县份大同、天镇、阳高为例，展现了以地主、富农、商人为主的新乡绅把持基层社会权力的情况。

与河东地区相比，晋北土地集中程度较高，乡绅占据了更多的土地。从表2中可以明显看到，晋北三县的农村公职有515个，但这些职位中的469个被地主、富农和商人占据，约为总职位的91%，可见晋北地区在土地和财富相对集中的情况下，乡绅经济实力更为强大，政治势力也随之较强，占据了基层社会的大多数公职，因而也具有较大的社会影响力，在基层社会也就可以起到更多更大的作用。

大量史料表明，某一地区议员人数和官吏人数尤其可以表现该地区乡绅的经济实力和政治参与度，进而在很大程度上决定了该地区乡绅的社会治理状况和社会影响力。

民国时期，山西省长公署统计处曾对全省各县份1921年的居民职业情况做了详细的调查和统计，我们现在从其相关资料中可以大致观察和分析出20世纪20年代初河东居民参与政治机构和政治活动的比例，从而可以进一步判断河东乡绅的政治参与度和社会影响力（见表3）。

表3 1921年河东地区部分县份农民人数、议员人数及官吏人数统计

县份	项别		
	农民人数	议员人数	官吏人数
永济县	93360	1	11
临晋县	54350	0	15
虞乡县	35650	0	9
荣河县	56130	1	10
闻喜县	89779	1	16

续表

县份	项别		
	农民人数	议员人数	官吏人数
猗氏县	62979	1	4
安邑县	90890	2	22
夏　县	93116	0	18
芮城县	47196	0	3

资料来源：由表格《现住人口职业别》（山西省长公署统计处：《山西第三次人口统计》，山西省长公署统计处，1922，第39~40页）改绘。

除表3所显示的情况外，河东地区其余的垣曲县、绛县、稷山县等县份都是人口较多的县份，议员人数都为零，有些县份官吏竟也为零，实在令人吃惊，其乡绅的社会影响力及政治参与度可想而知。不要说与南方经济发达省份相比较，就是与本省内其他许多地区相比，河东乡绅的经济实力、政治参与度也要逊色不少。如晋中阳曲县农民人数仅6万余人，有议员3人，官吏达124人；祁县农民有5万多人，官吏达90人；榆次农民也是5万多人，议员有2人，官吏达23人；等等。① 所以，可以看出，河东各县的乡绅政治参与度都不高，从一个侧面反映了河东各县乡绅普遍缺乏经济实力和较大的影响力。

下面再通过对比民国时期全省主要几个地区的情况来分析河东乡绅的政治参与度。

从民国时期的相关统计资料可知，1921年，山西全省共有省议员126人，官吏2664人。从所记录各地区的省议员和官吏人数可以大致计算出河东地区乡绅的政治影响力。经统计，1921年，山西各主要地区的议员人数和官吏人数大致是：晋中地区为议员20人，官吏560余人；晋东南地区为议员21人，官吏246人；大同地区议员为28人，官吏550人；临汾地区议员为17人，官吏为470人；阳泉地区议员为12人，官吏320人；运城地区议员为14人，官吏仅为286人。② 全省议员和官吏的地区分布情况就是如此。在全省几个主要地区中，不管是议员人数还是官吏人数，河东地区都是排名较后的。

---

① 《现住人口职业别》（缺原件日期），载山西省长公署统计处《山西第三次人口统计》，山西省长公署统计处，1922，第39~40页。
② 运城市地方志编纂委员会编《运城市志》，三联书店，1994，第69页。

再以运城的盐湖区（包含民国时期的解县和安邑县）为例，详细阐述1922年该区域的职业构成，也可以大致看出河东乡绅的职业情况。据民国12年（1923）《山西省第六次人口统计》载：解县有议员2人，官吏60人，公务员106人，军人65人，警士53人，教员455人，学生8990人，律师6人，医士162人，新闻记者4人，从事农业者27067人，工业1522人，商业7416人，畜牧业4人，劳力1164人，其他职业9006人，无职业者48282人；安邑县有议员1人，官吏61人，公务员54人，军人105人，警士61人，教员233人，学生3923人，律师1人，医士83人，从事农业者4228人，工业1435人，商业2074人，劳力505人，无职业者6474人。[①] 可以看出，在12万人左右的总人口中，象征着政治和社会影响力的议员人数仅有3人，即使是反映政治参与度的官吏人数也只有120余人。

从全国来看，相对于沿海沿江地区，近代山西乡村社会由于深处内陆而发展滞后，这一点毋庸置疑，但即使在整个山西乡村发展已较落后的情况下，河东乡村社会尤为明显，以上关于河东乡绅职业状况和政治参与度的大量史料便充分体现了这一点。下面再结合民国河东乡绅的社会治理状况对这一阶层的社会影响力做进一步说明，以充分再现真实的近代河东乡村社会面貌。

三 民国河东乡绅的社会治理状况

从相关史料来看，正是河东乡绅较弱的经济实力和较低的政治参与度抑制了河东乡绅传统社会职能的发挥，这一点尤其表现在民国河东乡绅参与村庄和社会公益活动的情况上。

在近代社会转型前，整个国家的基层社会救济体系基本都一样，那就是以乡绅治理模式为主的赈灾体系，这一体系在促进传统社会矛盾解决、维护国家政治稳定、推动社会和谐发展等方面起着重大的作用。两次鸦片战争以后，伴随着西方列强的入侵和中国社会的近代化转型，中国基层社会的传统乡绅治理模式以及赈灾体系受到了巨大冲击。河东地区在传统乡村治理模式变迁和乡村社会日益贫困化的境况下，以乡绅为代表的大户人家的数量和财富也受到严重限制，而河东乡绅的社会治理功能和灾荒之年

---

① 运城市地方志编纂委员会编《运城市志》，三联书店，1994，第69页。

的救济功能随之受到抑制。即使与山西其他地区的乡绅相比，河东乡绅在近代灾荒中的救济作用也是极其有限的，一遇较大荒年便自顾不暇，几乎束手无策。从全国范围来看，清末"丁戊奇荒"和民国1928年大灾荒之所以在河东地区造成的灾难最重，是与近代河东乡绅经济实力与社会治理及救济能力欠缺有着直接关系的。如志书记载，民国时期，河东安邑县的社仓和义仓是"时兴时废，且多被土豪乡绅把持"，在灾荒中作用不大，而且早已经"放赈殆尽"。① 再加上河东乡绅治理基层社会的职能和机构较为落后，遇到较大的灾荒之年便几乎束手无策，导致救灾组织实施救济混乱，运送和散发粮食过程缓慢，不少饥民在漫长无望的等待中饥饿倒毙。

论及近代河东乡绅的社会职能，笔者最先想到的是河东地区以李子用为核心人物的李家。李家是民国时期河东最具代表性的大乡绅，以"慈善"而闻名于世，曾在清末和民国时期几次放赈舍饭，救活不少百姓。但即使这样，近代的河东地区仍旧出现了清末"丁戊奇荒"中"人相食，斗粟白金四两""人民饿死过半"② 及1928年河东"哀鸿遍野，穷黎失业，民间困苦情状不堪言喻。见者心伤，闻者鼻酸"③ 的惨不忍睹的场景。

笔者在详细了解河东李家多次善举的同时，也在思索为何李家如此驰名的善举竟未能改变近代河东这些人间惨象。经过对史料的分析，笔者发现，虽然近代河东在灾荒中有李家等乡绅的大力救济，但由于河东乡村社会的贫困化及河东乡绅整体较弱的经济实力和社会参与度，河东乡绅的社会治理能力受到了极大抑制，因此，在社会治理方面，传统河东乡绅实际上发挥的作用并不大。整个地区没有固定的和常设的乡绅救济机构，只是在灾荒发生时出于乡绅的道德和良心而临时成立救济机构。平时本就数量不多、经济实力不强的河东乡绅的社会功能就是简单的儒教宣传、乡村纠纷调解等，完全满足不了紧急时期乡村社会的需求。④ 就连当时史料记载的河东地区乡绅社会治理功能最为完善的猗氏县也仅仅只是"荒旱之年照例筹设粥厂"，"平时除县府按月散放孤贫口粮外，如遇疾病灾患邻里率能

---

① 张启耀：《清末内陆地区乡绅社会救济问题研究：以近代晋南区域为中心考察》，《运城学院学报》2019年第4期。
② 何燊、冯文瑞：《万泉县志》（民国版）（卷三），成文出版社，1917，第809页。
③ 《晋陕甘三省苛征捐税情形》（缺日期），中国第二历史档案馆藏，档案号：1-2711-16J2384，第1391页。
④ 张启耀：《清末内陆地区乡绅社会救济问题研究：以近代晋南区域为中心考察》，《运城学院学报》2019年第4期。

周恤"，① 这样的社会治理状况根本无法同当时江苏、浙江等沿海地区乡绅具备详细应急保障机制且可大量自主设置义仓义庄、济贫赡孤、养老备荒、助学恤丧、慈善解困、和谐人际以及社会自我调节的日常社会治理职能相提并论。②

不过，从另一个角度来看，民国时期河东乡绅的社会治理功能虽然较弱，但乡绅与乡民的矛盾也很小，而南方乡绅与乡民的矛盾则往往水火不容，很多时候发展到你死我活的地步，因此"打倒土豪劣绅"的现象主要发生在南方地区。民国前期在湖南、湖北、江西等地的农村大革命运动风起云涌，但是河东地区并没有类似的斗争口号和如此激烈的斗争场景。毛泽东在《湖南农民运动考察报告》中，既描述了一些乡绅对农民的极端残害，也描述了农民翻身之后对乡绅的报复。例如，宁乡的杨致泽，岳阳的周嘉淦，华容的傅道南、孙伯助，是农民和各界人民督促政府枪毙的；湘潭的晏容秋，则是农民和各界人民强迫县长同意从监狱提出，由农民自己动手枪毙的；宁乡的刘昭，是农民直接打死的；等等。这样的大土豪劣绅，各县多的有几十个，少的也有几个。不过，从毛泽东的文章中也可以看到，土豪劣绅势盛时，杀农民真是杀人不眨眼。③ 江西土豪劣绅与乡民的对立同样尖锐。资料显示，江西的土豪劣绅"使用他们上卑下傲的手段，百方巴结驻军长官，勾结官厅，凡以前对他们稍有反抗，而因或种缘故，不能尽量压迫的，及稍有家资而平日为人忠厚无法藉口剥削的良民，都是以'抢产党'之名，大大地压迫——拘人、夺产，逼得这班农工家破人亡"④。从这些史料中可见，南北方乡绅的地域性差别还是非常大的，毛泽东提到在湖南的这些斗争场景，在山西的河东社会中是绝对不可想象的。

可以肯定的是，南方乡村社会激烈的斗争换来了传统社会的彻底变革。土豪劣绅势力的强大和影响之恶劣，反而造成了乡村民众更强烈的反抗，因为"群众没有饭吃，成群的起来要去打土豪，分地主的谷子，受不了豪绅地主一切反动分子的监视和压迫，要去杀反动派"⑤。在毛泽东的家

---

① 《山西省各县风俗概况表》，参见山西省民政厅《山西省民政刊要》，出版者不详，1933，第275页。
② 李学如：《近代苏南义庄与地方社会研究》，上海三联书店，2016，第43页。
③ 参见毛泽东《湖南农民运动考察报告》，《毛泽东选集》，人民出版社，1991。
④ 李朴生：《剿共和造共》，《村治》1931第3期。
⑤ 陈毅：《关于赣南、闽西、粤东江情况的报告（1929年9月1日）》，江西省博物馆藏，抄件，第71号。

乡韶山，祠堂成了农民协会的会址，而且农民协会代替了过去的乡绅去组织农民修坝、修塘、办夜校、禁烟；在湘乡，农民协会一成立，首先禁止赌钱打牌，禁止抽鸦片烟，乡村社会一派新气象。① 这样的巨变在山西南部的河东地区也是不可想象的。河东社会没有激烈的乡绅与农民的矛盾和斗争，也就缺少了推动近代河东社会继续进步的巨大动力。

余 论

综合以上考察可以看到，民国时期，河东地区并没有豪强地主，大都是小地主，够得上中等类型地主的乡绅也很少，河东乡绅占有土地的程度不高，普遍地在县及省一级的政治参与度较低，社会治理能力较弱，影响力也不大。在职业选择方面，民国政府在向基层社会渗透过程中，河东乡绅向国家政权的反渗透力并不强，占据国家基层政权中重要职位的极少，部分只是担任了最底层政权中的区长、闾长和村长副，而且伴随着政府对基层社会政治和经济等方面的不断加压，原本担任基层职务的乡绅又纷纷退出以求自保。很多河东乡绅思想相对保守，受传统观念的影响比较大，所以道德上发生变化的程度并不大。一部分乡绅担任了村长副留在乡土，有的甚至成为村庄的耕夫农夫，恪守着传统道德而终了一生。而且可以肯定的是，即使有个别为害乡民的河东乡绅，也几乎没有出现过戕杀乡民、涂炭生灵的罪恶行径，这是河东乡绅一个比较明显的职能和道德特点，也是位处内陆地区的河东乡绅的经济、政治和社会影响力的重要表现。近代的河东地区虽然在经济和社会发展上落后于沿海沿江地区，但河东乡绅的传统保守思想对于保护传统社会的很多优秀道德品质却起到了积极作用，许多优秀传统文化和精神在河东基层社会得以保留和传承。

不过，从另一个角度来看，由于思想和观念的相对保守，河东乡绅对政府基层政权的构建和行政事务的开展存在着一些消极落后的影响，一定程度上延缓了河东乡村社会的发展。民国时期的河东地区对新潮流的接受是比较缓慢的，传统小农经济仍以强大的生命力左右着乡村社会的运行，因此，与这一时代多数内陆地区的乡村相似，河东乡村社会依然没有走出

---

① 黎日晖：《关于赣南工作的综合报告》（缺原件日期），载中央档案馆、江西省档案馆编纂《江西革命历史文件汇集（1931年）》，1988，第147页。

传统社会的基本生活模式，也造成了近代以来河东社会和经济发展的相对落后。例如河东乡绅在乡村中虽然势力相对弱小，也没有过分为非作歹的行为，但却重于人情风俗，看重人情世故，往往喜徇私情，无形中形成了推进改革的较大阻力。阎锡山在"村政建设"期间曾评价河东地区夏县的乡绅说："该县绅学各界，多好为人说情。查绅学界均为社会优秀分子，应各主张公道；其演成此种恶习，始误于犯法者之哀求，继误于官厅之不主张公道，长此不改，必致人民认官绅为破坏公道之人。"① 而阎锡山的村政革新在河东虞乡、解县同样受阻，也是因为虞乡"绅权较重，动受掣肘，以故兴革事宜初虽具十分热忱，一经士绅阻挠，多半不克遂其初衷"；解县"绅权太重，遇事掣肘，不免多所应付"。② 所以，时任山西省政府村政处处长的陈敬棠也无奈地说："在这个土豪劣绅未曾铲除，人民不问政事，积习未曾换过的时候，一定是难望有好结果的。"③ 从这些事例中可以看出，河东乡绅的人情世故已经严重影响到政府政策的执行力度了，从而也在很大程度上阻碍了近代河东区域法治社会的形成和近现代河东社会的进步。

Impact and Social Management of Inland Country Gentlemen in Modern North China：Study on the Country Gentlemen of Hedong Shanxi in the Republic of China

Zhang Qiyao

Abstract：Country gentlemen were main leaders and important hierarchy of local society development in traditional time. In modern time, changes in every respects happened in Chinese society, but country gentlemen of Hedong in Shanxi province showed stronger traditional and conservative Class features because of in-

---

① 《行知夏县对于绅学各界说情应婉拒杜绝文》，载阎锡山《治晋政务全书初编》，出版者不详，1928，第1310页。
② 参见山西省民政厅《山西政治视察报告汇刊》，山西省民政厅，1931，第109、117页。
③ 陈敬棠：《村政与县治》，《山西村政旬刊》1929年第23期。

land living environments, and so, power and social management of country gentlemen of Hedong bore distinct regional characters. By Comparison method and Econometric statistical method, writer studied the impact including land possession, profession choice and political participation of Hedong's Country Gentlemen, and revealed the social management of the group. Lastly, writer explained that the weaker economic power and political participation of Hedong's Country Gentlemen curbed the ability of social management themselves in the period of social vicissitudes, and affected Hedong society in modern time deeply.

Keywords: Hedong District in Shanxi; Country Gentlemen; Social Impact; Social Management

论上海商业储蓄银行的商业网络展开
（1915~1937）

易星星*

摘　要：本文以上海商业储蓄银行（以下简称上海银行）为研究对象，试对其商业网络展开的过程做实证性的考察。学界对于国民政府时期的上海银行关注度较高，而对于北洋政府时期，即政府对金融的统制相对较弱、自由金融时代下上海银行的创设经过和发展状况却缺乏深入研究。1915年至1926年的11年间，上海银行通过自身的经营努力和银行同业的互助合作，奠定了坚实的经营基础。1927年南京国民政府成立，上海银行总经理陈光甫对蒋介石押宝成功，上海银行快速地在全国建立商业网络，甚至跨越国界将其延伸到了东亚和东南亚。本文分三个时期（1915~1921年，1922~1926年，1927~1937年）进行阶段探讨，重点关注上海银行的主要业务内容的变化以及追踪其商业网络建设的动态过程，探明上海银行在自由金融市场和金融统制两种截然不同的环境下的因应之策。在构建商业网络的过程中，陈光甫的社会关系、经济关系、文化关系网如何发挥重大作用也是本文的关注点。

关键词：上海商业储蓄银行　商业网络　陈光甫　近代金融

在中国近代经济史研究中，关于银行业的研究开始得很早，吴承禧在1934年就对清末民初的各类新式银行的种类及经营活动做了归纳总结[①]，宫下忠雄则算是日本学界研究中国近代银行的先行者[②]。随着20世纪80

---

*　易星星，现任（日本）兵库县立大学国际商经学部副教授。
①　吴承禧：《中国的银行》，商务印书馆，1934。
②　宫下忠雄『支那銀行制度論』巌松堂書店、1941。宫下也对中国的金融史、货币制度、财政制度、贸易等做了多方面的考察，比如『支那貨幣制度論』（宝文館、1935）、『中国の通貨・金融制度』（アジア経済研究所、1965）、『中国の財政制度』（アジア経済研究所、1968）等。

年代中国对各个银行档案史料的整理和公开，银行史研究又重焕生机。中国学界对于上海金融中心的考察成果积累甚丰，日本的学界则对上海以外的地域银行做了一定的考察。比如中田昭一分析了金城银行如何领头四行联合经营及其积极作用①，黑田明伸考察了货币体系②，林幸司对深处重庆内地的区域性银行——聚兴诚银行从设立至公私合营为止的各阶段做了详细讨论③，久末亮一探讨了华侨资本的广东银行和华人金融业的形成方式④。对于个别案例的上海银行的研究，中国学界也已然硕果累累，关联史料的整理和编纂工作也取得了卓越的成就。⑤ 徐昂从内外两层关系探讨了陈光甫与民国历届政府的关系⑥，李培德评价了具备金融企业家精神的陈光甫⑦，探讨了上海银行分行网络的形成及其特征⑧。现今对于上海银行的新史料发掘已然遭遇瓶颈，但作者欲从新的视角对上海银行进行重新审识，以期抛砖引玉。

上海银行是由民国时期有名的银行家、江浙财阀代表人物之一的陈光甫一手创办的。陈光甫曾留学美国，接受了美式银行经营模式的学习和银行实习，后于1915年在上海的公共租界里创办了一所私营美式制度风格的

---

① 中田昭一「南京国民政府期の河北省における綿作改良と金城銀行」『史学研究』(207)、1995、70-94頁。同「恐慌下の中国における銀行融資——信用リスクの増大と中国銀行業」『史学研究』(222)、1998、24-45頁。同「「北四行」聯合営業の形成に関する一考察——「南三行」との比較を中心に」『名古屋学院大学論集 社会科学篇』36 (1)、1999、103-119頁。
② 黑田明伸『貨幣システムの世界史「非対称性」をよむ』岩波書店、2003。
③ 林幸司『近代中国と銀行の誕生：金融恐慌、日中戦争、そして社会主義へ』御茶の水書房、2009。
④ 久末亮一『香港「帝国の時代」のゲートウェイ』名古屋大学出版会、2012。本文使用的华人华侨概念是不管取得外国国籍与否，泛指海外的中国人。
⑤ 《中国金融史集刊 银行家与上海金融变迁和转型》（复旦大学中国金融史研究中心编，复旦大学出版社，2015）中收录了中日学者的金融史方面研究成果等。中国人民银行上海市分行金融研究所编《上海商业储蓄银行史料》，上海人民出版社，1990；刘平编《稀见民国银行史料初编》，上海书店出版社，2014；何品、宣刚编注《上海市档案馆藏近代中国金融变迁档案史料汇编·机构卷 上海商业储蓄银行》，上海远东出版社，2015；上海商业储蓄银行编《陈光甫先生言论集》，1949；上海市档案馆编《陈光甫日记》，上海书店出版社，2002；《陈光甫与上海银行》，中国文史出版社，1991。
⑥ 徐昂：《陈光甫与民国政府关系研究》，上海远东出版社，2020。
⑦ 李培德：《论中国金融企业家精神——以陈光甫为例》，杨红、张舒文译，《档案与史学》2000年第2期。
⑧ 李培德：《迈进新式银行业——1930年代上海商业储蓄银行分行网络初论》，载朱荫贵、戴鞍钢主编《近代中国：经济与社会研究》，复旦大学出版社，2006，第544~558页。

上海银行。本文将重点考察 1915～1926 年的 11 年间上海银行在各地设立网点及其设立原因，分析每个网点在其整体的商业网络中的经济定位和作用。在自由金融环境和国家统制金融加强的环境背景下去考察上海银行的因应和对策，探讨上海银行商业网络的动态展开过程与当地的商业秩序之间的关联。① 另外，作者此前已从上海银行的子公司中国旅行社角度，分析了中国旅行社的商业网络展开特征及其对上海银行之重大意义。② 本文则将从银行角度去解析上海银行和中国旅行社之间的互动关系，以及梳理创始人陈光甫的各种社会关系网的作用，以求展现一个更加全面立体的上海银行。

一 上海商业储蓄银行初期的网络展开（1915～1921 年）

（一）资本金来自社会关系的"圈子"

民国时期的银行业成功与否，普遍认为很大程度上取决于领导人的能力及其实行的管理制度先进与否。当时陈光甫提出"服务社会"的理念，可谓为其赚足了人格魅力得分。在服务业已经成为第三产业，消费服务成为理所当然的现在，回过头去看一百年前的陈光甫，不得不佩服他超越时代的先见之明，比起赞赏陈个人的人格魅力，或许他的先见之明（服务会产生利益）和经营之才（高举易博取社会好感的公司理念旗帜，树立良好的企业形象）更值得称道，加之其经营银行业的专业和学识，正如李培德指出的具备了企业家精神的陈光甫造就了上海银行的成功。这位民国银行家之所以成功还因为其有一笔重要的无形财富，那就是他的"圈子"。费孝通对中国传统社会提出的"圈子"概念③，无论是放在一百年前的中国

---

① 由于篇幅原因，关于上海银行的内部管理制度、行员人事组织等本文不作深入探讨。
② 拙文「東アジアにおける中国旅行社と上海商業儲蓄銀行の海外進出（1923—1937 年）」（『社会経済史学』85 巻第 1 号、2019、73 - 88 頁）、「中国国内における中国旅行社のネットワーク展開（1923—1949 年）」（『現代中国研究』第 38 号、2016、103 - 126 頁）、「南洋における中国旅行社のネットワーク展開と華僑華人（1937—1945 年）」（『華僑華人研究』第 14 号、2017、7 - 22 頁）。
③ 费孝通：《乡土中国》，观察社，1948。本文使用的社会学的"圈子"概念，泛指广义上的各种社会关系形成的人际关系网。对圈子的概念不作究究，重点考察以陈为中心通过各种渠道形成的多样的关系圈子。

还是 21 世纪的现在，都具有很强的解释性。不可否认，陈得以成功设立上海银行，最初的资本金就是来自他的圈子。那他具体受益于哪些圈子，以他为中心如水波纹推开般扩展开来的圈子又将什么人或者说什么资本纳入了范围？

陈的父亲经营钱庄失败后，由镇江辗转到汉口，陈跟随父亲进入外国资本开办的报关行做学徒，在这里他接受了英语和贸易业务知识的启蒙学习。1904 年，受其岳父推荐，随美国博览会中国代表团赴美做翻译工作，展览会结束后他顺势开启了留美生涯，1907 年最终毕业于宾夕法尼亚大学沃顿金融商学院。他留美期间认识的孔祥熙成为创办上海银行最初的股东。1911 年回国后陈光甫担任南洋劝业会外事科科长，1912 年创办江苏银行，在袁世凯接收政权时因拒绝交出储户名单，被迫离开江苏银行。通过该事件，陈认清了政府官员的面目和手段，但当时做生意，和政府打交道是难以避免的事情，因而陈始终对政府保持若即若离的态度。① 在官办银行遭排挤的经历，也激发了他创办"完全商业化"的私营银行的斗志。②

上海银行创始发起人有七人（见表 1），分别是庄得之、陈光甫、李铭、张公权、楼景晖、孔祥熙、杨通。这七人投资额并不大，加起来的资本金也没有超过 10 万元，相比于其他同时期的银行动辄百万元资本来说，上海银行是小成本的，因而上海银行在当时的社会上被称为小小银行。但是资本金的多寡，并不能说明该银行的强弱，因为银行的资本金并不是运营资金，而是向社会提供的一个信用保证金。存款才是银行的运营资金，用存款去做放款，收取利息才是银行的最大收益来源。这些创办人中一半以上有过留学经验，而且供职于金融、工商业界的占多数，在当时的上海滩都是数一数二的商界名人，他们拥有的丰富社会关系网为上海银行向社会提供了强有力的信用保障，也为上海银行之后的腾飞储备了优质的社会资源。

表 1 上海银行创办人简历

创办人	出生地	职业和教育经历
庄得之（录）	江苏	创办通商银行的盛宣怀之夫人方面的亲戚，礼和洋行买办

---

① 李培德：《论中国金融企业家精神——以陈光甫为例》，杨红、张舒文译，《档案与史学》2000 年第 2 期。
② 《上海商业储蓄银行二十年史初稿（二）》，《档案与史学》2000 年第 2 期。

续表

创办人	出生地	职业和教育经历
陈光甫（辉德）	江苏	江苏银行总经理，毕业于美国宾夕法尼亚大学沃顿金融商学院
李铭（馥荪）	浙江	浙江实业银行上海分行经理，毕业于日本山口高等商业学校
张公权（嘉璈）	江苏	1913年任中国银行上海分行副经理，后任总裁至1935年，毕业于日本庆应义塾大学经济科
楼景晖	浙江	浙江萧山通惠公纱厂和合义和丝厂的总办，通惠公纱厂王晓籁的岳父
孔祥熙（令之）	山西	创办山西裕华银行，毕业于耶鲁大学研究生院
杨通	贵州	广西银号，和商务印书馆的董事郑孝胥常有来往

资料来源：中国人民银行上海市分行金融研究所编《上海商业储蓄银行史料》，上海人民出版社，1990，第6~11页。

开业初期第一批董事七人，分别是庄得之、陈光甫、李铭、施再春、楼景晖、王晓籁、徐英卿。这一时期，庄得之和陈光甫的圈子在上海银行募集股本过程中发挥了重大作用。初期股本比较零星，大商人的股本加入多得益于庄得之的关系，比如扬州盐商周扶九、镇江糖商黄静泉等。庄还招募进了洋行买办管趾卿、台湾富商林尔鏘、旧官僚金邦平、郑孝胥和郑让予父子等人。陈光甫本人所拉拢的股东一部分系留美学生和外交界人士，另一部分系辛亥革命时江苏都督程德全及其部下，还有一部分人是国民党人，如孔祥熙、宋子文的母亲。[①] 这里让人颇为意外的是，在江苏银行跟政府打交道时栽过跟头的陈光甫还是去拉拢了江苏政府相关人员，可见当时军政人员手中的资金是相当充裕的。另外陈拉拢他们靠近上海银行，或许能在快速增加上海银行的经营资本的同时，还能获得政治安全感。

（二）初期站稳脚跟

在上海银行的成立过程中，银行同业的鼎力相助使得上海银行的地位快速上升，在上海金融界也站稳了脚跟。正如上海银行的职员也所编写的行史中记述的，"本行之地位，如无同业帮忙，如中国银行之张公权先生和浙江实业银行之李馥荪先生等，予本行以相当之援助，则本行当初之困

---

① 中国人民银行上海市分行金融研究所编《上海商业储蓄银行史料》，上海人民出版社，1990，第24~26页。

难,更不知要增添若干倍数"①。张公权和李馥荪是上海银行最初的创办人之二。27岁的张公权和李馥荪相识于1915年1月上海金融界的春宴活动,这种活动的主要内容是外商银行的买办、钱庄的经理,以及新设银行的经理和副经理级别人员聚在一起交流信息。当时张公权加入中国银行时日尚浅,乃春宴中的新加入者,与外商买办和钱庄人士并不是很熟,深感寂寥之下看到了当时出席春宴活动的青年李馥荪,同是留日归来的二人"交谈之后,深为投分,与之订交,竟成终身同志"②。同年3月,经杨廷栋③介绍,陈光甫和张公权结识,"时陈君组织一转运公司,极愿推动中国、交通两银行发展铁路押汇业务,因特向北京总行推介,于五月中旬,发表其为中行顾问"④。张公权、李馥荪、陈光甫三人的结识前后不到半年,可谓是意气相投,一拍即合。然而,最终陈光甫创办的并不是转运公司,而是新式银行,6月2日,上海银行正式开业了。陈光甫在开业致辞中说到"本行宗旨,注意储蓄,盖欲扶翼中、交两行而为其辅助机关",其间三个月中发生的变化,是出于陈光甫的计谋还是创业点子发生了变化,我们不得而知。从结果来说,陈最初是想创办推动中国银行和交通银行承办铁路押汇的转运公司,最终却变成了以"重视服务,辅助工商业,发展贸易"为宗旨,辅助中交两行的商业银行。

我们从这个变化可以看出,私营性质的上海银行最初的定位是辅助国家银行发展工商业,这和其宣扬的自身直接辅助工商业的宗旨似乎有些许出入。如果这是出于陈的策略的话,那这使他获得了国家银行这个大靠山,有利于获得社会的信用和认可。这一点恰恰一直被学界忽视了,为了接近于更真实的历史史实,本文愿意提供这个可能的假设。实际上,中国银行上海分行在上海银行开立同业往来户,存入5万元,日久未动,相当于直接给予了上海银行运营资金的经济支持。在张公权的帮助下,上海银行确实是得到了国家银行的直接支持,并在很长一段时间内是依傍这个大靠山来发展自身银行业务的。

1915年7月,为谋上海同业团结,张公权效仿买办和钱庄为参与主体的春宴,发起了上海各银行正副经理的聚餐会。这个聚餐会就是上海银行

---

① 《上海商业储蓄银行二十年史初稿(二)》,《档案与史学》2000年第2期。
② 姚崧龄:《张公权先生年谱初稿》上,社会科学文献出版社,2014,第17~18页。
③ 曾留学东京高等商业学校,历任南京临时参议院议员,交通部秘书。
④ 姚崧龄:《张公权先生年谱初稿》上,社会科学文献出版社,2014,第18~19页。

公会的雏形。聚餐会由新开业的上海银行在其宁波路行址内预备午餐，参加者于聚餐时，交换有关金融信息，并发表意见。最初参加者为中国银行、交通银行、浙江兴业银行、浙江地方实业银行、上海银行、新华储蓄银行及盐业银行七家。通过举办午餐会，新晋的上海银行提高了存在感，在同业中打开了局面。中国银行的张公权、浙江实业银行的李馥苏和陈光甫三人并不是简单的同业关系，张和李也是上海银行的创办人、董事。当时的银行家们不仅仅局限于发展自身银行的力量，同时还谋求同业的团结，借助集团的力量应对当时混乱的内外政局，增加话语权。

上海银行通过拉拢同业入股，和他们保持紧密的联络关系，并通过联合更多的同业，在打开了局面的同时，减少同行恶性竞争，增加资本金和运营金，从而增强上海银行自身的力量，为其后的发展奠定了坚实的社会和经济基础。

（三）初期业务内容的变化

上海银行资本额从1915年的10万元，增至1919年的100万元，再至1921年的250万元，从资本额的增加情况可以看出，上海银行在银行业界站稳脚跟，资本额增至25倍，实力大大增强，并在稳步向前发展。这也是本文将1915~1921年作为初期发展阶段进行分期的依据。由于资本额的变动，上海银行向财政部呈报递交了修改后的公司章程。将上海银行1915年设立初期的业务范围和六年后的1921年对比，如表2所示，业务内容发生了极其明显的变化。1915年设立之初，该行的经营范围为"发展商业，提倡储蓄"，很明显重点在于储蓄[1]。但通过6年的经营，上海银行将营业范围做了重新调整，国内外汇兑及押汇跃为经营重点，特别是国内汇兑及押汇业务。众所周知，分布广泛、数量众多的汇兑网点是汇兑业务得以发展的关键因素。因此，上海银行开启了在全国范围内广建分行、构建商业网络的进程。

那我们有必要来确认一下这一时期上海银行分行开设的具体情况。上海银行1921年章程第一章总纲的第三条，标明了该行总行设于上海，设分行于苏州、无锡、南通，设分理处于常州、南京、宜兴、蚌埠、临淮关、

---

[1] 何品、宣刚编《上海市档案馆藏近代中国金融变迁档案史料汇编·机构卷 上海商业储蓄银行》，上海远东出版社，2015，第18页。

汉口、济南、徐州、郑州、香港①。参照表3，我们可以明显看出上海银行的分店主要集中于上海、江苏以及铁路交通枢纽处。颇有趣的是，在上海银行向财政部申报注册立案之时，虽然已经在香港购买地皮建立了办公大楼，但最终因为对中国银行香港分行的贝祖贻挖角失败，加之香港市面清淡，其实香港分行还并未开设起来。直至1928年中国旅行社香港分社设立，由分社代办银行业务，才为上海银行进军香港金融市场提供了快速便捷的绿色通道。② 关于香港分行的设立经纬我们后文详述。徐州、郑州分理处在1921年也未设立，天津分理处和上海市内的界路、虹口网点，圣约翰大学储蓄处是该时期增设的新网点。

表2 上海银行营业范围的变化

1915年营业范围（资本额10万元）	1921年营业范围（资本额250万元）
储蓄部 1. 收受储蓄活期存款 2. 收受储蓄定期存款 3. 代收各公共机关储蓄 4. 办理储蓄放款 信托部 1. 代各公共机关经理存放基金 2. 代客经理产业 3. 代客清理账目 4. 其他信托应办之事（指担保等事） 商业银行部 1. 收受存款 2. 办理各种汇兑等事 3. 各种放款 4. 办理贴现 5. 卖买生金银 6. 其他商业银行应办之事	（一）国内汇兑及押汇 （二）国外汇兑及押汇 （三）抵押放款及确实进益之指项放款 （四）贴现及短期放款 （五）经理存款及保管贵重物品 （六）信托业务 （七）代募各项债票 （八）买卖生金银及各国货币 （九）买卖有价证券 （十）储蓄业务

资料来源：中国人民银行上海市分行金融研究所编《上海商业储蓄银行史料》，上海人民出版社，1990，第6~11页。

那为什么上海银行的分店会集中于江苏和铁路枢纽处，还增加了上海市

---

① 中国人民银行上海市分行金融研究所编《上海商业储蓄银行史料》，上海人民出版社，1990，第15页。
② 前揭拙文「東アジアにおける中国旅行社と上海商業儲蓄銀行の海外進出（1923—1937年）」。

内的分支机构呢？我们需要来看看这些网点的经营内容和当地的具体经济情况（见表3）。上海银行针对江苏省内多个大宗出产区设立的分支机构，主要是做押款业务。其中南京处于铁路交会处和农产品集散地，上海银行南京分支机构押汇贴现和汇款的业务俱佳，在江苏省内的各分支机构中是当仁不让的佼佼者。上海市内除了总行以外，还针对虹口区富裕居民和圣约翰大学的学生储蓄及学费收缴设立了分支机构，靠近车站设立的界路办事处，一能看出上海银行对于押汇业务的重视度，二能看出资金如长江水般源源不断地从地方流入上海的趋势。上海银行对江苏地区的经济情况非常了解，这与陈光甫早年经营江苏银行应该有一定的关系。还有利用转运公司做押汇业务的动向也不可忽视。"1917年在南京下关车站的利兴转运公司内开始办理押汇业务，开通风气，为推行押汇业务于津浦路，又在临淮关利兴转运公司设办事处，办理押汇及汇兑与贴票事务。复因蚌埠成为要冲，又于1918年派员随中国运输公司前往蚌埠分设。"①

调查当地的市场情况，结合货物运输的交通路线，最后考量当地同业特别是钱庄的发展状况，完成这一系列商业考察之后，上海银行才做出了谨慎的判断。一方面又和转运公司有效建立合作关系，互为辅佐，利用转运公司为其业务的展开铺平了前路。这与陈光甫最初创业时考虑创办转运公司的想法也冥冥之中遥相呼应。

表3　上海银行分支机构的主要业务内容（1915~1921年）

地点	分支机构	主要业务	备注
江苏省	无锡	承做货栈之米麦押款	无锡为实业中心，工厂林立，商务颇盛，大宗出产之区，放款汇款绩优
	常州	承做货栈之米麦押款	商业范围不大，存款不多，押款、放款、往来透支为大宗
	南通	经理厂家押款	与无锡相似，大宗出产之区，放款汇款绩优
	南京	沪宁路货运押汇	津浦、沪宁两路交会，所有北方出产及安徽省杂粮均集该地转运他埠，押汇和贴票生意甚多，汇款亦佳
	苏州	吸收存款	苏州居民富厚，存款颇多，汇款亦不少
	宜兴	承做丝茧押款	1921年5月31日结束

---

① 中国人民银行上海市分行金融研究所编《上海商业储蓄银行史料》，上海人民出版社，1990，第150页。

续表

地点	分支机构	主要业务	备注
上海	界路	押汇业务	面对北站，适当沪杭、京沪两路之冲。沪北向无金融机关，以界为首创。而且因地址上的关系，对于转运业，更有密切的联络
	圣约翰大学	为教育界服务	教育储蓄
	虹口	存款储蓄收付	便利附近富实住户
交通枢纽处	蚌埠	扩充铁路押汇	津浦线要道，安徽省出产汇集之所，但内地尚信用，钱庄兴盛，押款不多。贴现、购票及汇款为大宗收入
	临淮关	扩充铁路押汇	与蚌埠情形略似。但该地他行无分行。汇款较多
	汉口	放款、押汇、汇兑为大宗	全国之中心点，五省门户，商业繁盛，金融活泼，除接近洋商贸易之上海外，可称国内第一商场。申、汉银两涨落甚速，信息较灵，获益亦厚
	济南	押放款、押汇	津浦路中心，生产丰富，商业繁盛，然尚信用，钱庄占主导。为承做太隆的押放款及押汇生意而设立
	天津	汇兑	北方重要商埠，然旧官僚汇集之所恶习延续，存款难增，是为谋总分行便利汇兑而设

资料来源：根据中国人民银行上海市分行金融研究所编《上海商业储蓄银行史料》，上海人民出版社，1990，第65~66页、第268~278页。《上海商业储蓄银行二十年史初稿（四）》，《档案与史学》2000年第4期。

二 上海商业储蓄银行的持续发展和旅行部的创设（1922~1926年）

（一）上海商业储蓄银行的发展情况与同业关系

通过初期的努力经营，上海银行在银行界和社会上都得以立足。在衡量银行发展水平的资产、存款、放款、利润方面，上海银行也是交出了满意的答卷。1921年，在全国十一家商业银行[①]中，上海银行资产排名第四，存款排名第五，放款排名第五。资本额提升至250万元，招股时人气颇盛。

---

① 十一家商业银行分别是中国通商银行、浙江兴业银行、四明商业储蓄银行、浙江实业银行、新华信托储蓄银行、盐业银行、金城银行、大陆银行、中南银行、中国实业银行、上海商业储蓄银行。中国人民银行上海市分行金融研究所编《上海商业储蓄银行史料》，上海人民出版社，1990，第265页。

与金城银行相比，在缺少军阀等大户存款的情况下，上海银行采取的策略是广泛吸收零星存款，提供多样的储蓄种类，还积极开展教育储蓄。放款方面，提倡对物信用的抵押放款，比起钱庄传统的信人，信物无疑在很大程度降低了风险。截至1926年底，上海银行放款对象的比例中，商业放款占总体的55%，其次是个人放款占21%，工矿业放款占20%。工矿业放款主要集中在对面粉厂和纱厂的放款上，特别是与荣氏兄弟的申新系统关系甚深。面粉工业放款中，福新、茂新、复新三家面粉厂约占99%。① 放款的纱厂主要集中于上海、无锡、常州、南通等地，这也正是上海银行早期就设立的分支机构所在地。对张謇在南通的大生纺织公司一家的放款就占棉纺织业放款的59%。上海银行的工矿业放款主要集中在这几家大户上，而商业放款的受众面则更加广泛。商业放款主要是通过办理押汇押款业务做短期有抵押放款。为了更加扩大该项业务的发展，也为了能更加灵活迅速地接收当地最新的商业信息，保证放款收款的顺利进行，上海银行需要在全国各地分布更多更广范围的分支机构。本文第二节将对分支机构的分布做具体考察。

从1924年开始，上海银行存、放款出现了明显的增长，这也体现在其利息盈利的增长里。本文从企业经营的角度通过确认收益状况，来了解上海银行的经营情况。如表4所示，上海银行的利息和汇兑盈利都在稳步增长，利息盈利虽然一直占主导，但是1925年汇兑盈利长势直逼利息盈利，有取代之势头。倡导对物信用的上海银行在押汇押款业务方面的成绩繁盛喜人，因而利息盈利见涨。随着国内自身网点的建设和利用他者的网络发展国内汇兑业务，汇兑盈利也在逐年增长。押汇押款和汇兑仍是这一时期上海银行经营活动的重中之重。

表4　上海银行利息、汇兑盈利和总收益（1922~1926年）

单位：元

年份	利息盈利	汇兑盈利	总收益
1922	512463	228399	463000
1923	496920	323945	440106

---

① 中国人民银行上海市分行金融研究所编《上海商业储蓄银行史料》，上海人民出版社，1990，第154~163页。

续表

年份	利息盈利	汇兑盈利	总收益
1924	660384	392770	389176
1925	682957	509261	468684
1926	808439	407345	415460

资料来源：《上海商业储蓄银行 1915—1948 各期营业报告》，载何品、宣刚编注《上海市档案馆藏近代中国金融变迁档案史料汇编·机构卷　上海商业储蓄银行》，上海远东出版社，2015，第 206～228 页。

上海银行延续 1921 年制定的方针，着重吸收存款和推广汇款业务，特别是国内汇兑业务。在江苏省内的重要商埠及交通枢纽处设立了分支机构，但如果想实现汇兑顺畅自由，上海银行的汇兑网点数量远远不够。自身分支机构尚不完善，却想快速开展全国汇兑业务，该怎么办？上海银行创办初期不但巧妙地利用张公权的关系打开了局面，还积极地拉拢中国银行的人才进入上海银行工作，这些人不仅业务能力强，还连带着把中国银行的人脉资源也一起带了过来。除了银行的人才，钱庄的人才也是上海银行拉拢的对象。曾任中国银行南京下关分行经理的唐寿民，1918 年进上海银行后，专门负责组建上海银行国内汇兑部工作，"他利用在中国银行关于国内汇兑的知识与经验，派人往各地调查银两平色，通行货币状况，编成《国内汇兑要览》给上海银行同事作参考，同时还通过他与中国银行各地分行经理和副经理的私人关系，代为介绍"①，利用中国银行资源为上海银行拓展开了国内汇兑业务。为了避免上海银行上海总行与中国银行上海分行发生业务上的正面冲突，委托两行的地方分行进行汇兑，完成交易后，上海银行的地方分行再划款给总行，采取了这种迂回的方式打开了全国汇兑网。正因为上海银行有效地利用同业的商业网络资源和人力资源，并将中国银行遍布全国的成熟的分支机构为己所用，在分支机构并不多的情况下，上海银行依然得以顺利地开展了国内汇兑业务。然而，利用中国银行的网络并不是长久之计，上海银行在为建设自己的汇兑网络养精蓄锐。关于上海银行和中国银行的关系，在 20 世纪 10～20 年代，上海银行实力地位远不及中国银行，上海银行的发展也依附于中国银行，但到了 20 世

---

① 中国人民银行上海市分行金融研究所编《上海商业储蓄银行史料》，上海人民出版社，1990，第 74～75 页。

纪50年代初，对银行实行公私合营的改造阶段，上海银行实现了逆袭，和中国银行的差距已然拉近。上海银行积极配合中国人民银行，协助中国银行办理国内外汇兑，并作为"模范生"致力于打造公私合营的上海银行模式。①

（二）全国分支机构的分布和主要业务内容

1922～1926年，上海银行的分支机构较初期数量有所增加，主要在原有的基础上增设了烟台、杭州、镇江、许昌②、长沙、北平和莫干山夏令办事处。所以，在全国地图上形成了如图1所示的这种网络分布，为了发展押汇业务，铁路交通枢纽处仍然是这时期的关注重点，但分支机构分布重心还是江苏省，并开始关注北方和江苏省其他商业繁盛之地。但是像杭州、镇江等商业繁荣之地，传统的旧式金融机关——钱庄势力强大，社会上也仍习尚信用。上海银行虽看好这些地区的商业情势，但尚信物的新式银行业务渗透进该地还有一定的困难。因此，上海银行转变服务商业的方

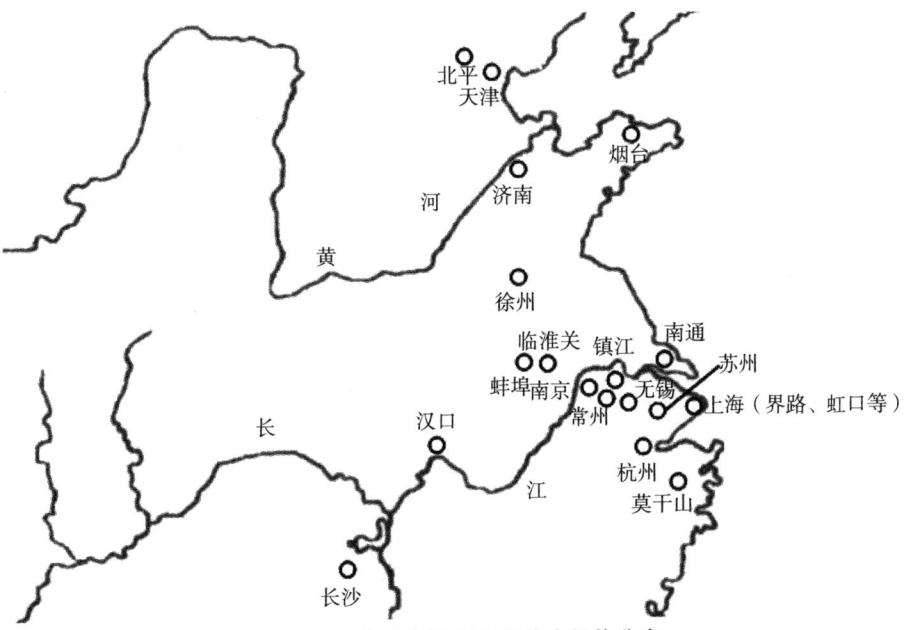

图1 1926年上海银行全国分支机构分布

资料来源：根据中国人民银行上海市分行金融研究所编《上海商业储蓄银行史料》（上海人民出版社，1990，第65～66页）制图。

---

① 拙文「冷戦初期における上海商業儲蓄銀行の海外展開の迂余曲折」『冷戦アジアと華僑華人』風響社、2023（计划出版，已定稿）。
② 许昌分支机构1923年8月开设，半年后撤销，故在图1中未显示。宜兴也如此。

针，改为以钱庄为服务对象，向钱庄放款，而且经过翔实调查，给信用好的钱庄放款或贴现。从这个实例中可以看出来，上海银行与旧式金融机关——钱庄的关系不仅仅是众所周知的竞争关系，钱庄也是银行的顾客，二者也存在辅助共存、合作提携的关系。

表5 上海银行新增分支机构（1922~1926年）

分支机构	设立日期	主要业务内容	设立背景、变迁情况
烟台	1922年5月	运销国外货物出口押汇	对外贸易极盛
杭州	1923年7月	定期押款放款，往来透支，英美及教育厅汇款	尚信用，发展艰难，但为沪杭铁路终点，工厂林立，商业繁盛
镇江	1923年8月	给镇江和扬州钱庄放款、贴现、汇款生意也颇多	尚信用，钱庄力量强，押款不多，然为江北各埠金融之枢纽，各种商业进出额颇巨
许昌	1923年8月	为南洋兄弟烟草公司在许昌收买烟叶	半年后撤销
长沙	1924年4月	银拆率高，钱庄信用好，故做钱庄放款及贴现，兼做押汇押款，稀有金属锑为大宗，运往汉口	为注重外商英美烟草公司（British-American Tobacco Company.Ltd）、美孚石油公司（美资公司，现在的Mobil）等之汇款而设立
北平	1924年4月	零星汇款，往来透支为大宗	政界阔人存款多于外商银行，货栈押款无业务，难以发展，但为帮助天津分行及谋汇兑旅行上之发展而设
莫干山夏令办事处	1924年6月	汇兑业务	国内的富人和外国人夏季的避暑地

资料来源：根据中国人民银行上海市分行金融研究所编《上海商业储蓄银行史料》（上海人民出版社，1990，第65~66页、第268~278页）制表。

从上述可以看出，上海银行在打开局面和稳步发展的过程中，与新式银行和传统金融机关不仅仅存在单纯的同业竞争关系。上海银行拉拢新式银行的领导人成为银行投资人和董事，构建联合协作关系，以增强自身力量。同时偶尔挖角银行人才为己所用。其与钱庄之间，也不仅仅是竞争的对立关系，也存在主顾之间的交易关系，通过这层关系，二者能相互辅助、互相补充，从而增强资本流动，促进商业发展。

（三）旅行部的设立和经营内容

1923年，上海银行效仿美国运通，在银行内部设立了旅行部。1927

年，该旅行部独立出来，成立了中国旅行社，这就是中国近代第一家旅行社。关于中国旅行社的商业网络展开，笔者另有专文，在此不赘述。① 本节从银行角度对该部门的经营活动和作用进行考察。

20世纪10~20年代，英国的托马斯库克、美国运通和日本观光局等已经进军中国的旅行业，但是这些外商企业和机关主要集中于开埠口岸和大都市，分支机构网也尚不完备，服务的顾客主要是外国人。在这种背景下，陈光甫利用自身留美学到的银行兼营旅行业务的模式，效仿英美的旅行机关在中国代理船票的经营方法，再通过交通部的朋友叶恭绰等私人关系，获得了交通部第200号铁路客票代理经营权。

上海银行旅行部成立后，其具体经营的业务刚开始是代理铁路、轮船、航空客票，其中铁路的利用客数占整体的95%以上，明显占绝对的主导地位。② 随着铁路大建设，铁路是当时主要的交通手段。旅行部随之推出银行和旅行紧密结合的金融产品，比如发行旅行支票、旅行定期储蓄，还有刊行旅行向导、转运包裹、运送货物、接送顾客、编辑各个轮船公司的综合时刻表、调查商业情况等。从旅行部的经营内容，我们可以看出，陈光甫的经营思想是特别先进的，作为银行家的陈一直关注于"钱"，就是资金的运作，他意识到"人"和"物"③ 的移动和流动也能产生经济效益，能带动并加速"钱"的运转，因此成立了为"人"和"物"的移动提供服务的旅行部，从而收集商业信息，铺设商业网络，最终推动本职的银行业务的发展。这在当时，无疑是非常先进的经营思想。旅行部的创办也是陈光甫自身一直引以为傲的具有开创性的事业。

旅行部还负责为留美学生订购轮船客票，筹备留学的准备资料，罗列留学生活必需品的清单，直至护送留美学生到美国学校报到等，提供非常细致详密的一条龙服务。留美经验丰富的陈光甫能理解留学过程的艰辛，为了让留美学生能顺利到达学校，费尽了心思。官费和自费留学生的学费

---

① 前揭拙文「中国国内における中国旅行社のネットワーク展開（1923—1949年）」、「南洋における中国旅行社のネットワーク展開と華僑華人（1937—1945年）」、「東アジアにおける中国旅行社と上海商業儲蓄銀行の海外進出（1923—1937年）」。
② 《上海商业储蓄银行关于中国旅行社业务的文件及唐渭滨等致陈光甫的来函》，上海商业储蓄银行档案卷宗，上海档案馆藏，全宗号：275-1-2701。
③ 滨下武志在研究华侨送金网络时，提出了"人、物、钱"等要素的说法。

及生活费都是需要汇兑的,这也就为银行招揽了顾客。另外,陈光甫极其注重人才,特别是积极采用留学人才为上海银行所用的宗旨。上海银行拥有留学经验的人才比例也偏高。

三 上海商业储蓄银行的全面发展(1927~1937年)

(一)实力增强——浙江财阀代表人物

1927年3月,蒋介石进驻上海,对蒋介石给予了经济支援的中国银行张公权、为蒋介石筹款四处奔走的上海银行陈光甫、时任北四行联合准备库主任的钱永铭①等人押宝成功。4月18日,蒋介石在南京成立国民政府,随即任陈光甫为苏沪财政委员会主任委员,钱永铭为财政部次长,(因部长在广州)代理部务。②

1928年日本媒体报道,蒋介石之所以能在第一线持续开展政治活动,而达到"今天如此重要之地位,是因为背后有浙江财阀这根金藤蔓"。③率领国民革命军的蒋介石是浙江出身,部下很多也是浙江人,军事上与国民党内的广东派对立存在的是蒋介石的浙江派,给予浙江派军队经济支持的是执掌上海金融界的浙江人、江苏人,日本媒体将"以上海为中心发展的浙江、江苏两省的资产阶级通称为浙江财阀"④。1928年,张公权对日媒的这一称呼是这么回应的,"所谓江浙财阀也者,盖指隶籍江苏宝山之我,江苏镇江之陈辉德,浙江绍兴之李馥荪,浙江吴兴之钱永铭诸人。实则此数人而已,并非如日本之三井、安田等家族之拥有实力,号称财阀可比"⑤。日媒的浙江财阀的认识已从数人代表扩展为广泛的资产阶级,不可否认的是南京国民政府得以成功离不开浙江财阀的经济援助,这两者因此也缔结了相当紧密的相互依存关系。发生1916年的停兑风潮时,陈光甫仅

---

① 浙江吴兴人。1922年任交通银行总行协理,1925年离开交通银行转入北四行联合准备库和储蓄会担任主任。
② 姚崧龄:《张公权先生年谱初稿》上,社会科学文献出版社,2014,第68页。
③ 「国民政府は何う固まるか(上・中・下)止みそうにもない各派の軋轢」『中外商業新報』1928.9.23-1928.9.25(昭和3)。
④ 「蒋介石を脅かす折江財閥とは これに見離されたら木から落ちた猿」『神戸又新日報』1930.5.2(昭和5)。
⑤ 姚崧龄:《张公权先生年谱初稿》上,社会科学文献出版社,2014,第75页。

作为背后支持人力挺张公权①，十一年后，陈光甫作为浙江财阀的代表人物正式登上商业舞台，扬名国内外，足见上海银行经济实力的增长和陈光甫社会地位的提升。

我们来看一下这一时期上海银行的具体发展情况。如图2所示，上海银行收益来源主要是利息盈利和汇兑盈利，增加了证券业务。较之1927年前40~60万元的盈余，该时期的盈余从50万元起步，扶摇直上。1932~1933年的利息盈利较1931年是呈下降走势的，当是银行紧缩放款直接导致利息收益减少所致。究其背后的原因在于"九一八后，公债市场恐慌，水灾为祸，与日俱深，金融界鉴于环境之恶化，乃力争收缩信用"②，加之"一·二八"事件的影响，上海金融市面处于紧缩状态。1934年，盈利突增明显，这直接得益于废两改元，上海银行将历年账面上的银、洋进行兑换产生了70万元的盈利。再来细看汇兑盈利情

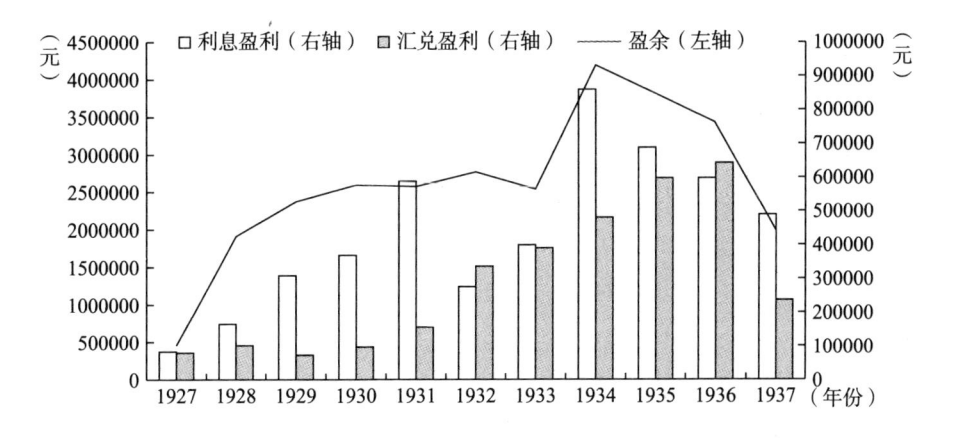

图2 上海银行盈利状况（1927~1937年）

注：1937年是截止到6月30日前半期决算的数据。
资料来源：作者根据《上海商业储蓄银行1915—1948各期营业报告》（何品、宣刚编注《上海市档案馆藏近代中国金融变迁档案史料汇编·机构卷 上海商业储蓄银行》，第230~295页）制图。

---

① 关于上海银行业拒绝北洋政府的停兑命令，拙文对此做了探讨。停兑风潮大大加强了这些江浙出身的金融家的团结，他们在上海银行业构建了命运共同体的纽带来增强话语权，以期维护自由金融市场。请参考拙文「共和制下における上海商業儲蓄銀行の創設と発展」『東アジア世界と共和の創生』汲古書院、2023（计划出版，已定稿）。
② 中国人民银行上海市分行金融研究所编《上海商业储蓄银行史料》，上海人民出版社，1990，第154页。

况，不难发现其实汇兑盈利受环境影响变动不大，从1929年开始，处于稳步逐渐上升的走势，1932年和1933年甚至和利息盈利呈持平趋势，这和上海银行分支机构的添设、汇兑网点的增加直接相关，同时也说明在乱世下汇兑交易非常繁盛。战乱导致的人员避难流动一定程度上促进了货币汇兑的活跃。更为重要的是，1929年开始的世界金融恐慌初期，中国的银行并未遭到打击，反而吃到了银贱的时代红利。

（二）活用中国旅行社扩大银行的商业网络

北伐战争期间，为了确保财政收入和军费支出，各地的铁道局以上海银行旅行部代理客票的收入作为担保，向上海银行借款的情况日渐增多，而最终无法还款的也不在少数。1927年6月，上海银行出资5万元，让旅行部从上海银行独立出去，取名"中国旅行社"。因为是上海银行全款投资，因而不能和股份公司一样以公司形式称谓，故自创了"旅行社"这个词，这就是现在中国旅行业中旅行社一词的由来。中国旅行社的独立，一方面避免了地方军政向上海银行借款①，另一方面又可以在旅行社的招牌下办理银行业务，可以说是一举两得的妙招。中国旅行社对外独立，对内则和上海银行始终保持无比紧密的"亲子关系"，称"行社一家"。关于中国旅行社和上海银行的相互关系，李培德指出中国旅行社有利于上海银行树立企业形象，还有市场探测器作用。② 对于上海银行来说，中国旅行社究竟是什么样的一个存在？我们通过表6可以看到中国旅行社的收益，其实它仅占上海银行整体收益的10%以下，可以说是微乎其微的，有时甚至还有亏损。但是正如陈光甫日记中说的，"本行欲在某地发展，先在某地办旅行社，取得社会上一部分同情后，即办银行。旅行社即为银行之先锋队"③，旅行社起着先锋头阵开拓新网点、提升企业知名度和形象的功能，对于银行来说旅行社就是银行的先锋部队，具有战略性的重要地位。因此，中国旅行社即使经营出现亏损，上海银行也要坚决办下去的理由就不言而喻了。

---

① 《陈光甫与上海银行》，中国文史出版社，1991，第191、218页。
② 李培德：《迈进新式银行业——1930年代上海商业储蓄银行分行网络初论》，载朱荫贵、戴鞍钢主编《近代中国：经济与社会研究》，复旦大学出版社，2006，第544~558页。
③ 1930年12月26日的视察日记，见上海市档案馆编《陈光甫日记》，上海书店出版社，2002，第126页。

表6　上海银行和中国旅行社的年度纯利状况（1927~1937年）

单位：元

年份	中国旅行社	上海银行	纯利比
1927	-23160	165637	—
1928	1946	499951	39∶10000
1929	23407	618718	378∶10000
1930	-19662	702637	—
1931	71250	797228	894∶10000
1932	63656	864983	736∶10000
1933	50102	837002	599∶10000
1934	51653	936061	552∶10000
1935	38406	844940	455∶10000
1936	165833	761694	2177∶10000

资料来源：作者根据《中国旅行社社史》（中国旅行社档案，上海市档案馆藏，全宗号：Q368-1-36-18）和中国人民银行上海市分行金融研究所编《上海商业储蓄银行史料》（上海人民出版社，1990，第715~716页）资料计算制表。

旅行社是如何发挥其战略作用的？这就需要考察旅行社分支机构的覆盖面。中国旅行社通过范围广大的分支机构，可以大大地提高上海银行的知名度，增加银行汇兑网点。通过图3，我们来对比1923~1926年旅行部时期的网点分布和1927~1937年中国旅行社的网点分布，可以发现后者的数量明显增加，范围也从之前的以上海为中心的江浙地区扩展至全国，特别是通过铁路的延伸深入内陆地区。这里需要注意的是，图中展示的虽然是中国旅行社的商业网，但同时也是上海银行的商业网，因为所有中国旅行社名下的分社、支社以及招待所都是兼营银行业务的，它们可以办理汇兑、汇款存款业务。挂用中国旅行社的牌子，还可以有效地避开和银行同业的直接竞争。这为上海银行进军商情不熟悉的内地大为有利，不仅减少了各种初期成本的投入，还能大大降低银行直接进军新市场的各种不可测风险。当时的银行业兼营与银行业务直接挂钩的信托、保险、货栈等业务是常见之事，但是只有上海银行兼营旅行业，并把中国旅行社做得相当成功。无疑上海银行学习的美国运通银行的经营方式，其在中国的实践是大获成功的。

至抗战时期，中国旅行社构建的商业网络的作用更是发挥到了极致。

笔者曾对上海银行以中国旅行社为前锋开辟新网点，以及中国旅行社以行社为一家共用连接西南地区和南洋的跨境商业网络进行了探讨。① 笔者发现中国旅行社不仅自己投资在交通要地建立新网点，同时接受政府的委托或者和政府合办，在西南、西北地区兴办了大量的招待所和食堂。这不仅有助于国家对于交通沿路必要食宿基础设施的建设，更是让这些低成本投入的招待所和食堂成了具有高附加价值的商业网点，不仅成为宣传中国旅行社和上海银行的广告塔，更是为发展旅行社业务和银行汇兑业务提供了实时信息。中国旅行社通过与滇缅公路和滇越铁路上建立的网点的有效连接，让源源不断的战时物资以及抗战人员、避难民众，在东部路线受阻、国民政府迁往陪都重庆的情况下，成功地通过东南亚路线进入内陆地区，有效地助力了中国人民抗日的成功。因此，得益于中国旅行社这个跨地域跨国界的广大范围商业网络，即使战火纷飞，战乱时期的上海银行依然飞跃发展，展现了上海银行的企业韧性和强大的生存能力。

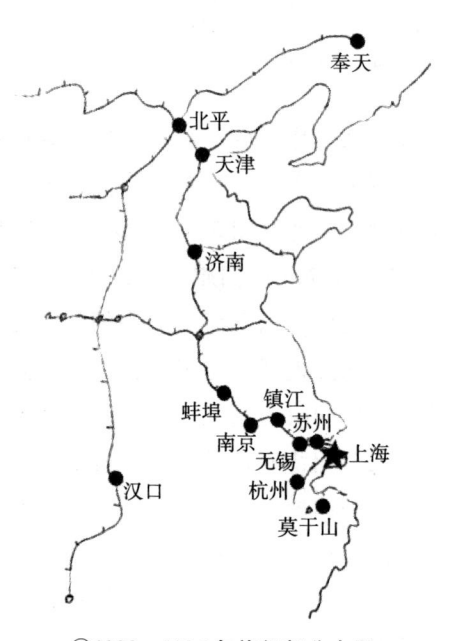

①1923~1926年旅行部分布网

---

① 易星星「南洋における中国旅行社のネットワーク展開と華僑華人（1937—1945年）」『華僑華人研究』第14号、2017、7-22頁。

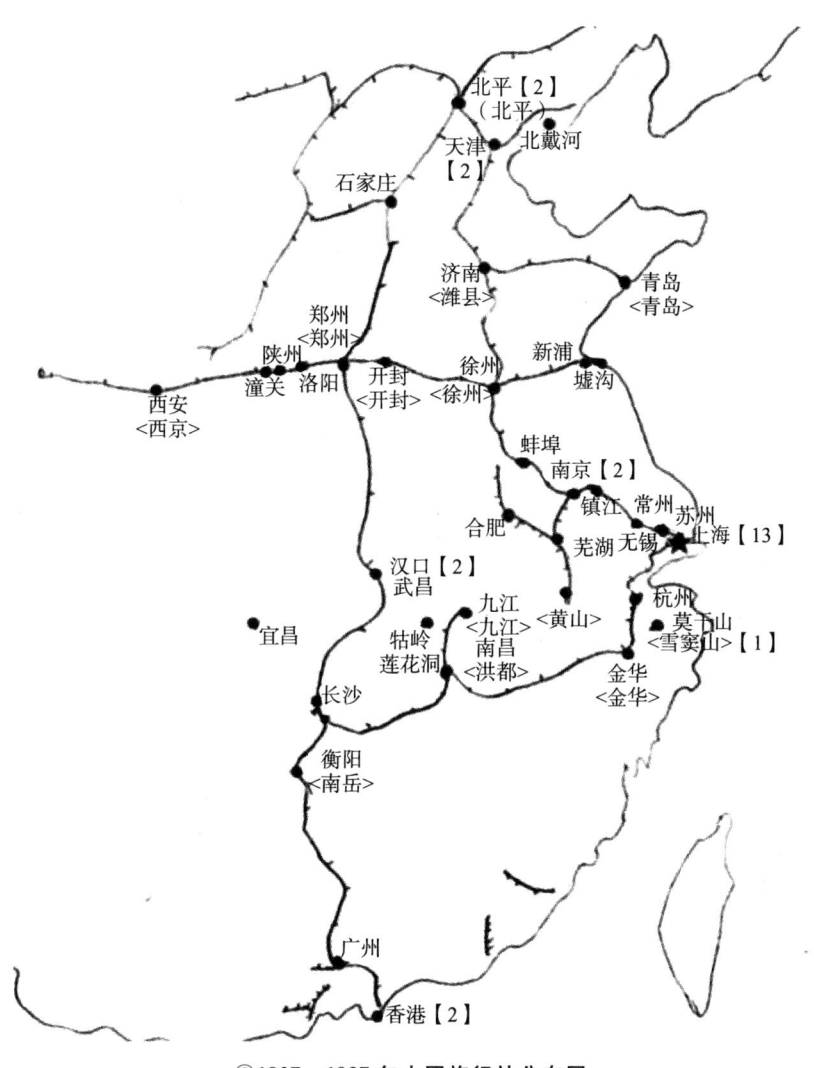

论上海商业储蓄银行的商业网络展开（1915～1937）

②1927～1937年中国旅行社分布网

图3 旅行部与中国旅行社分布网对比

注（1）：没有括弧的地名是中国旅行社的分支社、办事处所在，< >为招待所、饭店的名称，【 】内的数字是分社下设立的支社、办事处数量。

注（2）：1934年设立了新加坡分社，但是超出范围，所以在该图上未标记。

注（3）：图转自易星星《关于中国旅行社的商业网络研究》，兵库县立大学博士论文，2020。

资料来源：作者以《帝国主义各国控制下的中国铁路图（1878—1948）》（严中平编《中国近代经济史统计资料选集》，科学出版社，1957）为模板，结合《中国旅行社历代分支机构变动情况》（中国旅行社档案，上海市档案馆藏，全宗号：Q368-1-188，第1～2页）资料绘制。

（三）大力发展出口押汇

到1926年为止，上海银行收益来源主要是利息和汇兑，主要做的是国内押汇押款，1927年开始，发挥中国旅行社的先锋作用，在全国内陆地区和各大港口、铁路交通枢纽处快速且低成本地添设了大量的分支机构，1937年8月13日之前，中国旅行社全国的分支机构多达69个。如图3-②所示，中国旅行社所到之地就是上海银行商业网络分布之处，这一时期出口押汇的业务更是有了显著的发展。上海银行承做出口押汇的分支机构主要有15个，押汇金额推上海为首，上海以下则依次为汉口、青岛、天津、南京、沙市、镇江、常州、宜昌、无锡、芜湖、广州、九江，最少者为长沙及苏州。这些分支机构具体是做什么商品的押汇业务呢？

从表7中列出的上海银行所做的出口押汇商品，我们可以大致看出当时每个城市的贸易出口结构和商业秩序。从总体上来说，出口的主要为农产品，其次是棉布、面粉、纸烟等工业品。在建设有大型棉纺织厂和面粉厂的上海、汉口、无锡、苏州、南京等地，棉纺织品和面粉成为大宗。都市文化较发达的上海和广州，除了棉布为大宗商品外，香水脂粉、化妆品也是重要的出口商品。广州靠近东南亚商圈，杂货、糖、纸烟、火柴等工业品成为大宗。江西九江当时只做了烟叶和棉纱的出口押汇，但是有很多值得期待的农产品、土特产，由于靠近景德镇，瓷器也在此重要商品名单中。在盛产金属锑矿的湖南，金属及金属制品是大宗出口商品。长沙浏阳的爆竹焰火也是该时期重要的出口商品。

表7　上海银行分支机构押汇情况

分支机构	出口押汇的主要商品	本行未能做的出口押汇之重要商品
上海	棉纱、棉布、纸烟、面粉、花生仁、糖、黄豆、盐及精盐等	化妆品、棉线袜、煤、夏布、香水脂粉、蜡烛、蚕丝、麻、桐油、金针菜、鱿鱼墨鱼、蜜饯糖果、水泥
苏州	干笋	棉纱、米谷、棉织品、茶、丝织品
常州	棉织品、豆、棉纱、米谷、金属、果品	小麦、纸、面粉
无锡	米谷、棉纱、茧丝、豆、棉织品、芝麻、泥沙及其制品、蚌壳	面粉、小麦
镇江	小麦、米谷、豆、芝麻、麻、纸、生水牛皮	药材、子仁、植物油、杂粮产品、棉花、动物、煤、水泥、茧丝、火柴

续表

分支机构	出口押汇的主要商品	本行未能做的出口押汇之重要商品
南京	米谷、豆、小麦、绿豆、面粉、芝麻、棉织品、瓜子及子仁、油蜡等	煤、蛋及蛋产品、禽毛、发、鬃、革制品
芜湖	米谷、豆、花生仁、棉纱	家禽蛋、菜籽、小麦、纸、棉花、禽毛
九江	烟叶、棉纱	茶、米、苎麻、瓷器、棉花、纸、黄豆、夏布、牛皮、土布、猪肠、皮货（未制成者）
汉口	棉花、面粉、煤、棉布、生铁及铁砖、棉纱、纸、麸糠等	桐油、茶、烟叶、纸烟、蛋及蛋产品等
长沙	米谷、金属及其制品、杂货	锑、爆竹焰火、猪鬃
宜昌	桐油、棉花、麻、植物油	纸烟、生漆、柏油、黑木耳、棉布
沙市	棉花、棉纱、柏油、废花	桐油、米谷、黄丝
青岛	花生仁、花生油、黄豆、煤炭等	棉布、烟叶、棉纱、纸烟、精盐、酒等
天津	棉花、花生仁、煤炭、碱、绿豆等	水泥、烟丝、棉毛线毯、皮货皮革、栗子等
广州	杂货、棉布、糖、纸烟	纯丝绸缎、棉纱、扇、麻袋、火柴、衣着零件、香水脂粉等

资料来源：中国人民银行上海市分行金融研究所编《上海商业储蓄银行史料》，上海人民出版社，1990，第473～496页。

结　语

本文重点考察了上海银行从设立之初的1915年至抗日战争全面爆发前的1937年6月为止的一系列经营活动，将其分为三个阶段进行了考察。

第一个阶段为初期发展阶段（1915～1921年），陈光甫活用社会资源为上海银行获取了资本金，接着利用同业的经济关系在上海金融界站稳脚跟并打开了局面，还注重搞好新式银行之间的团结协作关系不言而喻。新式银行的经营理念在未被广泛接受的该时期，传统金融机构钱庄和外国资本银行的两极格局是占主要地位的，人们按一般逻辑就会想当然地认为新旧金融机构处于剑拔弩张的竞争状况，但是通过考察上海银行的放款实态，笔者发现在商业繁盛、钱庄势力强盛的地方，上海银行是积极做信用放款给钱庄的。新式银行和钱庄之间也存在交易补充的相互关系。上海银行该时期的主要目标是为了扩大经营资本，广泛地吸收储蓄。这一阶段，上海银行的分支机构主要分布于江苏省和重要的铁路枢纽处。

第二个阶段为持续发展阶段（1922~1926年），在有了一定的经营资本后，1921年上海银行制定了吸收存款、推广国内汇兑的营业方针。押汇和汇兑成为其这一时期最主要的经营内容。这项业务的开展，需要有广大范围的汇兑网来支撑，上海银行首创了旅行部，去为上海银行冲锋陷阵打入内陆地区市场。上海银行从"钱"的运作，扩展到为"人"和"物"的移动提供全方位服务，同时收集商业信息，最终目的是拓展银行业务。该时期其主要目标是扩大商业网络的覆盖，推广汇兑。这一阶段，上海银行分支机构的设置重点依然在江苏省、重要的铁路枢纽处，但开始注重开发江苏省其他商业繁盛之地，进而扩展到了北方贸易城市。

第三个阶段为全面发展阶段（1927~1937年），在陈光甫为蒋介石奔走筹款押宝成功后，陈光甫的个人知名度和上海银行的经济实力都上了一个台阶，被日媒称为浙江财阀代表人物，名声传播于国内外，这足以证明其社会地位和经济影响力。陈光甫也从"小小银行"的无名之辈成长为上海金融家代表的鼎鼎大名之人。为了避免军政借款，上海银行巧妙地将旅行部独立为中国旅行社，充分发挥旅行社的先锋作用，并打着旅行社的招牌办理银行业务，可以说是一石二鸟。银行和旅行社的关系对外独立，对内是互相依存、"行社一家"的和谐亲密关系。出口押汇成为该时期的主要经营内容。这与该时期贸易发展的大环境有关，但上海银行的商业网通过铁路线延伸至内陆地区和各大港口城市，广布全国的分支机构商业网的形成无疑为这一业务提供了有利的条件。

综上所述，上海银行灵活地运用了各种社会关系网，并根据银行的业务需要逐步构建全国范围的商业网络，本文对这一商业网络的形成做了一个动态的追踪。商业网络的构建是上海银行经营活动中最有特色也是最成功的一点，是当时其他商业银行做不到的。也正是这个全国范围甚至跨越国界的商业网络的存在，为上海银行的全面发展、抗战时期的再次飞跃及新中国成立后的发展提供了可靠的保证。

The Commercial Network Development of the Shanghai Commercial & Savings Bank: 1915 – 1937

Yi Xingxing

Abstract: This paper empirically examines the network development process of the Shanghai Commercial & Savings Bank (Shanghai Bank), Shanghai Bank was founded in 1915 by K. P CHEN who was Shanghai Bank's first general manager. Academic interest in Shanghai Bank during the National Government period is high, the financial control of the government during the Beiyang Government period is relatively weak, and there is a lack of research on the history and development of Shanghai Bank during the era of free finance. For 11 years, from 1915 to 1926, Shanghai Bank built a stable management foundation through its own management initiatives and mutual assistance among banks. With the establishment of the Nationalist government in 1927, Shanghai Bank rapidly established a nationwide commercial network that spread across its borders to East Asia and Southeast Asia. In order to clarify Shanghai Bank's response to the completely different environment of free finance and financial control, I will analyse changes in the main business of Shanghai Bank and trends in the development of business networks to track these changes over three period (1915 – 1921, 1922 – 1926, 1927 – 1937). It is also important to note how K. P. Chen's social, economic, and cultural networks play an important role in the construction of business networks.

Keywords: Shanghai Commercial & Savings Bank; Commercial Network; K. P. CHEN; Modern Finance

清末新政时期纸币滥发与物价波动*

田 牛**

摘 要：清末新政时期，财政、经济领域近代化步伐较慢，引起各方面连锁反应。在货币发行权下移和财政亏空共同作用下，地方政府财政赤字货币化成为必然选择。清政府受限于财政思想和财政权力被迫实行财政赤字货币化政策，纸币作为发行成本较低的币种，成为有效弥补财政亏空的选择。财政权力的分散则为纸币滥发创造制度基础。在新政支出、赔款支付压力下，各省相继选择币材成本较低的纸币弥补赤字。当纸币通胀成为现实之后，清政府采取传统和现代并存的过渡性措施予以遏制。值得注意的是，纸币整顿力度逊于铜元。中央政府举措侧重于限制发行，制度性变革相对缓慢。纸币清理强度的削弱，客观反映政府动机的不纯，维护财政收益成为较为重要的目的之一。动机的不纯和思想的落后为即将到来的治理工作蒙上阴影。

关键词：纸币　物价上涨　清末新政

货币与民生关系相对紧密，王朝末期弊端爆发多以货币问题为导火索，清末亦不例外。清代货币问题研究成果较多，魏建猷的《中国近代货币史》①、杨端六的《清代货币金融史稿》②是金融方面的重要著作。魏建猷侧重于讨论近代以来的货币制度和改革，以及外国货币进入中国货币市场的影响。杨端六则以金融和货币制度为切入点，系统说明了清代制钱问

---

* 本文为贵州省2021年度哲学社会科学规划国学单列课题青年课题"民国以来贵州的乡村治理研究"（2021GZGX30）阶段性成果。
** 田牛，河北师范大学博士后流动站博士后，贵州省社会科学院对外经济研究所研究员。
① 魏建猷：《中国近代货币史》，黄山书社，1955。
② 杨端六：《清代货币金融史稿》，三联书店，1962。

题、银两的计量、银钱比价的变动以及中国传统金融制度和外国金融势力渗透等问题,尤其是对晚清物价有所讨论。彭信威的《中国货币史》集中探讨清末的币制变革、货币流通数量、货币理论、购买力等问题。① 彭泽益指出财政危机与货币问题之间的关系,并对咸丰朝的通货膨胀问题有所探讨。② 戴建兵在《中国近代纸币》一书中对于各省官银钱号做了较为详细的统计。③ 现有论著多集中于对货币问题本身的讨论,或将清政府作为批判对象给予批驳。关于货币的重要组成部分——纸币的论述、研究相对薄弱,其中重要原因是资料相对不足。近代报刊数字化逐渐增加、资料汇编相继出版,为研究清末经济与社会互动提供较好的参考依据。本文以清末新政时期纸币滥发与社会变化互动关系为研究对象,深入分析财政权力分散对中国近代化的消极影响,尝试探求清政府在辛亥革命后覆灭的根本原因。

一 中国纸币财政性发行与特权掩护下的外国纸币滥发

20世纪初叶,世界主要国家因扩军备战债台高筑,在中国发行本身价值较低、购买力较强的纸币,以较隐蔽方式获取中国资源逐渐为各国认同。1895~1911年,各国在华新设银行总行或分行者达到8家,美国、比利时、荷兰、德国、沙俄成为新来者,法国与比利时合办义品放款银行④,各国势力范围客观上成为其纸币流通的区域。外国银行在华发行货币数量呈现逐渐扩大趋势。汇丰银行、东方汇理银行投放纸币数分别增加2~2.5倍,麦加利银行、华俄道胜银行恢复纸币发行。横滨正金银行纸币投放总数超过麦加利银行和华俄道胜银行,成为在华发行第三大银行。1907年,花旗银行发行160344美元纸币,1911年达到341916美元,增幅超1倍。华俄道胜银行受制于俄国经济落后的现实,增速较缓,但亦增加110%。比利时华比银行1910年发行911402法郎纸币。⑤

---

① 彭信威:《中国货币史》,上海人民出版社,1958。
② 彭泽益:《十九世纪后半期的中国财政经济》,人民出版社,1983。
③ 戴建兵:《中国近代纸币》,中国金融出版社,1993。
④ 杨端六:《清代货币金融史稿》,三联书店,1962,第227~228页。
⑤ 献可:《近百年来帝国主义在华银行发行纸币概况》,上海人民出版社,1958,第187页。

伴随列强因争夺势力范围矛盾加剧，非金融势力影响逐渐增加。日俄战争期间，交战双方为就地征用中国民众物资擅自发行军用票。日军先后发放8000余万元军用票，战后以银币回收2500万元，尚余5500余万元在东北货币市场流通。① 俄军以武力在其势力范围内推行军用票，要求中国商人"若再拒绝军票不肯使用，定处以严重之刑罚"②。在日、俄军队强制推行下，东北地区"哈尔滨以东已成俄币范围，延吉一带将为日币范围，长春等处则成日币、俄币交争之范围"③。

外国纸币的过量发行造成中国货币市场混乱与物价波动，互不流通的纸币因属于不同货币体系，市场狭小，形成区域性通货膨胀。据统计，清末外国纸币发行总量约达4亿元，折合制钱为5.4亿吊，占货币市场比重14.32%④，超过任何一种中国货币占比。1912年币种统计显示，外国银行在华发行纸币43948259.8元，中国银行仅发行52675375元。⑤ 外国银行纸币发行，严重扰乱金融秩序，缩小中国货币流通市场。清政府财政权力的外移造成纸币发行失序，缺乏有效制约的货币供应必然导致通货膨胀。

外国纸币滥发之时，中国纸币财政性发行日益增加，形成通货膨胀的内在因素。在货币政策依附性思想影响下，货币财政消极因素再一次扩大。户部叹息"洋债、军饷需款浩繁，臣部筹出各条，即使内外一一举办，亦不过十成之二三，此外不敷之数尚多"⑥，政府被迫实行财政赤字货币化政策。新政开始后，清中央政府采取一系列措施限制民间纸币和地方政府纸币发行，并建立大清银行部分履行中央银行职能。但大清银行自身却成为违规者。度支部要求民间机构发行纸币应足额准备或80%以上准备。大清银行在内部清查中，完全符合规定的仅4次，准备金最低仅为40%。⑦ 在违反准备金要求的同时，大清银行纸币发行量却日益增加。随

---

① 彭信威：《中国货币史》，上海人民出版社，1958，第594页。
② 《俄人强迫华商收用军票》，《申报》1906年3月14日，第2版。
③ 东三省总督徐世昌：《吉林滥发官贴请速铸现货并毕设官银号》（宣统元年闰二月初八日），载中国人民银行总行参事室金融史料组编《中国近代货币史资料》第一辑下册，中华书局，1964，第997页。
④ 彭信威：《中国货币史》，上海人民出版社，1958，第595页。
⑤ 献可：《近百年来帝国主义在华银行发行纸币概况》，上海人民出版社，1958，第50页。
⑥ 户部：《国帑入不敷出谨拟筹款六条》，《光绪财政通纂》卷51，北京图书馆出版社影印室：《清末民国财政史料辑刊》第24册，北京图书馆出版社，2007，总第343页。
⑦ 孔祥贤：《大清银行行史》，南京大学出版社，1991，第182页。

着铜元余利下降，大清银行纸币投放量逐渐增多。1906年，银两票投放市场约50万两，1908年达到315万两，2年中增加5倍有余。银元票增速快于银两票，1907~1908年，发行量增加10余倍。1911年，银元票、银两票发行总数为1905年25倍。大清银行成立较迟、发行货币流通区域较广，虽过度发行，大部分地区暂未引起奔腾式通货膨胀，然而，受制约因素较少、流通范围相对狭小的地方纸币则出现不同程度通货膨胀。

与晚清其他时期相比，清末新政时期地方纸币发行的财政性更加突出。当铜元被中央政府限制铸造后，地方政府迫于财政窘境，要求增加发行纸币的呼声日益高涨。边疆省份经济基础薄弱，承压能力相对较弱，纸币对财政补充边际效用进一步扩大。1907年，东三省官银钱号发行银两票约25000两，次年即增加到43万两，1年中增加16倍有余。广西官银号1910年发行银两票达到1908年3倍。财政性发行为地方政府创造丰厚财源。吉林永衡官贴局1900~1903年获发行利润335982214文，1906年、1907年分别达到942192446文和10亿文。① 新疆官钱局因技术落后以7400两白银的代价委托上海造币厂印刷100万元纸币，获得收益数十万两。为弥补财政赤字，部分省甚至架空发行。如伊犁财政收入54万两，1911年纸币发行达到160万元，约合110万两，超过政府收入2倍多②，财政性发行已露出端倪。

货币发行数量应根据社会经济发展需要决定，但是清末地方纸币发行量已明显快于经济增长。地方政府以满足财政需要为目标，利用"所设立的官银钱行号，无一定的准备和限额，任意滥发"③。据统计，清末中国货币市场中纸币份额为25%，对通货膨胀起到推波助澜的作用。

二 无序发行下的物价波动与社会动荡

纸币属于信用货币，自身价值较低，与金属货币相比较易引起通货膨胀。纸币发行失控必然引起物价上涨和社会动荡，"钞票发行数量大增，而钞票的流通速度比白银快。钞票虽然原则上还是可以兑现的，但实际上

---

① 《吉林永衡官贴局历年余利表》（光绪二十六年至三十三年），载中国人民银行总行参事室金融史料组编《中国近代货币史资料》第一辑下册，中华书局，1964，第997页。
② 《度支部覆新抚咨文——新疆官钱局新旧票流通情况》（宣统元年七月），载中国人民银行总行参事室金融史料组编《中国近代货币史资料》第一辑下册，中华书局，1964，第1005页。
③ 魏建猷：《中国近代货币史》，黄山书社，1955，第158页。

部分钞票随时有停止兑现的，大银行的钞票也没有十足的现金准备，而发行数量又不是根据需要，物价自然上涨"①。鉴于中国国土面积较大，个别地区不足值货币发行具有一定合理性。日俄战争虽对东北经济造成较大影响，但距离战区较近的吉林"市面钱荒全恃纸币流通"②。黑龙江等省距离战场较远，却深受战争之弊，该省经济基础相对较弱，地方政府"财力素绌"，全省"钱法雍滞，商力疲弱……闾左凋残"③，出现局部性通货紧缩。在经济、货币危机带动下，黑龙江政府"上下困迫尤不堪言"，民间社会"有岌岌不可终日之势"④，经济问题已经诱发社会危局。黑龙江将军达桂在铜、银来源较少情况下，决定仿照吉林将军延茂做法，开设官钱局发行纸币，尝试"设立公司开使纸币以资周转而振商务"⑤。在经济诉求带动下，黑龙江不再专设官钱局，而改设广信商务公司。公司采用官督商办模式，选举商人为经理，政府派员监督管理。在上报中央政府之前，该省先行发行纸币，财政收纳项目均可配用纸币。如持纸币兑换银元，可在分行等额交易，实践证明有限度发行，"民甚便之，市面亦觉通利"⑥。但是，就全国范围而言，东北的情形属于个别省份的特殊情况。大部分地区受无序发行影响，物价呈现持续性上涨。江苏南京1902～1911年，"食物价格涨得最厉害……大约贵三倍，制造品也都涨价了"⑦。彭凯翔统计1905年米价指数131.55，1910年达到218，辛亥革命前夕的1911年涨至243.57⑧，6年中上涨85%。币种复杂的清末，引发物价波动的因素较多，但是纸币构成重要推动力。

由于过度发行，部分地区纸币出现贬值趋势。为弥补财政亏空，地方

---

① 彭信威：《中国货币史》，上海人民出版社，1958，第570页。
② 吉林巡抚陈昭常：《奏销吉林造币分厂第八届用过银铜折耗等项银两事》，宣统二年五月二十九日，中国第一历史档案馆藏宫中档，档案号：04-01-35-1379-019。
③ 署理黑龙江将军达桂：《陈本省设立公司开使纸币事》，光绪三十一年三月初四日，中国第一历史档案馆藏宫中档，档案号：04-01-35-1377-027。
④ 署理黑龙江将军达桂：《陈本省设立公司开使纸币事》，光绪三十一年三月初四日，中国第一历史档案馆藏宫中档，档案号：04-01-35-1377-027。
⑤ 署理黑龙江将军达桂：《陈本省设立公司开使纸币事》，光绪三十一年三月初四日，中国第一历史档案馆藏宫中档，档案号：04-01-35-1377-027。
⑥ 署理黑龙江将军达桂：《陈本省设立公司开使纸币事》，光绪三十一年三月初四日，中国第一历史档案馆藏宫中档，档案号：04-01-35-1377-027。
⑦ 戴鞍钢、黄苇：《中国地方志经济资料汇编》，汉语大词典出版社，1999，第587页。
⑧ 彭凯翔：《清代粮价的解释与再解释》，上海人民出版社，2006，第175页。

当局放弃币值相对稳定的银元转而制造成本较低的纸币。相关部门一味违背经济规律，甚至动用钞本作为印刷资金，造成纸币不兑换发行。在通货膨胀阴影下，全国大部分地区"广行纸币……各省充斥之数……非严订限制不能挽银价之涨"①。中央政府惊呼"（地方）只顾一省成本，不顾邻省充斥之想"，唯有"饬下度支部速行详定通用章程以整圜法而维市面"。②北京地区私营钱庄充当银价操纵者，擅自发行钱贴。因发行量与钞本差距过大，一旦发生亏空即"闭门逃走"，形成区域性金融风潮，以致于顺天府衙门感叹"实于国计民生大有妨碍"。与此同时，北京银价持续上涨，此种局面之形成，虽然存在铜元泛滥等原因，但同样存在"私票之繁多"之故。各私营钱庄不顾储备金限制，"任意开写钱票，片纸架空，危害更甚"，对货币市场稳定形成较大威胁。顺天府严格核查金融业储备金情况，以防"架空出票，取巧害民扰乱市面"③。较早制造纸币的东三省出现"百物翔贵，民病莫舒，商业浸衰，国计莫困"④的萧条局面。1908 年 3 月，吉林官贴与银元比价为 2 吊 900 文兑换 1 银元，当年即降至 5 吊兑换 1 银元。⑤ 黑龙江广信商务公司纸币已丧失信用，使用地区已是"百货奇昂，商民交怨"⑥。1910 年，东三省总督徐世昌面对货币贬值威胁叹息道："最为危险最难整顿者，则惟钱法一事。……继设官贴局，逐年增发，漫无限制，底货（准备金）日空，遂成不换纸币。而官贴又决难通行外省，以至现货几于绝迹（白银等贵金属货币）……官贴日多，现货日少现货愈贵，官贴日贱。"⑦ 面对危局，徐世昌建议开设官银号，发行金属货币平抑物价，然则其需要的数百万两资金却无着落。甘肃发生区域性通货膨胀，"钞票

---

① 直隶总督杨士骧：《奏为京津铜元纷杂银价骤涨现遵章查禁并请饬筹办法事》，光绪三十三年十月二十八日，中国第一历史档案馆藏军机处录副档，档案号：21-0562-0001。
② 直隶总督杨士骧：《奏为京津铜元纷杂银价骤涨现遵章查禁并请饬筹办法事》，光绪三十三年十月二十八日，中国第一历史档案馆藏军机处录副档，档案号：21-0562-0001。
③ 顺天府：《请限制北京钱铺》（光绪二十七年十二月二十三日），载中国人民银行总行参事室金融史料组编《中国近代货币史资料》第一辑下册，中华书局，1964，第 1024 页。
④ 东三省总督徐世昌：《吉林滥发官贴请速铸现货并拟设立官银号》，宣统二年闰二月初八日，载中国人民银行总行参事室金融史料组编《中国近代货币史资料》第一辑下册，中华书局，1964，第 997 页。
⑤ 戴建兵：《中国近代纸币》，中国金融出版社，1993，第 191 页。
⑥ 御史吴纬炳：《黑龙江钱贴弊端》（光绪三十四年五月三十日），载中国人民银行总行参事室金融史料组编《中国近代货币史资料》第一辑下册，中华书局，1964，第 1003 页。
⑦ 御史吴纬炳：《黑龙江钱贴弊端》（光绪三十四年五月三十日），载中国人民银行总行参事室金融史料组编《中国近代货币史资料》第一辑下册，中华书局，1964，第 1003 页。

（行使）仅止省城内外，外来商贾不肯携带……销路日塞，商贾因之裹足不前，百物翔贵，民困愈甚"①，经济危机构成向社会危机转化的隐患。

物价波动必然引发社会动荡。在过渡特征相对明显的清末，社会各阶层以各自手段对纸币贬值做出回应，折射较明显的时代特征。1911年，广州银行纸币流通"极为困难"。部分群众聚集于各个银行，形成挤兑局面。为获得金融业支持，警察局公布告示，如发现骚动挤兑事件，警察局立刻派人维持秩序。尽管骚乱局面暂时得到控制，但是部分精于金融业务者纷纷采取迂回手段将纸币脱手。商人群体通过商会为媒介对地方政府的税收政策予以了干涉，甚至发挥自身资产的优势，自行采取货币方式平抑物价波动。但是，处于更为弱势地位的雇佣员工，难以通过合理、合法的途径表达自身诉求，多数选择罢工、抢掠等方式满足自身生活的需要。与太平天国时期动乱集中于农村不同，城镇民变有所增加，新兴阶级力量逐步展现。

在纸币快速流通情况下，全国大部分地区出现工资增幅落后于物价增速的情况。1890~1910年，直隶景县物价基本上涨3~5倍，鸽子、鱼肉分别上涨7.5倍和12.5倍，价格上涨最快的青菜则为20倍。同时，工人工资增速仅为1.5~2倍。② 东北地区因"以官贴为本位"，1911年粮食价格"皆倍其去年（1910年），平均计算，本年之粮价较去年增十分之四有奇"，以至于"贫民受苦为尤甚"。③ 工人几乎完全依靠工资维持生活，受到物价波动影响较大。中国工人收入本身较低，抗风险能力较弱，"即使物价低廉，工作无间，已有朝不保夕之势"。物价稍有增长即"有不槁饿待毙之者"，暂时未能发生工潮只是因为"工界多愚懦者多，否则同盟罢工之骚扰"④ 必不可免。在生活压力驱动下，工人被迫采用罢工、集会等手段维护基本生活需要，经济相对发达地区工运更加突出。

清朝兴起的东北部分地区的罢工甚至影响了区域经济。1899年，营口榨油工人因"索加工资"被拒，罢工人数多达2000余人。受罢工影响，当地各油坊"须赔六七万金之多"⑤。次年，榨油工人因薪水涨幅过慢再次

---

① 陕甘总督左宗棠：《奏陈筹议收回甘省部司钞票照旧通用制钱事》，同治十二年四月十一日，中国第一历史档案馆藏宫中档，档案号：04-01-35-1372-021。
② 彭泽益：《中国近代手工业史资料（1840—1949）》第2卷，中华书局，1957，第588页。
③ 彭泽益：《中国近代手工业史资料（1840—1949）》第2卷，中华书局，1957，第593页。
④ 《论铜元充斥之害》，《申报》1909年6月3日第2版。
⑤ 彭泽益：《中国近代手工业史资料（1840—1949）》第2卷，中华书局，1957，第602页。

组织停工。此次罢工长达数十天,"各油坊均有难以支持之势……营口商务,将因此坏矣"①。宣统三年(1911),吉林连续发生工人要求增加工资的工人运动。五月,长春造纸工匠头目杨春山串通工人起事,实现每月增加工资七吊五百文预设目标。②岔路河等商业城镇罢工事件连续发生,并出现"迭起效尤……动辄罢工,以致习风日长"③之势。长春工潮爆发之时,岔路河造酒工人"突起风潮,以加增工食为词,一齐罢工",30余名工人手持木棍,冲击厂房,以至于"巡警不敢管,任其横行不逊"。④面对危局,地方政府被迫采取疏导措施,将为首者捉拿,规劝其余工人暂归各厂。为从根本上解决工潮隐患,当局表示查实雇主压榨劳工,则准许工人"分赴(有关部门)恳请持平核议……以昭公允"⑤。值得注意的是,民间对雇工多持同情态度,谓之"资本家之酬值太微……少数之商党终不敌多数之工党"⑥,普通民众态度说明工资与物价确实存在某种程度的背离。

从经济学理论出发,货币发行应服从于经济需要。在经济增速相对缓慢情况下,纸币过度发行必然诱发通货膨胀。清末新政时期,地方政府为弥补财政亏空实行财政赤字货币化政策,客观造成通货膨胀和物价波动。罢工事件连续出现表明,工人阶层生活质量确实呈现降低趋势,绵延不断的聚众停工、官商与工人之间矛盾的加剧即是工人实际收入减少的体现,也是商人因通胀遭受损失无力增加成本的映射。当商、工同处困境之时,只好依靠政府的力量以强制力来维护社会秩序,这种暂时的、不平衡的稳定一旦遭遇外力即荡然无存。货币无序发行造成工人罢工,罢工则以动乱的方式加快近代社会新陈代谢。

---

① 彭泽益:《中国近代手工业史资料(1840—1949)》第2卷,中华书局,1957,第601页。
② 《吉林府岔路河糟工罢工》1911年7月6日,吉林省档案馆、吉林省社会科学院历史所:《清代吉林档案史料选编》,内部发行,1981,第1页。
③ 吉林省档案馆、吉林省社会科学院历史所:《清代吉林档案史料选编》,内部发行,1981,第3页。
④ 吉林省档案馆、吉林省社会科学院历史所:《清代吉林档案史料选编》,内部发行,1981,第3页。
⑤ 吉林省档案馆、吉林省社会科学院历史所:《清代吉林档案史料选编》,内部发行,1981,第3页。
⑥ 彭泽益:《中国近代手工业史资料(1840—1949)》第2卷,中华书局,1957,第609页。

三 集权与近代的交汇：清政府整顿纸币政策的双重特征

清末新政时期，清政府整顿纸币的措施体现出集权与近代交汇的特点。当通胀演化为现实之后，清政府采取一系列措施予以遏制。面对物价节节上涨的形势，清政府首先采取釜底抽薪的办法，试图通过减少货币发行抑制物价上涨。从获得财政收入和增强自身权力的角度出发，中央首先从官银钱号纸币入手，对其采取较为严厉的措施，力度呈不断增强趋势。由最初的消极限发，到颁行《银行通行则例》确立度支部对发行权的控制，再到宣统二年（1910）《拟定通用银钱票章程》的颁布，确立大清银行纸币发行的特权。值得注意的是，经济形势的变化并非清政府整顿纸币的唯一动机，财政亏空和集权需要构成更为主要的动力。与此同时，传统货币思想依然占据主导地位，造成治理之时维护财政收益成为较为重要的目的之一。动机的不纯和思想的落后为即将到来的治理工作蒙上了阴影。

中央政府采取继续收回货币发行权等传统措施之时，尝试采用本位制、建立中央银行等措施实现货币体系与世界接轨。从集中财政权力角度出发，将官银钱号作为首批清理对象。在限制发行基础上，清中央政府对地方纸币的制度性控制进一步严格。1903 年，中央政府要求各省"限期停发"[①]，已发行纸币半月内逐步收回。伴随立宪运动进入高潮，西方财政、货币思想传播日深，货币制度改革加速。1908 年，清政府颁布《银行通行则例》，要求官银钱号将准备金、发行数等重要数据报告度支部。各省官银钱号应将纸币业务上交大清银行省级分行管理。为推进整顿措施法制化，清廷颁布《拟定通用银钱票章程》，在斥责地方钞票造成"物价腾贵，民生穷困"的恶果之后，要求新设官银钱号仅可在既有数字限制内发行大清银行纸币。从防止金融风潮角度出发，地方官银钱号"必须有现款十分之四作为准备"，通过高准备金率限制地方金融机构发行能力。已经发行

---

① 度支部尚书载泽等咨各省文：《限制官商银号发钞》（宣统元年四月二十二日），载中国人民银行总行参事室金融史料组编《中国近代货币史资料》第一辑下册，中华书局，1964，第 1074 页。

的旧式钞票悉数列入"有碍辅币之纸票","限以五年全数收尽"①。

因为财权的长期下移，清末纸币无序发行问题相对突出。"积习既深，似未能一时骤加裁制。"②清政府对于国家权力在经济领域的认识较之之前有一定程度的深化，整理纸币时采取循序渐进的方式，采用逐步收回和政策引导的方法，尽快廓清混乱的货币市场。清政府的举措初步体现出制度改革特点，20世纪30年代之后，法定准备金制度成为宏观调控的重要手段之一，在一定程度上影响信贷规模的扩大。清政府虽然未能完全认识到准备金的重要性，但对于准备金率的要求具有一定的积极意义。发行准备的确定标志着清政府开始放弃货币名目主义。尽管《拟定通用银钱票章程》整顿力度和近代化水平有所提高，但清政府措施多局限于渗透，暂时未提在管理权和人事权方面进行全方位地介入。规则的宽松客观折射出清政府货币政策的重点。铜元作为新式货币具有较高的铸币利润，成为国地双方博弈重点。纸币发行成本较低，流通范围相对有限。因此，清中央政府对纸币的清理力度弱于铜元。铸币收入成为政策制定的重要考虑因素表明，传统财政、货币思想依然占据主导地位。

在财权分散、经济增速较缓等因素影响下，宣统年间物价涨速加快，客观对清政府形成经济压力。1910年，度支部颁布《厘定币制则例》进一步加大纸币整理力度。《厘定币制则例》明确规定大清银行具有新式纸币垄断发行权，取消地方官银钱号投放权力。大清银行须确保40%准备金率，维持发行数量稳定。各官银钱号发行纸币应于5年内收回，进一步扩大大清银行权限。③从法律与制度层面，清政府为限制纸币过度发行做出不懈努力，通货膨胀理应受到遏制。然而，清末十年中，物价呈现持续上涨走势，其中，"宣统朝，涨势更凶"④。事实表明，清政府存在有法不依、有令不行的现象。

大清银行在践行集中财政权力之时，却隐含财政性发行货币的使命。1905年，彭述之在奏折中提出利用中央银行名义发行纸币，以收"票之数如银，无异增一倍之银，票之数倍于银，即是增二倍之银，库储虽支

---

① 度支部尚书载泽：《拟定通用银钱票暂行章程》（宣统元年六月初七日），载中国人民银行总行参事室金融史料组编《中国近代货币史资料》第一辑下册，中华书局，1964，第1076~1077页。
② 吴廷燮：《北京市志稿》卷4《钱法4》，北京燕山出版社，1998，第188页。
③ 《度支部奏厘定兑换纸币则例折》，《国风报》1910年第15期，第91~98页。
④ 彭信威：《中国货币史》，上海人民出版社，1958，第602页。

绌，一转移间已形充裕"①之效果，财政赤字货币化昭然若揭。虽然彭述之并非大清银行重要官员，但其思想却折射出清政府以铸币收入弥补财政亏空的传统思维。清末中国经济增速较缓，中央银行理应采取相对稳健货币政策，然而，大清银行却违背自身原则，货币发行量持续增加。

清政府力图将大清银行变成实现币制统一、确定本位的有效工具。清政府赋予该央行纸币可充作京饷、垄断部分纸币发行权等权力。中央银行的设立对于实现币制的近代化具有不可忽视的积极作用。大清银行组建之后，对银元本位的确立、纸币的整理发挥执行中枢的功能。从制度设计的初衷分析，大清银行理应对纸币投放有所节制。但是，从大清银行总分各行情况分析，其并未完全按照自身制定的原则从事发行工作。1905~1911年，大清银行银元票、银两票发行总额增加30余倍，由537294.580两增至17898818.657两。②大清银行第十二次总结分地区发行明细表显示，22家分行中超额投放纸币者达13家，边远省区滥发较为严重。如张家口分行多发1倍，库伦分行在库存现银305432.276两情况下，向货币市场投放1716826.651两，上浮55倍。③虽然大清银行货币发行量大存在初期投放等因素，但发行纸币增长速度快于经济增速，物价自然难以下降。由此可见，清中央政府货币政策的着力点在于集中财政权力，抑制通胀并非其主要目标。

另一方面，清政府集中货币发行权的措施遭到地方政府或明或暗的抵抗。在清政府大力整顿纸币，限制地方政府发行纸币的宣统年间，部分省份依然投放纸币。1907年，度支部在清理财政办法折中要求各省官银钱号在6个月中将"开设年月及资本实数、发出支票若干、准备金若干"等详细情况一并报告④，对地方纸币发行做出明确限制，隐含中央清理后再做决定的意味。1908年，湖北定购纸币运到武汉，地方政府决定"发行一百文纸币以便商民"⑤，公开违反中央要求。1909年，苏属藩司以置换旧式钞票为

---

① 给事中彭述之:《请发行钞票》（光绪三十一年二月十八日），载中国人民银行总行参事室金融史料组编《中国近代货币史资料》第一辑下册，中华书局，1964，第1035页。
② 孔祥贤:《大清银行行史》，南京大学出版社，1991，第182页。
③ 《大清银行第十二次总结分地区发行明细表》，载孔祥贤《大清银行行史》，南京大学出版社，1991，第183页。
④ 《度支部尚书载泽等咨各省文——调查发行钞票数目》，载中国人民银行总行参事室金融史料组编《中国近代货币史资料》第一辑下册，中华书局，1964，第1074页。
⑤ 《禀请发行百文纸币》，《吉林官报》1908年第85~95期，第112页。

名，发行改良纸币200万元，要求"各属地方官一体明白"①。江苏裕苏官银钱局因先前发行15万元1元纸币用罄，特派总办李守厚等远赴日本订制5元纸币40万张、10元纸币20万张。② 湖北省以办理赈灾，"所有各属办理急赈均需现款"③ 为名，增加发行纸币200万元。在中央政府禁止委托外国印刷纸币情况下，湖北省依然在日本订购194万张面值1000文的纸币，分三批运抵武汉，官钱局雇用专人编写号数，"准于近正发行"④。清朝龙兴之地的东北地区同样未能遵守中央规定。1911年，吉林发行银元票1278448.7元、钱票97956360文，较之1910年分别增加578448.7元和97456360文。⑤ 五常府将常裕官银钱局定位为"纯属营业性质"，要求其支持自治经费。城议事会经过全体议员表决，要求在检查该局投放货币总量后，做出"定加纸币特捐"的决定。然而因城内发行"屯帖者并不止常裕钱局一家"，商务总会决定先行调查各家发行总数再作出配额设计。五常府的行为引发中央干涉，度支部以《通用银钱票暂行章程》第11条为依据对五常府予以驳斥，声称其"抽收特捐，致生妨碍"⑥。另一龙兴之地省份奉天省则滥发银两票。清朝兴起之处尚不完全服从中央号令，其余各省落实情况可想而知。据时人记载，"各省官立局既可任意发给"⑦，限制政策名存实亡。

在各级金融机构无序发行情况下，清末通货膨胀始终未能得到有效控制，宣统之后物价涨幅逐渐加大。纸币币信败坏成为摧垮清廷的加速器，币制危机与革命活动相辅相成，加剧部分地区局势动荡。因革命党在广东活动加剧，佛山等地相继发生挤兑大清银行、交通银行、官银钱局纸币事件。银行职员"应付稍迟即喧闹"，官银钱局则"最为拥挤"。据统计，三家挤兑者"越有六十余万"，以至于官员"目睹此情景大为恐慌"。值得注意的是，当时两家银行"资本充足"，并未出现营业危机，巡抚衙门亦准备大批现款"随时接济各该行"，金融风险相对较小。在群众运动压力下，

---

① 《裕苏改良钞票将次发行》，《北洋官报》1909年第1990期，第10~11页。
② 《委员赴日印造纸币》，《北洋官报》1906年第1000期，第7~8页。
③ 《核准增造纸币办法》，《北洋官报》1909年第2233期，第10~11页。
④ 《官钱局运到纸币》，《北洋官报》1909年第1969期，第11页。
⑤ 《各省官银钱号发行钞票情况简表》，载中国人民银行总行参事室金融史料组编《中国近代货币史资料》第一辑下册，中华书局，1964，第1013~1022页。
⑥ 《五常府详据城议事会拟抽常裕钱局纸币特捐以充自治经费文请折并批》，《吉林官报》1911年第13期，第65~70页。
⑦ 《中国铜圆与中国钞票之比较》，《华商联合报》1909年第4期，第156~159页。

清廷下令"暴动拒捕,并准格杀勿论"①。下令调集军队守卫在各银行门外,安定兑换秩序。

小　结

从改革的客观规律和中国国情出发,新政时期,清政府前期将重点置于教育和军事,后期则注重政体的变革。相对于军事、教育、宪政等领域,财政、货币制度改革步伐较缓慢,在制约新政成效的同时,对财政构成较大压力,形成近代化发展中的财政撕裂。宣统年间,"度支部预算……出入相抵,亏三千余万两"。恽毓鼎严厉指出,"若在贪慕美名,厉行不已,恐功未见,而国已亡"②。

从清末货币市场流通结构分析,物价上涨与主要流通货币皆存在一定关联,纸币、铜元作为铸币收入较高的币种,关系相对紧密。纸币币材价值较低,民众采取各种手段脱手,甚至不惜付出经济成本出手纸币,成为物价涨幅加大的有力推动器。货币购买力相对稳定是政权稳固、社会经济正常发展的先决条件。在社会转型的关键时刻,币值变动对改革成败具有决定性影响。清末,经济基础变化促动的货币体制改革进一步加大改革风险。内有财政危机和财权分散的压力,外有国际银价持续下降的冲击,清末中国货币购买力遇到较大挑战。在财政困境压力下,地方政府以币材价值较低的纸币余利弥补财政亏空,客观引起纸币无序发行和购买力降低。面对危局,清政府从集中财政权力、稳定物价、加强中央集权的目标出发,以政令方式对纸币进行整顿,但在地方权力、外国势力尾大不掉的形势下,大多数努力付之东流,未能收到预期成效。值得注意的是,清中央政府货币机关亦出现财政性发行,大清银行部分分行的行为与地方金融机构相比并无本质差别。在货币购买力短期内快速下降影响下,全国大部分地区发生民变。少数地区纸币贬值与革命运动互为因果、相辅相成,对清廷造成较大压力。与太平天国时期相比,来自城镇的反抗日渐增加,标志着革命发展的新方向。另外,地方政府对中央政令或明或暗的对抗客观说

---

① 《粤省抵制纸币风》,《国风报》1911年第2卷第12期,第99~101页。
② 恽毓鼎:《恽毓鼎澄宅日记》一九一零年九月初七日条,浙江古籍出版社,2004,第423页。

明清政府集权措施的乏力与地方对中央离心力的加强，纸币贬值现象折射出清末社会、经济、政治等方面存在的深刻痼疾。

Excessive Issuance of Paper Money and Price Fluctuation During the New Deal Period in the Late Qing Dynasty

Tian Niu

Abstract: during the New Deal period in the late Qing Dynasty, the slow pace of modernization in the financial and economic fields caused a chain reaction in various aspects. Under the combined effect of the downward movement of the currency issue right and the fiscal deficit, the monetization of the fiscal deficit of the local government has become an inevitable choice. The Qing government was forced to implement the policy of monetization of fiscal deficit due to its financial thought and power. As a currency with low issuing cost, paper money became an effective choice to make up for fiscal deficit. The decentralization of financial power creates the institutional basis for the indiscriminate issuance of paper money. Under the pressure of new policy expenditure and compensation payment, the provinces have successively selected paper money with lower cost of currency materials to make up for the deficit. After the paper currency inflation became a reality, the Qing government took transitional measures to curb it, which included both traditional and modern. It is worth noting that the rectification of paper currency is inferior to that of copper dollar. The measures of the central government focus on restricting the issuance, and the institutional change is relatively slow. The weakening of the cleaning intensity of paper money objectively reflects the impure motives of the government, and the maintenance of fiscal revenue has become one of the more important purposes. Impure motives and backward thinking cast a shadow on the upcoming governance work.

Keywords: Paper Money; Rising Prices; the New Deal in the Late Qing Dynasty

清至民国时期清水江流域的山林共业与地方社会[*]

袁文科^{**}

摘　要：明清以来，在土地、林地等产业所有权中通常存在共业形式。从产权角度而言，共业即按份共有的产业，是数名所有者按照确定的份额、股数共有的产业。受自然条件限制、诸子均分制析产、山林买卖等影响，山林业权细分、零散，为便利山林经营与管理，共业形式在贵州清水江流域的林业活动中普遍存在，并通过佃契、卖契、分合同文书确定了主佃、买卖、众山主之间的业权和利益份额，由此山场和劳力利用率提高。但山林共业份额的买卖、转让，通常容易导致山林股额不清，引发利益纠纷。为此，各方基于对情、理、法的共同理解，形成了包括中人、寨老、团绅调解，宰牲鸣神，禀官提究等民间调解和国家法律相结合的纠纷解决机制，体现出习俗、制度对地方社会问题的应对。

关键词：贵州林业　清水江流域　共业　解纠机制　契约文书

明清时期，贵州清水江流域成为朝廷的"皇木"征派地，加上各地客商在此收购木材，当地林木种植和贸易迅速发展。木材的商品化加剧了山林买卖和天然林的过度砍伐，人工商品林应运而生，支撑着明清时期清水江流域林业贸易的延续。随着林业生产、贸易的发展，租地造林成为当地首要的生产经营方式。1881～1908年，仅黎平地区侗族个人造林就不下数十万亩。[①]

一方面，人工造林和木材贸易的繁盛，使山林权属和劳动利益的分

---

* 本文为2018年教育部人文社会科学重点研究基地重大项目"传统向现代的转型：中国近现代日常生活研究"（18JJD770001）阶段性成果。
** 袁文科，山西大学中国社会史研究中心博士研究生，主要研究方向为中国近代经济史、社会史。笔者感谢河南大学第二十届两岸四地历史学研究论文发表会、中国人民大学清史研究所第十一届青年学者论坛与会师友提出的修改意见，文责自负。
① 黔东南苗族侗族自治州地方志编纂委员会编《黔东南州志·林业志》，中国林业出版社，1990，第64页。

配、转换变得极为复杂，契约文书作为确定经济权属的凭据而大量出现，主要涉及山场林地租佃、山林分配、林木买卖等方面。由于林木种植的长周期性，"树三五年即成林"，"杉阅十五六年，始有子"，① 通常"前人栽树，后人乘凉"，很多情况下山林在杉木的一个生长期内屡经转手、几易其主。契约文书确定了不同家庭、家族以及村寨之间的经济权属，管理和规范了林业市场，保障大规模造林活动得以长期进行。

通过对清代以来贵州地区林业契约文书的梳理，我们发现，因山场面积计算和界线划分比较困难，按份共有的共业形式大量存在。共业在林业经济活动中出现并延续不断，与林业种植周期性长、劳力与土地要素分离有关。山主拥有山场所有权，但在幼林培育时难以短时间内提供充足劳动力，佃农则通过提供劳力参与山林的种植与经营，最终获得部分利益份额。一方面，山场共业人按份参与最终的收益分配，一定程度上能够避免业权分散带来的弊端，便于林业的经营管理。同时，共业体现着互助合作，可提供林业活动所需的资金，增加集体应对灾害损失及市场风险的能力。总体而言，共业作为重要的产业形态之一，是一种适应当地林业经济特点，利于林业经营管理，促进林业发展的制度安排。

另一方面，山场共有时往往股数划分繁杂、单位标准不一，容易产生利益纠纷。加上共业人对生长期内的林木频繁买卖，导致产权转移中因股份不清而纷争频仍。为此，各方通常会借助地方调解、神判、官方诉讼等多种途径寻求解决，体现民间习俗与国家法律在解决经济纠纷中的协调统一。

目前，涉及贵州林业及其纠纷问题的研究相对较多，② 但以共业为解

---

① （清）爱必达：《黔南识略》卷二十一《黎平府》，道光二十七年刻本，第8~9页。
② 目前关于贵州林业相关问题的研究主要有：杨有赓《清代苗族山林买卖契约反映的苗汉等族间的经济关系》，《贵州民族研究》1990年第3期；潘盛之《论侗族传统文化与侗族人工林业的形成》，《贵州民族学院学报》2001年第1期；罗洪洋等《清代黔东南文斗苗族林业契约补论》，《民族研究》2004年第2期；张应强《木材之流动——清代清水江下游地区的市场、权力与社会》，生活·读书·新知三联书店，2006年；龙泽江《锦屏文书的价值、研究方法与开发利用途径——锦屏文书暨清水江木商文化研讨会综述》，《原生态民族文化学刊》2010年第4期；朱荫贵《试论清水江文书中的"股"》，《中国经济史研究》2015年第1期；林芊《清水江林契反映的"股权"属性及林地权样态——清至民国西南内地边僻侗苗地区土地关系研究之二》，《贵州大学学报》（社会科学版）2018年第1期；林芊《清水江林业契约文书中"股"之形式及其特征》，《贵州文史丛刊》2018年第3期；潘志成《清代清水江中下游村寨的林业纠纷与地方治理》，《原生态民族文化学刊》2014年第2期。这些研究主要涉及贵州林地公私性质、"股"权概念及林地权属性、股权的分配转移，以及围绕林业生产与纠纷形成的民事习惯法为主体的地域法律秩序等诸多面相。

释框架，探讨林业经济活动与地方社会关系的研究较少。本文以清至民国时期贵州清水江流域为中心，主要利用契约文书等史料，对此做一初步探讨。不当之处，敬祈方家指正。

一 明清以来的共业现象

（一）何为"共业"

明清以来的土地、林地所有权中，通常存在按份共有的共业形式。关于"共业"，目前学界仍存较多争议。章有义将共业称为"合业"，他将共一契纸的族产视为共业，从形式上揭示了共业现象。① 郑振满认为共业即是族产。② 刘和惠从管理经营的角度指出，共业关系是土地私有制度下，由数人共同经营或管理某一产业。③ 栾成显认为共业并非族产，也不同于个人所有的产业，共业分股只是名义上保留族产的形式，实际已非族众共同所有。④ 刘淼也认为共业不同于族产，他将共业称作"分数田"，传统分家制下继承人对祖遗产业的一份或数股均可出卖。共业实是分割制度下的家族财产细分割。⑤

任志强认为共业即按份共有的产业，是由数名所有者按照确定份额共有的产业。共业是可以分割的共同所有权，不以宗法关系为前提，可以随时出卖自己的份额。⑥ 康健指出，共业关系广泛存在于徽州地区并完全依靠契约关系维系。共业的形成是互助合作的需要，但共业山场析分的复杂，容易引发彼此间的利益冲突。⑦ 胡英泽等指出，共业形式限制了土地

---

① 章有义：《明清徽州土地关系研究》，中国社会科学出版社，1984，第33页。
② 郑振满：《明以后闽北乡族土地的所有权形态》，载《平准学刊》编辑委员会编《平准学刊》（第五辑上册），光明日报出版社，1989，第241页。
③ 刘和惠：《明代徽州农村社会契约初探》，《安徽史学》1989年第2期。
④ 栾成显：《明代黄册研究》，中国社会科学出版社，1998，第267页。
⑤ 刘淼：《略论明代徽州的土地占有形态》，《中国社会经济史研究》1986年第2期。
⑥ 任志强：《试论明清时期产权的共业形式》，中国社会科学院研究生院硕士学位论文，2000；任志强：《论明清时期产权的共业形式》，载朱诚如、王天有主编《明清论丛》（第五辑），紫禁城出版社，2004，第259页；任志强：《论明清时期业权的众业形式——以徽州文书档案为例》，《西部法学评论》2010年第1期。
⑦ 康健：《明末徽州异姓共业山场的析分实态——以祁门汪氏〈抄白标书〉为中心》，《西华师范大学学报》（哲学社会科学版）2015年第3期。

所有权的过度分割,有利于"凑片为业"和集中经营。① 共业实际是多个所有权的联合,其形成主要受田林买卖、族产分割、诸子均分制等影响。

共有理论认为,按份共有和共同共有均是对共有财产所有权的共有,区别表现在共有份额上,前者区分份额,后者不区分份额。有无共同关系也是判定两者区别的主要依据。基于共同关系共有一物的为共同共有,无共同关系的为按份共有。中国传统乡村社会中常见的祠堂、族产多为祭祀祖先、议决亲族事务而设,存在明显的共同关系,没有明确的份额划分,属于家族成员共同共有,存续期间不能随意处分。共业是按份共有,成员身份较为多元,并非皆为宗亲关系。是否按份额共有标的物、共有关系存续期间能否处分应有份额,是按份共有与共同共有的主要区别。② 此外,共有人转让其份额时其他成员享有优先购买权。按份共有人优先购买权是基于按份共有关系,并随按份共有关系的终止而消灭。③ 共有人行使共有权通常会受到其他共有人的制约,增加彼此之间的谈判成本。共有人数的增多加强了产业的集体性,同时也提高了内部化成本,这为解释共业优势及其纠纷问题提供了理论视角。

(二) 山林共业契约文书的类型

明清时期,特别是清中叶以后,贵州地区人工育林发展迅速,共业这种产业形态成为山林经济中的常见现象。人工育林是一项劳力投入较大的活动,对于占有大量山地的地主来说,能亲自栽种的部分毕竟有限,只能通过招佃方式完成林木的栽种与养护。山主一般通过订立契约保障自己的权益。具体而言,先订立佃契,林农开始种树造林,一般约定五年幼苗成

---

① 胡英泽、袁文科:《"凑片为业"与明清农户土地的"连片化"——兼论传统乡村地权研究的可能走向》,《南京大学学报》(哲学·人文科学·社会科学版) 2019 年第 6 期。
② 王利明:《物权法论》,中国政法大学出版社,1998,第 343 页;王泽鉴:《民法物权》,北京大学出版社,2009,第 214~215 页;戴永盛:《共有释论》,《法学》2013 年第 12 期,第 25~38 页;李锡鹤:《论共有》,《法学》2003 年第 2 期;李锡鹤:《究竟何谓"共同关系"——再论按份共有与共同共有之区别》,《东方法学》2016 年第 4 期。
③ 戴孟勇:《先买权的若干理论问题》,《清华大学学报》(哲学社会科学版) 2001 年第 1 期;丁春艳:《论私法中的优先购买权》,《北大法律评论》第 6 卷第 2 辑,北京大学出版社,2005;戴孟勇:《论按份共有人优先购买权的行使规则》,《法学杂志》2020 年第 9 期。

林。若五年成林再订立合同，确定主佃双方的分成比例。倘若五年不能成林，地主有权另佃他人。先立佃契，再立分合同，是贵州山林佃契与土地佃契主要的区别。当然，也存在集佃契与分成合同于一契的，通常写作"佃并分合同字"，但这种情况极少。

另外一种是林地卖契。出卖人是山主或佃户，买卖的标的物主要是山场林木，确切地说是山场收益的份额。佃户出卖的是其名下占有的山场分成份额，通常称为"栽手股"，所立卖契一般称作"卖栽手杉木字"。而山主订立的卖契比较复杂，可分为卖林、卖山、既卖林又卖山三种，契约文书中通常称为卖地主股或地股。这种情况下，林木砍伐完毕后山场归原主，山主可以再次招佃栽杉种粟。这一过程中形成的"地主股""栽手股"，类似于徽州林业契约中的"主分"和"力分"，代表山主和栽手各自拥有的利益份额。

此外，契约文书中还有大量的分合同。主要是地主与栽手之间的分合同、众山主内部的分山分银合同以及分关文书几类。地主与栽手之间订立的分成合同是佃契关系的延伸，在幼林初成之后，即便原有佃契中已包含分成合同，为进一步明确双方的收益分成，按照惯例一般还要再订立一个分合同。人工育林需要较多资金和劳力，促成了多人共同投资林业经营的情况，这种合作形式在古代被称为"伙"，在贵州林业活动中主要表现为三种形式。

其一是伙佃。即多个佃户一起租种山主的山林，类似于现代民法中的按份共有关系。佃户们以一个整体与山主签订佃契及分合同，但在共有关系内部各共有人对其份额享有独立的权利，并可自由转让这种权利。因此，伙佃实质上是一种业权的细分割。①

其二是对山场的按份共有。这与当地林业经营的特点有关，一是将山场划分为若干小块将带来经营管理上的困难；二是诸子均分制使山场世代析分，加上林地买卖活动影响，业权不断碎化，共有形式变得极其复杂。有的山场可以分为几十份，由十多个家庭共同所有。这种所有关系的性质类似于上述的伙佃，实际上也是业权的细分。与伙佃相比，山场共有的情况更为复杂，股数划分更为零细繁杂，各共有人的股数直接关系到利益分配，若牵扯不清极易产生纠纷。

---

① 李力：《清代民间契约中关于"伙"的观念和习惯》，《法学家》2003 年第 6 期。

其三是以"会"为表现形式的共有关系。契约文书中常见有"灯笼会""合会"等。会众按人头缴纳一定的会银，用于购置田地、山林、钱庄等产业。这里的"会"是具有独立身份的主体，经营收入按会友各自股数分配。需要注意的是，黔东南林业契约文书中的"合会"虽与内地有借贷性质的钱会存在相似之处，但并不完全相同。① 此外，契约文书中还有"祭祀会""清明会"等"会"的形式，是一种宗教或宗族形式的祭祀组织，会银来源有会众集资、地方乡绅捐赠、绝户财产充入等。此类财产实为共同共有，只能增添不得减少，出卖时须经全体同意方能进行，否则将被视为无效。

综上，共业作为按份共有的产业，共业者之间有明确的份额划分，并可以自由转让各自份额。族产则无明确的份额划分，存续期间个人不能随意要求处置。共业者并非皆为宗亲关系，成员身份也较族产更加多元。这些是共业与族产的主要区别。清至民国时期，共业在清水江流域的林业经济活动中普遍存在，主要通过佃契、卖契、分合同文书确定了主佃、买卖、众山主之间的业权与利益份额。此外，林业活动中长期存在的伙佃、山场按份共有、以"会"为形式的共有关系，也是共业的不同表现形式。

二 清至民国时期清水江流域的山林共业

清代中期贵州林业贸易的发展推动了人工育林活动的兴盛，山林经营颇受重视。但山场有距离远、面积大、情况复杂的特点，为维护共同的经济利益，人们在山林购买、经营管理中逐渐形成了共业这一产业形态。这一现象在山林培育、山场买卖、利益分配契约文书中普遍存在，主要涉及佃契，即佃种山林的契约，"这种山林租佃关系的产生与人工造林的产生是同步的"。② 佃契确定山主与林农主佃关系后开始育林活动，待幼林成林后再订立分合同继续租佃关系，并确定主佃双方的收成分配。其中的"地主股"和"栽手股"，是山主和育林者最终拥有的收益份额。在此基础上，

---

① 梁治平：《清代习惯法：社会与国家》，中国政法大学出版社，1996，第113~119页。
② 唐立、杨有赓、武内房司编《贵州苗族林业契约文书汇编（1736—1950）》（第一卷），东京外国语大学国立亚非语言文化研究所，2001，第167页。

佃户可以出卖、转让"栽手股",山主则不仅可以出卖"地主股",还可以出卖地股,即前文提到的卖林、卖山、既卖林又卖山三种形式。出卖标的物的不同,面临的共业对象也不同,共业人在卖主、买主之间发生变更。卖林是山主与林农之间关于利益的分配;卖山是山主与其他山主之间对山场所有权的共业;既卖林又卖山则是两者兼有,情况也更为复杂。无论是地主股还是栽手股,经过"先问山主、山主不要"的程序后,共业者均可将手中的份额单独出让,买方待整片山林砍伐出卖后持买卖合同参与利益分成。分合同是确定地主与栽手之间、众山主之间经济收益分配的文书。这几种林业契约文书反映的实质都是共业关系内部各共业人对其应有份额享有的权利,无论份额的买卖、转让发生在山主之间、栽手之间还是山主与栽手之间,共业人均发生变更,数量可能有所增减,但共业形式始终存在。

(一) 山林佃契文书中的共业

清代以来的贵州林业活动中,大量林业佃契文书中存在共业形式。举例如下:

①姜光齐、光辉、姜昌盛主佃分成合同:立分合同,本房光齐、光辉弟兄等所有山场一块,地名冉加,先年招到姜昌盛栽种杉木,今长大成林,二股平分,栽手占一股,地主占一股,今凭中二比自愿立分合同,永远存照。

　　　　　　代笔　开泰
　　　　　　凭中　姜光明、开甲
　　　　　　立合同为据【半书】
　　　　　　嘉庆廿五年九月廿八日　立①

②岩门寨杨殿安、龙关林佃契:立佃种栽杉字人:天柱县岩门寨杨殿安、龙关林二人,今佃到文斗寨姜钟英老爷名下之山场一块,……栽杉种粟,其木言定五股均分,地主占叁股,栽手占贰股。

---

① 陈金全、杜万华编《贵州文斗寨苗族契约法律文书汇编——姜元泽家藏契约文书》,人民出版社,2008,第196页。

限至五年之内木长成林，二比再订立合同，照依佃字均分。……

    凭中、代笔 姜开泰

    道光廿二年正月初六日 立

    外批：此山分为拾贰股，马世元、世和叔侄占捌股，姜姓自存四股。民国廿七年三月十六日。范锡盛批。①

  ③立佃字人姜起连，今佃到姜之正兄之山地，名□蜡王种地栽种杉木，凭中言说，定五股均分，地主占叁股，起连栽手占贰股，日后杉木成林，二比书立合同，所佃是实。

    凭中 王登凤

    代书 姜文璜

    道光□年七月十三日 立②

  上述几类林业佃契均体现着共业关系。契约文书①复合了佃契与分成合同于一契约中，内容除说明林农佃种林地外，还对日后山林的利益分配份额做了具体说明。契约文书②属于林业契约中佃契的订立，如前所述，通常情况下山林佃契的订立分为两步：首先订立佃契，林农开始造林，幼林长成后，主、佃延续租佃关系，再订立分成合同。契约中均有五年成林、再订立分成合同的说明，用以确立主、佃双方的收益份额。契约文书③则属于佃山种杉，参与分成。值得注意的是，在山林佃契中，主佃双方是以合同形式明确双方的分成比例，一般为对半分、六四分、二一分，契约文书①为主佃对半分，契约文书②③均为主佃六四分。上述契约中的山主与栽手、栽手之间均存在共业关系，契约①中除山主和栽手在林业收益上存在共业外，名为冉加的山场实际上也为姜光齐、姜光辉所共有，他们作为一个整体参与利益分成。契约文书②中佃人杨殿安、龙关林二人共同作为佃人租佃林地，并最终参与收益分成。佃人和山主作为共业双方可以由多人构成，山主之间、佃人之间、主佃之间共业关系普遍存在。

---

① 陈金全、梁聪编《贵州文斗寨苗族契约法律文书汇编——姜启贵等家藏契约文书》，人民出版社，2015，第289页。

② 张应强、王宗勋主编《清水江文书》（第2辑·第3册），广西师范大学出版社，2009，第55页。

（二）山林卖契文书中的共业

林业契约文书中的卖契包括卖林、卖山、山林兼卖三种，其中许多存在共业关系。山主和佃户买卖的标的物主要是山场及收益的份额，即山主对山场持有的份额，以及"地主股""栽手股"等标的物的买卖、转移。如：

④立断卖杉山约人族叔姜国政，为因荒年银米不足，自愿将到分落名下所占之杉山，以（与）姜老井共的，其山其木老井占一大股分落，我国政占一大股，今将我国政一大股凭中出卖以（与）侄女姜老妹承买为业。……

凭中 姜易得
乾隆四十九年闰三月廿四日亲笔 立①

⑤杨胜榆断卖山场杉木字 立断卖山场杉木字人亚宁寨杨胜榆，为因缺少用费，无由得出，自己愿将到地名亚长之山场杉木一块，……此山场杉木八大股均分，本名占半股，请中出卖半股与瓦寨吴相和名下承买为业，……

凭中 杨安保
中华民国十九年三月初一日 亲立②

契约文书④为山木皆卖，契约文书⑤所卖为林木。从契约文书的内容来看，卖主转让的是各自在山场、林木共业关系中的所有权份额。契约文书④中卖主所卖的仅是其名下的股数，契约文书⑤中杨胜榆出卖的山场杉木中只占"八大股均分"中的半股，即整个山场的十六分之一，交易完成后买主吴相和与其他山主共业整个山场。山主股和栽手股均可自由转让，待整片山林砍伐出售后，买方根据契约文书参与利益分成。

实际上，当部分共业人买卖、转让自己的份额时，只是原有份额在不

---

① 陈金全、杜万华编《贵州文斗寨苗族契约法律文书汇编——姜元泽家藏契约文书》，人民出版社，2008，第35页。
② 凯里学院、黎平县档案馆、李斌编《贵州清水江文书·黎平文书》（第22册），贵州民族出版社，2017，第16页。

同共业人之间的变更，共业人数或各自份额可能出现增减。但整体而言，只要是两人以上对产业按份共有，共业形式就未发生根本性改变，除非多个共业人按份占有的产业即整个山场（林木）完全归一人所有，这时才意味着共业形式的结束。

（三）山林分合同文书中的共业

清代以来贵州林业经营中存在的大量分合同，是确定各自经济收益分配的文书。其中，众山主内部的分山合同更为直观地反映出林业中的共业形态。分山合同实际规定的是对山场的按份共有，这样可以避免山场过度分割，减少林业经营管理的困难。诸子继承制下山场析分、山林买卖带来业权细化，导致山场的共业关系极为复杂。但从另一个角度而言，分家析产只是各自份额的细分，林业经营中仍然延续着分家不分业的共业形式，一定程度上有利于整片山场的经营与管理。如下：

> 姜富周等分山合同：立分合同字人姜富周、姜举周、姜朝望、姜光禹等，情因乾隆二十七年内祖父所遗有共山一块，地名冉抵。……
> 计开此山分为贰拾贰股。
> 姜富周得买姜佐周一股，姜文启一股，姜文炳一股，姜文松一股，姜古三一股，共得买伍股。
> 姜举周收姜文成一股，姜领包一股，共贰股。
> 姜朝望收姜文华一股，姜福寿一股，共贰股。
> 姜光禹、光宗、光照、光绪、光本立收姜金岩一股，姜乔香一股，姜士典一股，姜祥子一股，姜党保西一股，共伍股。分为贰股，光禹兄弟占贰股半，光林叔侄占贰股半。
> 姜举周、姜光禹得买姜老安一股，姜臣周一股，姜国政一股，共叁股。分为二股，姜举周占一股半，姜光禹兄弟占一股半。
> 姜老掌收姜老富一股。
> 姜纹生收姜蔼道一股。
> 姜廷领寿收姜起周一股，姜相周一股，共贰股。
> 合同姜举周存一张，富周存一张，朝望存一张，光禹存一张，光宗存老契。
>
> 姜光宗　笔

立分合同五纸，各执一纸，永远存照。【半书】

道光五年八月初一日　立①

清至民国时期贵州林场中的共业现象较为普遍。同一山场的业权往往被多个家庭按份共有，分山合同意在确定各共业人的份额，便于日后分配收益。上述分山合同中山场共业人多达几十个，山场被均分为贰拾贰股，其中对一些股额的来源也有说明。如"姜光禹、光宗、光照、光绪、光本立收姜金岩一股，姜乔香一股，姜士典一股，姜祥子一股，姜党保西一股，共伍股"，这里姜光禹、光宗等兄弟五人收买姜金岩、姜乔香等五人的五股，业权的转让意味着原有五个共业人发生变更。而后姜光禹、光宗等兄弟五人的五股又被"分为贰股，光禹兄弟占贰股半，光林叔侄占贰股半"，说明原有共业份额的再分割，在此过程中共业人数增多。当然，通过买卖、转让等方式山场共业人数也可能减少，出现共业份额集于少数人的情形，这一定程度上是对山场业权过度细分、零碎的对冲。

值得注意的是，在佃山契约中有时存在山主和佃户身份互通的情况，山主既可兼佃户，佃户又可是山主。如下契约文书中姜超熿既是佃户又是山主，他以山主身份享有山林五分之三收益中的一部分，同时又以栽手的身份占有另外五分之二收益的一半。通常而言，共业人的变更会导致所有者和经营者数量的不一致，需要签订新的契约文书来确定各自权益，姜超熿作为山主也不例外。一定意义上可以理解为，山场林地复杂的共有关系给契约的适用带来了极大空间。详见：

立佃种栽杉木字人孙什保、姜正举、超熿三人，今因佃到姜杰相兄弟，周义、周礼兄弟，姜世美、登熙、登奎、超熿等共山一块，地名皆也多住，……此山言定栽手地主分为五股，地主占三股，栽手占贰股，孙什保、姜正举共栽壹股，超熿栽壹股。……恐口无凭，立此佃种栽杉木字为据是实。

五家各执一张。

---

① 陈金全、梁聪编《贵州文斗寨苗族契约法律文书汇编——姜启贵等家藏契约文书》，人民出版社，2015，第174页。

中华民国贰年贰月十叁日　　超焜笔　立①

同时，该契约文书表明租佃山场的并非全是贫穷佃户，他们也可能拥有整个或部分山场的所有权。造成这种现象的原因，一是在山林陡密的地理条件下，因山林分割零散，有的距离较远，林农无法在自己的山地上栽种杉木，从而发生相互租佃山林的情况；二是由于山场经营周期较长，但往往只需前几年投入较多的劳动力，山主在拥有数块山场而经营时间又一致的情况下，无力同时在几块山场进行前五年的杉木栽种，为避免荒芜，通常自栽一两块山场，而将其余无力栽种的部分租佃给林农。待五年后山场基本处于管护期，不需要太多劳力的投入，这时山主又转而租佃他人山场栽杉种粟，从而形成相互佃种、山主林农身份互兼的特征，佃户也并非皆是贫困者。

笔者对乾隆后期、嘉庆、道光时期清水江下游的锦屏县文斗村寨契约文书的数据统计显示，山场、林木的交易最终向姜映祥、姜映飞、姜映辉等兄弟集中，其子侄辈姜绍滔、姜绍吕、姜绍略等仍在继续购入大量山林土地股份，其中不乏地邻之间、共业关系下的买卖交易。对他们而言，山林土地产权呈现连片集中的趋势，家族经济实力进一步增强，贫困卖主的碎片化与殷实买主的连片化同时存在。因此，忽视当地林业经营的特点与山林买卖的长期趋势，通过地主向多个佃户出租、佃户向多个地主承佃，揭示清水江流域地主与自耕农普遍处于"贫困化"之中的认识还有待商榷。②

共业形态的复杂性在契约文书中主要体现为两种形式。一种是使用"大股""小股"分层计算的方式，表达山场、林木股数的占有情况。例如：

> 立卖山场杉木字人八阳寨杨通照，为因家下缺少银用，……其山股数分为叁拾贰股，名下实占一股，其有与新寨所共之山场分为五大股，八阳公众所占叁大股，将此叁大股分为三十二股，本名实占一

---

① 陈金全、杜万华编《贵州文斗寨苗族契约法律文书汇编——姜元泽家藏契约文书》，人民出版社，2008，第9页。
② 袁轶峰：《清代清水江流域租佃关系与社会变革》，《农业考古》2021年第3期。

股，出卖与培棋寨韩天富等名下承买为业。……

     代笔 凭中 杨学智

    咸丰二年十二月初十日①

  此外，还有分层更为复杂的情形。例如，姜登悌卖山场杉木契中对山场股数的表达共分为三个层次。此山分为三大股，三老家共同占有三分之二，这三分之二又被分成三股，卖主所属的边公占三股中的一股，即全山的九分之二。这九分之二又被分成十二小股，卖主占一小股，即占全山的五十四分之一。②在类似山林股数分层较多时，使用大股、小股表示所占股数非常费事，不易搞清具体股数的来龙去脉，容易产生纠纷。

  另一种是将整个山场划分为固定股额，在此基础上表示各自持有的份额。例如，龙绍成卖木契中载，此山分为五两，绍成名下占壹两，映辉、姜魁贰人共占壹两，姜光朝名下占贰两，大相、国柱贰人共占壹两。③这里"两"的含义近似"股"。两种形式各有特点，使用"大股""小股"的分层方式能够直观地反映各股的性质及来源，但稍嫌繁杂；而固定份额基础上的表达则显得清楚简洁。

  清水江流域山林共业现象的普遍存在，与当地山陡林密、距离较远的自然条件，诸子均分制，山林买卖造成的山场碎化有关。在业权细分或零碎状态下，为便于林业经营与管理，逐渐形成按份共有的共业关系，山林的租佃、买卖及利益分配均围绕各自的共业份额进行。此外，共业份额的转让通常秉持的"按份共有人优先购买权"原则，使得整个山场的经营受部分共业份额买卖、转移的影响较小。无论份额转入何人之手，都须共同出力经营山场，所有权细分之下仍能实现集中管理。同时，共业人可以在不同山场拥有份额，能够充分利用个体劳动经营不同生长期的山场。而多个共业人共同占有或经营一块山林，又能以集体之力应对自然灾害、供求

---

① 张应强、王宗勋主编《清水江文书》（第2辑·第5册），广西师范大学出版社，2009，第14页。
② 陈金全、杜万华编《贵州文斗寨苗族契约法律文书汇编——姜元泽家藏契约文书》，人民出版社，2008，第522页。
③ 陈金全、杜万华编《贵州文斗寨苗族契约法律文书汇编——姜元泽家藏契约文书》，人民出版社，2008，第163页。

市场的影响，提高抵抗各类风险的能力。

三 共业下的林业纠纷与解决

历史时期，贵州少数民族地区社会组织多是以头人、寨老为领袖，注重家族血缘关系。伴随林业经济的发展，这一传统社会关系逐步淡化，演变成依附于林业开发，包含林农、山客、雇工等多种构成对象的组织结构。长期的林业开发与经营活动，深刻影响着当地民众的社会生活与文化传统，"林不兴则山无衣，水无源，粮不丰"[①] 成为共识。共业形态深刻体现着当地林业开发的历史印记，并形成共业形式下股额、利益纠纷的解决机制。

清代以来，清水江流域山林共业纠纷的解决主要依靠契约关系而非国家法律，民间习惯从中发挥着重要作用。由于林木生长期达数十年，其利益和价值最终还要通过市场交易实现，整个过程存在较高的潜在风险，契约文书规定的权利和义务在这一较长及复杂过程中往往会因共业份额的买卖、转让等牵扯不清，引发许多纠纷问题。纠纷产生后，当事人通常会选择中人调解、权威人士仲裁、神判、司法诉讼等方式寻求解决，形成了一套类型多元、民间习惯与国家法律相结合的解决机制。如：

> 立清白断卖山场杉木字人文斗寨姜保富，因先年得买平鳌寨老兰、老主兄弟二人之山，地名凸格，今有股数不清，请中理讲。此山分为十六股，保富名下占一股，蒙中排解补清，……日后此山不得异言，立清白字是实。
>
> 凭中　周才　姜琦　廷华　绍伦
> 代笔　绍牙
> 嘉庆十五年十月十六日　立[②]

[①] 黔东南苗族侗族自治州地方志编纂委员会编《黔东南州志·林业志》，第5页。
[②] 唐立、杨有赓、武内房司主编《贵州苗族林业契约文书汇编（1736—1950年）》（第三卷），东京外国语大学国立亚非语言文化研究所，2003，第10页。

因共业股数不清引起的纠纷，通过"请中理讲""蒙中排解补清"得以解决。"中人"身份可以由任何有能力的人充任，在契约订立、纠纷解决中，他们多以此职业为生，中人促成一笔交易或化解一件纠纷都会有一定的报酬，称为"谢中"。中人比较注重自己在村寨中的权威和信誉，一旦他们自己担保或撮合的交易发生纠纷，为了自身的声誉和利益，他们通常会尽力平息纠纷。中人通常对买卖双方的情况较为了解，也为争议双方所信任，这种调解方式能够低成本、有效地解决共业纠纷。

若中人未能解决纷争，当事人通常会请寨老、乡保、团绅等权威人士作为第三方进行调解，"有所争，不知讼理，惟宰牲聚众，推年长为众所服者，谓之乡公，以讲和"①。德高望重、见识广博的寨老、乡保、团绅等是乡间各式人际关系的支点，他们凭借其人格魅力、权威形成的"面子"促成纠纷解决，维护村寨社会秩序的稳定。当寨老等根据契约文书中记载的股额进行公正的裁决后，他们的意见就具备了一定的约束效力。例如，姜凌云、凌桂等人因山股不清引起纠纷，经过总理、首士等权威人士调解后达成一致，并签订一份调解文书，判定双方股额仍照原有记载，不得再生事端。详见：

> 立清白字人文斗寨姜凌云、凌桂弟兄叔侄等。……此山杉木先年与平鳌寨姜克正、克诚、海治、海隆、海璧等之祖父为业。迄至木植长大，我等清查此山股数，理论当日凭总理老爷并列首士老爷所阅卖契，劝解了局，……
>
> 凭总理　首士　姜名卿　姜凤翔　姜焕彩　姜通学　姜开兰
> 　　　　　　　　　　　　　　　　　　　　　　　　凌云　亲笔
> 同治七年六月初五日　立②

当共业股额纠纷解决后，其结果一般需要通过订立文书予以确定，这种契约文书被称为错字、认悔错字、甘服悔咎字和清白字等。前三种都是理亏一方立下的道歉书，兼具保证书性质，言明日后再犯，则事主执字赴

---

① （明）沈庠修，赵瓒纂《贵州图经新志》（贵州黎平志）卷七，弘治刻本，第55页。
② 唐立、杨有赓、武内房司主编《贵州苗族林业契约文书汇编（1736—1950年）》（第三卷），东京外国语大学国立亚非语言文化研究所，2003年，第16页。

官。清白字的适用较为宽泛，它可以是理亏方的道歉书、保证书，也可以是双方当事人为"清局"、"了断"纠纷所写的合意文书。如：

> 立清白合同字人姜名卿、姜相珍、熙年弟兄熙麟、超梅等，为两家祖父与上寨姜国柱、大集、中仰陆通理、光清、光大等，所共映堆大山一所。除姜国柱、大集、陆姓等所共之股，二家因股数不清，延岩（宕）数日后，各吊契据合同对证。而此山原分为叁股，羊报占一大股，羊厄占一大股，三寨柳官占壹大股，此大股分为拾陆股。……自此之后，不得各照自单契据争多端少，永远照此，掉换清白合同分照为据。
>
> 　　　　凭中　杨胜长　潘继业
> 　　清白合同贰纸【半书】载渭子孙存一纸
> 　　光绪十三年五月二十四日熙豪笔　立①

该清白字文书是姜名卿等人在明确各自山场股额后重新订立的分合同，之后照此管业。同时，契约文书的附批是清白合同订立前的契约股额情况，清白合同订立后，"不得各照自单契据争多端少"，原有的契纸失效，以"掉换清白合同分照为据"，各方依据新立的清白合同为准。清白字本身带有一种声明的意味，一方若有反悔，另一方可将其作为诉至官府的证据。订立错字、认悔错字、甘服悔咎字和清白字等是解决山林共业纠纷的重要方式。

特定情况下，当中人调解、寨老裁决无法解决共业纠纷时，林区民众往往借助"神判""鸣神裁决"的方式寻求解决。"神判"又称"神断""巫术裁判"等，贵州林区的"神判"通常表现为捞油锅、喝血酒、托铁铧、杀鸡赌咒等形式，实际上是一种借助神灵力量裁决纠纷的手段。"神判法是各民族原始时代所通用的一种办法，当一嫌疑犯不能以人类的智慧断定他是否真实犯罪时，便不得不乞助于神灵。"②

苗族地区历来有"尚鬼"习俗。"苗病不服药，惟听巫卜，或以草，

---

① 陈金全、郭亮编《贵州文斗寨苗族契约法律文书汇编——易遵发、姜启成等家藏契约文书》，人民出版社，2017，第235~236页。
② 瞿同祖：《中国的法律与中国社会》，中华书局，2003，第270页。

或以鸡子、或以木梳、草鞋、鸡骨等物卜之，所卜之鬼与祭鬼之物甚夥，病愈则归功于巫卜之甚灵，死则归咎于祭鬼之未遍。"①林区民众原始的宗教信仰与对不可知的超自然力的崇拜，为"鸣神裁决"这种独特的解决纠纷方式提供了心理基础。当证据无法解决纠纷时，当事人通过鬼神约束使缔约双方相互信赖，从而借助代表正义的超自然神力裁决对错。"鸣神裁决"的主要方式是"宰牲"，宰杀牲畜敬献神灵，在神祇的威力下迫使理亏者向对方道歉或认错。除此之外，"到南岳庙发誓""约其盟誓""抬伽蓝神发誓赌咒"等方式也被用于解决共业纠纷。

在纠纷双方各执一词、难辨是非，第三方调解无法达成一致，或当事一方仗势欺人，致使矛盾不断升级的情况下，基于山林巨大的经济利益，当事人便会选择"见官""禀官提究""执字鸣官"等方式，将纠纷直接诉讼至官府。

民国初期姜焕卿与姜全相就杉木纠纷一案中，姜斌相将祖遗山场卖于姜焕卿，其中姜熙侯的两小股本已领到卖银，但姜斌相族亲姜全相却联合姜熙侯控告姜焕卿妄砍。此后，卖主姜斌相、买主姜焕卿、团首姜世法等围绕山场股额纠纷相继递呈词状，然而官府却迟迟未做判决，致使案件绵延日久。加之争议杉木被封存禁售，姜焕卿焦急万分，不断向官府递送词状，以求纠纷早日解决。详见《姜焕卿为与姜全相争控冉赖杉木呈官六讯断事》词状：

> 拟此禀递与新官。
>
> 为五讯不判，显见受染，……即如民价买本家冉赖杉木砍伐，全相混争一事，控告将半年，审讯已经五次，历情具诉于邓官案下。……民通家卖此冉赖山与民砍伐之原因，此山分作贰大股，民家长姜名卿于前清光绪九年得买姜彦之一大股，下余一大股姜熙侯一族共占，此熙侯族占之一大股，又分作六小股，熙侯占二小股、熙年占二小股、熙仕占一小股、熙敏占一小股。民等家长又得买熙仕之一股，民凭地方议妥熙侯名下之二小股，共合占三小股，此山股数朗然。……李继科等不受全相之贿，……况此冉赖山之价共分作十二股，内之三小股之价已亲交与逆侄全相内室姜氏宋林、周平母子手领

---

① 陈绍令等修，李承栋纂《黄平县志》卷三，民国十年稿本，第162页。

清。全相因山股数争持,牵控民三年之久,资本悬绝,金尽词穷,欲结而不得结,……案久木愚,寒心已极,为此诉乞。①

这是姜焕卿第六次向官府递呈词状,争讼内容仍属共业形态下的买卖股额纷争。词状中买主再次对争端事实给予交代,重申具体的股额分配及各股由来,对之前案件的审讼情况做了说明,并对案件审理中出现的金钱贿赂、权力运作表示不满,希望官府能够尽快判结案件。此次递禀前后,买主姜焕卿一共向官府递送八次词状,整个过程耗时费力。从词状文书中还可发现,林业经济的发展促使当事者借助自己的权势、财富,为自己争取更多经济利益。

山林共业纠纷产生后,有时卖主也会向官府递呈词状,对涉及自己的股额做一详细说明。上述姜焕卿与姜全相股额纷争案件中,卖主姜斌相也向官府递送了词状,诉明与买主姜焕卿之间买卖具体股数的情况。对于除此之外的股额纷争,姜斌相采取中立态度,有自证清白之意。原文如下:

> 我们家众等递之禀
> 　　为附案诉明。事缘姜全相、姜焕卿一以纠众滥山,一以合众凭买各情互控恩星案下,均蒙批票,理宜候讯,曷敢渎呈。但事有曲折,不得不预为诉明。此冉赖一山原分二大股,民族先人得买平教姜彦之一大股,姜熙侯一族共占一大股。此熙侯族等占之一大股,又分为六小股,姜熙侯占二小股,姜熙年后人占二小股,熙仕占一小股,熙敏占一小股,民家又得买熙仕之小股,合山共得十二股之七股,惟剩五小股为熙侯等分占。……是以只议民等之七股,议妥兑清。……民等只卖民等之股,亦只领民等之价。似此情形,若不附案诉明,则民等清白股数,难免不无混乱,是以具情呈乞。
> 　　台前赏准监核,以免受累施行。
> 　　批示:仰候集训,该民等亦须到庭备质可也。②

---

① 陈金全、郭亮编《贵州文斗寨苗族契约法律文书汇编——易遵发、姜启成等家藏契约文书》,人民出版社,2017,第82~83页。
② 陈金全、郭亮编《贵州文斗寨苗族契约法律文书汇编——易遵发、姜启成等家藏契约文书》,人民出版社,2017,第72页。

通常情况下，共业纠纷产生后两造虽递呈词状，但官府并不会主动去搜集证据并严格适用国家律例审判结案。实际上，在共业股额、经济分配等纠纷案件中，官府对诉讼总体上采取消极态度，或搁置不理，或在当事人的催促之下简短批示。因而大多纠纷在经过几番禀复、辩论之后往往归于沉静，转而寻求民间调解。综观本案，在买主、卖主、第三方团绅递呈的18份词状中，只有3份可见官府的零星批词。① 地方官府对审判共业纠纷的消极态度，在代表官方处理意见的文书中多有体现，如《为姜焕卿与姜全相父子争控冉赖杉木事地方公禀》云：

> 为禀明核夺。……兼姜全相以纠众滥山，并造令威民，理由叠控，其理太疏。全相等因山股数不符，团等理劝之时，知姜焕卿买砍之木系本房姜斌相等通家合卖之木，通地尽知。然斌相等通家之契，此冉赖山原分贰大股，斌相等先人姜名卿手买获平教姜彦之一大股，姜熙侯一族共占一大股。……至于熙侯占十二股内之二小股，亦卖与焕卿砍伐，领价无异。……两下各有证据，临审仰呈县长审阅，有无自分，为此禀呈。
>
> 县长阁前核夺断给，德便施行。十一日递
>
> 批示：禀悉姑予备案，以资证明。②

该文书是贵州文斗寨地方团绅对于姜焕卿和姜全相叔侄山木纠纷一案，给地方县长递交的公禀。从这份文书中可以看到地方团绅对共业纠纷所持的态度和立场。地方团绅在公禀中指出，"姜全相以纠众滥山，并造令威民，理由叠控，其理太疏""姜焕卿买砍之木系本房姜斌相等通家合卖之木，通地尽知"。根据姜全相所执契约，地方团绅认为其仅占有姜熙敏的一股，熙年后人的贰股，共占整个山场十二股中的三股，双方争执的姜熙侯十二股中的二小股已卖与姜焕卿砍伐，并不存异议。鉴于纠纷双方本系一家叔侄，为此团绅苦劝而姜全相执意不遵，所以地方团绅向县长递交公禀，以求县长审阅核夺。

---

① 陈金全、郭亮编《贵州文斗寨苗族契约法律文书汇编——易遵发、姜启成等家藏契约文书》，人民出版社，2017，第72、78、190页。
② 陈金全、郭亮编《贵州文斗寨苗族契约法律文书汇编——易遵发、姜启成等家藏契约文书》，人民出版社，2017，第190页。

从县长"禀悉姑予备案，以资证明"的批示来看，地方政府仅将团绅所递公禀给予备案，作为日后处理纠纷的证明和依据，并未对案件进行实质性的审判。这种现象反映出，清代民国时期贵州地方政府在处理山林共业纠纷时在法律表达和实践上的不一致。这是因为"州县官们的活动，受到道德文化和实用文化的双重影响"①，能否圆满解决地方纠纷成为官员考核及职位升迁的重要依据。基于各种考量，官府在接到诉状后往往稍作批词，发还寨老、团绅或宗族长老进行调解。因此，官府对共业纠纷案件的审理通常较为谨慎，即使当事人多次递呈词状也不轻易判决，或者以"仍以原中劝解""依契各管各业"等作批词。这体现出官方对案件的基本态度或意见，关系到诉讼能否继续进行，也会影响到当事人对利益得失的考量，有利于促成民间调解的实现。在处理共业纠纷的官方文书中，经常出现对民间调解"如违，许禀官追究"等语，体现出国家法律对村寨社会自治给予的认可和支持，有助于将纠纷控制在乡间狭小的地域范围内。

可以说，在山林共业纠纷解决过程中，地方社会始终未能脱离"情理"之外，林业诉讼文书体现着林区民众对情、理、法的深刻认知。无论纠纷的调解还是判决，都是将生活经验与法律理性、合情与合法相互结合的过程，"情理"对于林区民众特别是纠纷双方而言，既是解决纠纷的方式也是公平正义的象征。共业纠纷的最终解决是纠纷双方、民间调解人、官府基于对情、理、法共同理解，实现民间调解和法律裁决协调统一的结果。

清代中期以后，贵州地区特别是清水江林区，"好讼的风气开始蔓延"②。似乎从当地林业、田产、房屋等契约文书中的红契数量增多，鸣官风气盛行等现象中，可以体现上述论断。但事实上，这一过程中"虽然中国人有机会诉诸法庭，但他们的理想却一直是设法达成私下的和解，而不是依靠司法体系强制解决"③。结合清水江流域的契约文书可以发现，林业纠纷的解决通常依靠请中理讲、禀官提究、鸣神裁决等多种解决方式的综

---

① 黄宗智：《清代的法律、社会与文化：民法的表达与实践》，上海书店出版社，2007，第178页。
② 吴茂才：《清代清水江流域的"民治"与"法治"——以契约文书为中心》，《原生态民族文化学刊》2013年第2期。
③〔美〕韩森：《传统中国日常生活中的协商：中古契约研究》，鲁西奇译，江苏人民出版社，2008，第6页。

合运用，诸多方式的适用并无严格的顺序，通常重叠使用、互通互补。共业纠纷的解决更倾向于民间力量的参与，这与明清时期"情法兼顾"的司法实践风格并不完全一致，但总体上仍未超越情感、情理、法律共同建构和维护的地方社会秩序。

结 论

清至民国时期，林业成为贵州重要的经济产业。受地理条件、诸子析分及山林买卖的影响，业权通常被细分而变得零碎。出于经营管理的考虑，林业经营通常采取分山不分业的共业形式，由多个所有者按份共同占有一片山场，并依各自份额参与最终收益的分配。共业形态在贵州林业活动中普遍存在。林业佃契文书确定了山主和林农之间的主佃关系及利益份额，林业买卖契约文书是山主、佃户对各自份额及未来收益的转让，分合同文书是确定地主与栽手、众山主等共业人之间收益分配的文书。共业关系中共业人对各自份额享有权利，共业形式不会因部分共业份额的买卖、转让及共业人数的变化而消亡，使整个山场的经营管理不受太大影响。这不仅使劳动力在不同山场得到充分利用，还提高了集体应对自然灾害、经营风险的能力，成为一种适应当地林业经济特点的产权形态。

明清时期，共业在徽州地区宗族内部、宗族之间均普遍存在，并在析分过程中呈现多层次、多分支的结构特征。"共业分股"的族产形式上仍保持共业关系，整体作为一个独立的经营单位存在。[1] 异姓宗族之间的共业山场完全依赖契约关系维系，表明即使宗族社会典型的徽州地区，决定共业形态的也并非血缘宗亲关系，而是共同的经济利益与互助合作的需要。[2] 对清水江文书的梳理可以发现，其山林共业也表现出相似的特征，使共业形态更具多样面貌与普遍意义。

共业犹如一把双刃剑，往往又成为引发经济纠纷的根源。贵州林业经济活动中十分注重契约文书的作用，林木生长期较长的特点使最终利益的实现需要较长时间的等待，这一过程中共业份额的买卖、转让，共业人数

---

[1] 栾成显：《明代黄册研究》，中国社会科学出版社，1998，第264~265页。
[2] 康健：《明末徽州异姓共业山场的析分实态——以祁门汪氏〈抄白标书〉为中心》，《西华师范大学学报》（哲学社会科学版）2015年第3期。

的变更，容易造成股数、利益分配不清等问题，引发林业纠纷。为此当地形成了包括中人、寨老、团绅在内的民间调解，"宰牲鸣神"和禀官提究等一套多元的解纠机制。其中，作为国家代表的官府对共业纠纷的处理通常采取谨慎甚至消极的态度，对递呈的词状并不轻易判决，多倾向于将纠纷案件发还民间基层，希望借助地方团绅、寨老、中人等进行调解，体现出国家法律对民间调节的认可。这也是民间百姓和政府官员在解决纠纷与诉讼时，都会采取"诉诸情感"方式的原因所在。[①]

可以说共业纠纷的解决是贵州林区民众、地方社会、官方政府对情、法、理三者的深刻认知与运用。无论是纠纷各方的辩争，民间力量的调解，还是官方所做的判决，都遵循着合乎情理、合理合法的原则。这种司法实践既不同于成文法典，也有别于纯粹的民间习俗，而是两者的交叉重叠，体现出二者之间的内在逻辑。[②] 山林共业纠纷的解决正是涉事双方、民间调解人、官方政府在情、理、法平衡基础之上，充分发挥各种解纠力量在村寨生活中的积极作用，实现民间调解与国家法律互相配合的结果。对清至民国时期贵州林业契约文书的梳理，有助于对林区村寨中的经济关系及其维系有更为清晰的认知。贵州两百余年的林业共业形式、纠纷解决机制、市场秩序调控，是当地林业交易规范、民间习惯和国家法律等多种力量综合作用的结果。

Mountain Forest Co-industry and Local Society in Qingshui River Basin from Qing Dynasty to the Republic of China

Yuan Wenke

Abstract: Since the Ming and Qing Dynasties, there was usually a form of Co-industry in the ownership of land and forest land. From the property right perspective Co-industry was an industry which shared by several owners according to

---

① 徐忠明：《情感、循吏与明清时期司法实践》，译林出版社，2019，第4页。
② 黄宗智：《法典、习俗与司法实践：清代与民国的比较》，上海书店出版社，2003，第5~6页。

a certain number of shares. Affected by the restriction of natural conditions, the inheritance system of all the sons, and the trading of mountain forests, the forestry rights were sub-divided and scattered. In order to managed the mountain forests, the form of Co-industry was widespread in Guizhou Qingshui River Basin forestry from the Qing Dynasty to the Republic of China. The share of ownership and interest between the owners of the land and sale, were determined by the tenancy and the sub-contract, thus increasing the utilization rate of the farm and the labor force. However, due to the sale and transfer of shares in the mountain forest industry, it was usually easy to cause unclear shares, cause disputes of interest. Therefore, based on the common understanding of sentiment, reason and law, all parties had formed disputes involving civil society mediation and national law, including mediation by middlemen, old villagers, gentry, slaughtering animals, censorship, etc. The resolution mechanism reflected the response of customs and systems to local social problems.

Keywords: Guizhou Forestry; Qingshui River Basin; Joint Management; Correction Mechanism; Contract Document

清至民国时期土地典、当交易辨析*

赵牟云**

摘　要：对于传统中国土地交易中典与当二者有无实质区别的问题，学界存在明显分歧。从清至民国时期官方规制与民间实践认知两个主要维度进行考察的基本结论是，无论是历届政府有关土地典当制度的官方表达，还是绝大多数地域社会民间立契时的行文表达和日常感受，都足以表明该时期的土地典、当二者在总体上无实质区别，在研究时不宜作严格区分。

关键词：土地典当　官方表达　地域社会　契约书写

一　问题的提出

土地典当作为传统乡村社会较为常见的一种经济行为与融资方式，已引起了学界的诸多探讨。近年来对该话题的研究不仅新论迭出，同时结论之间也呈现较大的分歧，尤其反映在许多细节与关键点上。如对于近代土地交易中"典"与"当"二者性质的认知问题，当前有不少研究将典与当作了严格区分，如曹树基等在归纳各种土地交易类型的过程中将典等同于活卖，将当视作抵押。[①] 刘志认为："典，土地的收益以及使用和支配等权利都发生转移，地权发生分割；而严格定义，当就是抵押，本质是借贷担保，地权包括土地收益并不发生转移，还是在原主手中，地权未发生分割

---

*　本文为国家社科基金重大项目"浙江鱼鳞册的搜集、整理、研究与数据库建设"（17ZDA187）阶段性成果。
**　赵牟云，浙江师范大学人文学院讲师，主要研究方向为中国近现代乡村社会经济史。
①　曹树基、刘诗古：《传统中国地权结构及其演变》（修订本），上海交通大学出版社，2015，第31页。

和转移。……当，是担保抵押，并不改变土地的地权，只有在田主无法还债，土地被债主占取，地权才发生转移。"① 谢开键也认为当实际上是抵押借贷，与典有本质区别，并认为一些地区民间交错运用典、当是长期以来对二词含义的误解和错用。② 郑力民在分析徽州地区的土地典当契之后，认为不论官方还是民间，典与当之间都存在着较大的区别，"典不行息，当则偿利，或典后不佃，当后承佃，这是典、当的主要区别之处"，就取赎而言，典立年限，当则不究，虽然有部分契种名不副实的情况，但他认为都是错典为当，而绝不错当为典。③ 而与此相异的是，一些区域社会经济史研究则指出各自区域的土地典、当交易并无实质区别。如清水江地区，有学者指出，该地区民间典当大体可以分成两类，即承典人亲自经营典当物和承典人将典当物出租给他人，而典约与当约本身在交易内容上没有差异，即使从文书学上看，也找不到"典约"与"当契"的差异。④ 另一位学者对搜集的有关岑巩的 37 件典契、81 件当契考察后也认为，"在贵州岑巩地区，典契与当契是相互通用的，混同为一的当契在这里其实就是典契的不同写法"⑤。在徽州地区，针对郑力民关于该地区土地典与当之间存在较大区别的结论，吴秉坤指出徽州地区土地典当契的各种类型可以用"当契包租式"、"当契包利式"和"当契交业式"来加以区分，但"典"与"当"之间并无本质区别，二者可以交互使用，此外，徽州地区的相关税契官纸中也未见对"典契"与"当契"进行严格区分。⑥

由此可见，土地典、当二者之间究竟有无本质区别，在近代全国各区域又呈现什么样的行用范围与状态，仍需要我们进一步探讨。"典""当"二字自诞生以后其字义在历史进程中均发生过较大的转变，因此本文不拟从追述二字的最初含义着手。鉴于当前留存、出版的相关契约文书、司法

---

① 刘志：《地权的分割、转移及其阐释——基于传统中国民间土地市场》，《中国经济史研究》2017 年第 3 期。
② 谢开键：《明清中国土地典交易新论——概念的梳理与交易方式的辨析》，《中国经济史研究》2019 年第 4 期。
③ 郑力民：《明清徽州土地典当蠡测》，《中国史研究》1991 年第 3 期。
④ 张强：《清代民国清水江流域民间"典当"——基于"清水江文书"的考察》，《原生态民族文化学刊》2019 年第 2 期。
⑤ 姜明：《贵州岑巩契约文书研究》，贵州人民出版社，2018，第 341 页。
⑥ 吴秉坤：《清至民国徽州田宅典当契约探析——兼与郑力民商榷》，《中国经济史研究》2009 年第 1 期。

档案等核心史料多分布在清代以后，因此本文将考察时段限定在清至民国时期，并主要从官方表达与民间实践认知两个维度对该问题进行辨析，以期厘清二者的关系。本文的基本结论是，除福建等局部地域外，清至民国时期的土地典、当在全国总体上无实质区别，不宜作严格区分。

二 清至民国时期有关土地典、当的官方表达

清至民国时期，历届政府对土地典交易问题进行了诸多法律调整。就官方表述而言，常将典、当二字连用，未作明确区分。乾隆二十四年（1759），清政府宣布废除土地典当交易的契税："凡民间活契典当田房，一概免其纳税。其一切卖契，无论是否杜绝，俱令纳税。"① 此后于乾隆三十五年进一步将土地典当的期限限制在十年之内："嗣后旗民人等典当房地，契载年分统以三、五年以至十年为率，仍遵旧例概不税契，年分满后，听原业收赎，如原业无力回赎，听典主执业或行转典，悉从自便。"② 同一时期的省级则例《山东宪规》也有类似表达："活当产业，例不投税"，并指出虽然中央政府已取消了典交易的契税，但该省仍对基层土地典当后自愿过割的行为表示许可，"嗣后民间典当田房，如愿过割者，听其呈明过割"。此外，该省还特意颁布了土地典当的标准契式，以"活当"而非"典"作为名目：

> 立活当文契某人，系某县某乡某村庄人，今因乏用，情愿凭中将自己某人户内承数粮基地 亩 分 厘内正侧大小房屋共 间，出当与某人名下管业居住，三面议定共当价银若干整，银水何色何平，其银当日收清，言明几月为满，对月原价取赎。如年限不满，不得碍赎，已满不得措赎。恐后无凭，立此存照。
>
> 计开：
>
> 某地段 亩 分 厘 正屋几间 过道 夥路 东至 南至 西至 北至

---

① （清）席裕福、沈师徐辑《皇朝政典类纂》卷380《刑十二·户律田宅》，文海出版社，1982，第8293页。
② 《钦定总管内务府现行则例·会计司》，海南出版社，2000，第350~351页。

覆准应完粮银　两　钱　分　厘，漕米　石　斗　升　合，议定，仍用原名，当主自行赴柜完纳

乾隆　年　月　日　立活当契某人　花押

中见

代书①

迨到清末以后，国家财政拮据，又恢复了土地典当交易的契税。《直隶财政说明书》指出："自光绪三十年，始试行典当契税。光绪三十二年，始奏收典当税银，于是当契亦俱纳税。……嗣于宣统元年，度支部奏加契税，卖契银一两纳税九分，当契银一两纳税六分，通行各省，一律遵行。"② 这一时期，许多省份都颁布有正式官契，如直隶五邑就有《当契存照》《典当地产正契》等三联标准契式，以"当"作为名目。③ 对于畿辅旗租地的相关交易行为，直隶省于光绪十四年立案规定"推绝者曰推约，转当者曰当约，呈官验明"④，此后又规定自宣统二年正月起，旗租地典当要仿照民地典当征收契税，"如有推佃、当佃，均照依奏定民粮典当收税章程一律征收推当税"⑤，均以"当"统称典当交易。在甘肃省布政使司颁发的契尾中是将典当二字连用的，"典当田房，每两纳税六分"⑥。四川省于宣统元年恢复典当契税时，其税契章程首条也同样典当二字连用："典当田宅收租管业，与买业无异。"⑦ 针对四川省官方这种试图将典当与买卖混为一谈的表达，该省绅民进行了抵制，是年十月，四川省咨议局决议第十九案呈请文提议修改当税章程，相关理由如下："然考当产与买业实不相同，当产之价值，恒较买业为轻，其异一；当产系于抵当权上兼设占有

---

① 《乾隆朝山东宪规》，载杨一凡、刘笃才编《中国古代地方法律文献》乙编，第15册，世界图书出版公司，2009，第628、741页。
② 陈锋主编《晚清财政说明书》第2册，湖北人民出版社，2015，第68页。
③ 首都博物馆主编《首都博物馆藏清代契约文书》第8册，国家图书馆出版社，2015，第466页。
④ 刘锦藻：《清朝续文献通考》卷7《田赋7》，商务印书馆，1955，第7559页。
⑤ 《通州王廷凤等卖旗佃地红契附正契》，载首都博物馆主编《首都博物馆藏清代契约文书》第8册，国家图书馆出版社，2015，第352页。
⑥ 《契尾》，载甘肃省临夏州档案馆编《清河州契文汇编》，甘肃人民出版社，1993，第391页。
⑦ 《附编　丛录门·新章：四川新订田房典当大佃税契章程十二条》，《广益丛报》1909年第208期。

权，而买业则为所有权之转移，其异二。原章谓其无异，殊觉不合。"① 可以看到，在该省绅民的表述中是以当代指典当的。

民国时期，官方的相关表述并未有多大改变。1915年10月北洋政府颁布的《清理不动产典当办法》就未将典和当作区分，如第8条规定："嗣后民间置买产业，应仍照前清现行律，务须注明绝卖或不准找赎字样，如系典契，务须注明回赎年限。设定典当期间，以不过十年为限。"② 在同时期大理院的相关判例中也是将"典""当"二字一起表述的，如民国四年统字226号解释例指出，"盖典当之标的物，不过为典价之担保"。民国六年统字665号解释例指出，"如依该地习惯，其行为之主目的，系在于地上设定使用收益之权利者，自应认为即典当办法之所谓典当"。③ 虽然在20世纪20年代北洋政府制定的《民律草案》与南京国民政府颁布的中华民国法典中主要以典权指称土地典交易，鲜有"当"字出现，不过在同时期的《司法公报》《政府公报》《最高法院民事判例汇刊》等诸多刊物上有大量"不动产典当"等相关标题和文字内容。

此外，满铁调查资料中收录的有关河北栾城县、顺义县等地民国时期的文契中有大量官方制定的《典当田房草契》，不论是从其名目还是契中"典当价"等文字表述，都表明官方是将二字连用的。④ 1936年，贵州省政府财赋字第四七二九号公牍也指出："本省习惯，典、当性质相同，办法当然一致。"⑤ 由此可见，在清至民国时期的官方视域中，并未对土地典与当二者作区分。

三 各地基层对土地典、当的契约书写与实践认知

从引言可以看到，认为土地典、当交易存在实质区别的相关研究主要是将当视作抵押交易，而将典视为须转交土地使用权利的交易类型，典交易的标的物需要由承典人耕管，而当交易的标的物依旧为出当人耕管，并

---

① 鲁子健编《清代四川财政史料》下，四川省社会科学院出版社，1988，第439页。
② 《清理不动产典当办法》，《东方杂志》1915年第12卷第11号。
③ 郭卫编著《民国大理院解释例全文》，中国政法大学出版社，2014，第396、613页。
④ 徐勇、邓大才主编，李俄宪主译《满铁农村调查》（第2卷·惯行类），中国社会科学出版社，2016，第476~488页；徐勇、邓大才主编，李俄宪主译《满铁农村调查》（第3卷·惯行类），中国社会科学出版社，2017，第480~491页。
⑤ 《公牍·赋税：贵州省政府指令黄平县政府据呈请核示当契遗失可否发给管业证一案令准核给由》，《贵州财政月刊》1936年第12期。

向承当人交纳一定的利息,在出当人无法偿还本金时交付承当人耕管为业,因此当实际上是抵押借贷。实际上,清至民国时期全国各地都存在由出典人继续耕管土地并向承典人交租或付息的交易形式。如河北保定习惯上将这种典田称之为"典田图种"或"典地不出手"。① 近代河北顺义沙井村将出典人仍耕种土地的做法称为典租。② 又如民国南充县志所载该地的土地典当形式:"至无可奈何时,有将产业尽行当与他人耕种,而租无颗粒者;有将产业当与他人复或佃回全股、或佃回半股耕种,而当户转得多取租者……"③ 其中第二种当地形式就由出典人继续耕管土地。当前学界主要将这种交易形式称之为"出典自佃"或"出典回佃"。④ 下面一则文契就反映了一次出典自佃型交易:

> 立典契人郑其璧,今因欠少正用,自情愿将祖遗受己业　字号,记税一亩,土名杆上,计田一坵。今由上首赤契一张,税票一张付存,典押与春瑞记名下为业。三面言定,得受典价银洋七十元正,其洋当即亲手收足,其息每周年一分二厘,按年子息。准定七月为期,本身一并缴清,倘有不清,立即凭中起业耕种。本金准定五年后之期交付清楚,不得欠少。倘有欠少,听凭转典他人,无得异言。此系双方情愿,并无勉强、威逼等情。恐口无凭,立此出典大小买田契存照。
>
> 再批:一年内还本时,印契费归身承认,三年还本时,对半分认,五年后还本时,归受典人全认,五年后不能还本时,连同转典印契费均归身承认。又照。
>
> 　　　　　　　　　　　出典主郑其璧(花押) 中人梅宝珊　押
> 　　　　　　　　　　　中华民国二十四年十月十六日⑤

---

① 南京国民政府司法行政部编《民事习惯调查报告录》,胡旭晟、夏新华、李交发点校,中国政法大学出版社,2005,第 18 页。
② 徐勇、邓大才主编,李俄宪主译《满铁农村调查》(第 3 卷·惯行类),中国社会科学出版社,2016,第 521 页。
③ 民国《南充县志》卷 12《艺文志》,《中国地方志集成·四川府县志辑 55》,巴蜀书社,1992,第 548 页。
④ 龙登高:《中国传统地权制度及其变迁》,中国社会科学出版社,2018,第 54、83 页;谢开键:《"出典回佃"式交易研究——以清中后期贵州锦屏为例》,《中国社会经济史研究》2019 年第 1 期。
⑤ 《民国二十四年十月歙县郑其璧立典大小买田赤契》,载黄山学院编《中国徽州文书》(民国编·第七卷),清华大学出版社,2010,第 105 页。

上引文契出自民国徽州歙县，书立在官方草契，并征过契税，也就是说，这是经过官方认可的土地典交易文契。其具体交易内容是郑其璧将自己土地一亩出典给春瑞记名下，但并不转移土地使用权，由出典人付息一分二厘的年息，如果欠息，则由承典人耕管。类似的案例不胜枚举，光绪六年（1880），大兴县民人刘大将其十六亩地典给孙大，获得京票二百五十吊，二人商定地仍由刘大耕种，每年备黄玉米二石五斗，送到孙大家中。① 嘉庆四年（1799）九月，山东潍县民张志尚因无钱使用，把业地三亩作价京钱三十千出典给无服族兄张温，典契内注明三年为满，不过仍由出典人耕作，二人约定地内粮食均分，柴草则由出典人独享。② 嘉庆十五年三月，山西阳曲县民周良小子因无钱使用，将地三亩出典给周起有，得价六千文，该地仍由出典人耕作，每年给承典人租钱二千一百文。③ 就全国范围而言，出典自佃型交易在南方地区比较流行。抗战期间，中国农民银行曾对四川省7县范围内若干农户典地处置情况做了调查，其中土地出典后归承典人耕种的占50%，出典自佃的占47.5%。④ 有学者统计了约200件清水江流域清代土地典当契，其中承典人自己耕种的契约有114件，占总数57%，仍由出典人耕种的契约有59件，约占总数30%。⑤ 在浙南山区的石仓，出典自佃也相当普通，在已出版的《石仓契约》中有大量的土地典当契，或是借钱还钱，或是以谷付息，而由承典人直接处置的却不多见。⑥

如上述案例所示，在出典自佃式交易中，既有约定给承典人交实物租的，也有交货币租的，同时也不乏直接约定交定额利息的。简言之，即便交易双方所立的是典契，也存在为数不少的无须转移土地使用权利的情况，只是在出典人无法偿还相应租、息时交付承典人耕管为业。同样，从清至民国时期的民间契约文书来看，在立契用当的情况下，既有由承当人

---

① 《光绪六年大兴县刘大典地白契》，载首都博物馆主编《首都博物馆藏清代契约文书》第4册，国家图书馆出版社，2015，第307页。
② 《山东潍县民张志尚因索讨地契纠纷致死无服族兄张温案》，载杜家骥编《清嘉庆朝刑科题本社会史料辑刊》，天津古籍出版社，2008，第180~181页。
③ 《山西阳曲县民周良小子因地租纠纷扎死周起有身死案》，载杜家骥编《清嘉庆朝刑科题本社会史料辑刊》，天津古籍出版社，2008，第1300页。
④ 欧阳苹编《四川省农业金融》，中农印刷所，1941，第71页。
⑤ 张强：《清代清水江流域田土典价及影响因素——基于"清水江文书"的考察》，《原生态民族文化学刊》2020年第6期。
⑥ 参见曹树基、李霏霁《清中后期浙南山区的土地典当——基于松阳县石仓村"当田契"的考察》，《历史研究》2008年第4期。

使用土地的情况，也有继续由原主使用并向钱主付利息或者交租的情况。并且，正如下文将要指出的，在诸如四川省、甘肃镇原等地区，乡民习惯上用当契，而几乎不用典契。很明显，我们不能认为这些地区不存在土地典交易。笔者量化统计了全国多个区域的土地典当交易文契和相关社会调查资料，从交易内容来看，立当契交易与典交易鲜有本质区别。

1. 北方地区

在首都博物馆主编的《首都博物馆藏清代契约文书》（全8册）中收录有约328件立契地点位于京畿地区的民地典当契，其中包含305件典契，21件当契，全部当契都约定由钱主承种，与一般典契没有区别。① 正如前文提及的，在直隶一些州县，官方还颁布有"当契存照"之类的官契。《清代山西民间契约文书选编》（全13册）收录有约581件有关清至民国时期山西地区的土地典当契，其中包含562件以典开头的文契，13件以当开头的文契，13件当契均约定由钱主承种，与一般典契没有区别，且在有的当契中典、当混用。② 在已出版的山东孔府档案资料中收录有约15宗有关曲阜、鱼台、东平、汶上、郓城等地的相关文契与诉讼案件，有13宗交易立的是当契，均由钱主耕种土地，从其中2件诉讼案件中各方混称典、当来看，二者并无区别。③ 在立契地点位于山东堂邑的《武训地亩帐》中收录了7件土地典当契，均为当契。④

许多社会经济调查表明华北地区的土地典、当是同一个意思。顺义县乡民指出，"典也叫当"⑤。在一些局部地区，民众在进行相关交易时更为普遍的是立当契。如民国时期河北栾城县寺北柴村，在被满铁调查人员问及土地典、当的区别时，村民指出，典与当是一个意思，且一般叫当。⑥ 在被整理的62件河北省束鹿县杨家庄张氏文书中收录有9件土地典当契，全部为

---

① 剩余2件以"立字人""指地找价"作为表达。
② 剩余6件以"转地""脱约""执照"等作为表达。参见郝平编《清代山西民间契约文书选编》，商务印书馆，2019，第1册306页，第2册118页，第5册707页，第8册454页，第13册270、350页。说明：剩余575件文契分散在该资料1～13册，不适合一一标注页码。
③ 刘重日等编《曲阜孔府档案史料选编》（第3编），齐鲁书社，1983，第6册，第183～412页，第7册140页。
④ 《武训地亩帐》，人民出版社，1975，第81、128～131、151页。
⑤ 徐勇、邓大才主编，李俄宪主译《满铁农村调查》（第1卷·惯行类），中国社会科学出版社，2016，第114页。
⑥ 徐勇、邓大才主编，李俄宪主译《满铁农村调查》（第3卷·惯行类），中国社会科学出版社，2016，第650页。

当契。① 在昌黎县侯家营，村民也一般叫当，满铁调查资料中附录该村的土地典当契主要是当契，静海县冯家村、山东恩县后夏寨也一般称当而不是典。② 在关于苏北赣榆土地典当的民事习惯报告中附录的也是几则当契。③ 李景汉在定县社会调查中列举了当地土地典当的一般契式，用的同样是当契：

> 立当契人〇〇〇〇因乏用，今将自己〇村园地一段〇亩，东至〇〇，西至〇〇，南至〇〇，北至〇〇，四至分明。今凭中人说合，出当于〇〇〇名下。每亩言明当价大洋〇〇元整。五年为满。在五年之内不许有转当及赎出加价等事。恐口无凭，立字为证。
>
> 每亩钱粮〇〇
>
> 　　　　　　　　　　　　　　　　　中人〇〇〇说合
> 　　　　　　　　　　　　　　　　　代笔人〇〇〇
> 　　　　　　　　　　　　中华民国〇年〇月〇日　立④

在东北地区，满铁调查资料指出典主、当主，典价、当价是可以替换使用的。具体到各地习俗则有一定差异，在奉天省的关东州、复州、盖平、海城、辽阳、奉天、抚顺、本溪、凤凰、安东、庄河、法库、铁岭等地一般称典，在昌图府、锦州府、新民府主要用当，吉林省则典当并用。⑤ 此外，在日人关于热河凌源、宁城等地调查资料中收录的相关契约，主要是当契。如在热河凌源县十五里堡地方，日本调查者指出，"典"又称作"当"，"当"比"典"要用得多。⑥ 在日人相关调查收录的位于热河翁牛

---

① 冯学伟搜集、整理：《束鹿县杨家庄张氏文书》，载霍存福主编《法律文化论丛》第4辑，法律出版社，2015，第145~162页。
② 徐勇、邓大才主编，李俄宪主译《满铁农村调查》（第5卷·惯行类），中国社会科学出版社，2017，第428、475~487、1403页；徐勇、邓大才主编，李俄宪主译《满铁农村调查》（第4卷·惯行类），中国社会科学出版社，2017，第980、988页。
③ 南京国民政府司法行政部编《民事习惯调查报告录》，胡旭晟、夏新华、李交发点校，中国政法大学出版社，2005，第162页。
④ 李景汉编著《定县社会概况调查》，上海人民出版社，2005，第695页。
⑤ 南满洲铁道株式会社调查课『满洲旧惯调查报告书（后篇第一卷·典ノ惯习）』，1913，第1页。
⑥ 南满洲铁道株式会社调查课『热河省凌源县十五里堡に於ける土地惯行』，载《满铁调查报告》第5辑，第24册，广西师范大学出版社，2010，第41~42、96~99页。热河宁城县调查组编『热河宁城县调查书（外一种）』，载周太平等主编《内蒙古外文历史文献丛书·综合系列（七）》，内蒙古大学出版社，2016，第157~162页。

特左、右旗，喀喇沁右旗等地的相关契约中，除6件是不涉及土地使用的地租出当外，另有17件土地当契，7件典契，2件典当混用契，均约定由钱主耕种土地。① 在关于承德、隆化等地土地典当的民事习惯报告中，收录的也是当契。② 可见土地典、当在热河并无区别，可以交替使用，实际上，当地民众在进行相关交易时主要是立当契。

西北地区契约刊布数量为数不多。目前已出版的位于甘肃省临夏州的93件土地典当文契中包含典契82件、当契11件，全部当契都约定由钱主承种，看不出与一般典契有何区别。③ 在一篇以甘肃镇原县档案馆藏契约为主要参考资料的学位论文中，该文作者统计了当地78份典当契约，该作者指出，典契开头全部写为"立当田地"或"立推当田地"④。也就是说，镇原地区的土地典当交易立契以当契为主。同样，在彭阳县档案局编的《彭阳清代契约档案》中收录有30件典当契，全部为当契，且都由钱主承种土地。⑤ 即一般的典田离业类型。

陕西省地跨南北，不过在《陕西省清至民国文契史料》中收录的39份土地典当契约中，全为当契，没有以典为内容的契约，且全部约定由钱主使用。⑥

2. 南方地区

徽州地区：在以刘伯山教授主编的《徽州文书》为主要资料的《徽州文书数据库》中，笔者统计了600余份土地典当契，其中典契314例，当契共计342例。从契约内容来看，不论是土地出典还是出当，都可分为借钱还谷、借钱还钱，及土地交由承典人耕作这三种类型，正如吴秉坤指出的那样，该地区土地典、当本身无实质差异。

---

① 李俊义等辑校《〈锦热蒙地调查报告〉中的契约文书辑校》，辽宁民族出版社，2020，第36~591页。
② 南京国民政府司法行政部编《民事习惯调查报告录》，胡旭晟、夏新华、李交发点校，中国政法大学出版社，2005，第331页。
③ 甘肃省临夏州档案馆编《清河州契文汇编》，甘肃人民出版社，1993，第4~384页；马忠明搜集，连贯整理《宁定契约辑》，中共临夏州委机关印刷厂，1990，第15~88页。此外，在宁定契约中有2件典水磨契及3件当水磨契，全部约定由债权人使用水磨，参见第21、52、61、83、84页。
④ 苏瑞：《清代甘肃镇原县土地买卖契约研究》，兰州大学硕士学位论文，2019，第16~20页。
⑤ 彭阳县档案局编《彭阳清代契约档案》，中国文史出版社，2017，第45~76页。
⑥ 王本元、王素芬编《陕西省清至民国文契史料》，三秦出版社，1991，第63~71页、106~107页。

湖北省：在《湖北天门熊氏契约文书》中收录的土地典当交易契约15件，其中4件以"质"开头，另外11件全部为当契，且都约定由钱主承种土地。此外，有4件找价绝卖文契中也是使用"当"，可见该地土地典当交易习惯用当表达。① 此外，在湖北兴山、麻城等地也以当契为主，"兴山之典当契约，均写当约人某，不定年限，田地交受典人上庄，受典人即照章完纳"，"麻城之典质权，俗谓之'当约'"②。

云南省：据《云南省博物馆藏契约文书整理与汇编》（全8册）收录该省各地典、当契约来看，云南省各地有立契文字主要用典的，也有主要用当的，还有典、当混用的情况。而不论是出典还是出当，既有由钱主使用土地的，也有由出典人、出当人继续使用土地而付给钱主利息的现象。如收录的关于昆明的10件全为典契，其中7件约定承典人耕作，3件为出典自佃；关于宜良的12件全为典契，均由承典人耕作；红河、文山等地则主要用当，如红河地区的63件典当契中有60件是当契，3件典契；永胜地区则有大量的典当混用契，共计51件契约中有31件典当混用、合用，另有20件书写为当契。③ 此外，在被整理的出自马龙县恭氏、李氏两家族的共计141件契约文书中包含有约56宗土地典当交易，均为当契，且在部分当契中有"明典明当"等字眼。④

广东省：在《清代广东土地契约文书汇编》中收录有17件典当契，典契5份，当契10份，典、当混用契1份。其中5份典契中有4份约定由钱主管业，1份出典自佃；10份当契中有6份约定钱主管业，4份出典自佃。⑤ 在《广东土地契约文书（含海南）》中收录有19件典当契，典契17件，当契2件。其中典契中有11份约定由承典人耕种土地，6份则为地租

---

① 张建民主编《湖北天门熊氏契约文书》，湖北人民出版社，2014，第68~70、471、718、845~850页。
② 南京国民政府司法行政部编《民事习惯调查报告录》，胡旭晟、夏新华、李交发点校，中国政法大学出版社，2005，第271页。
③ 林文勋等编《云南省博物馆藏契约文书整理与汇编》，人民出版社，2013。说明：相关文契分散在该资料1~8册，不适合一一标注页码。
④ 冯学伟搜集、整理：《云南马龙县新发村恭氏文书》，载董劭伟主编《中华历史与传统文化研究论丛》第1辑，中国社会科学出版社，2015，第208~237页；冯学伟搜集、整理《云南马龙县猓猡冲李氏文书》，载董劭伟主编《中华历史与传统文化研究论丛》第3辑，中国社会科学出版社，2014，第99~135页。
⑤ 罗志欢、李龙潜主编《清代广东土地契约文书汇编》，齐鲁书社，2014，第12~184页。

典当；当契中1份约定由承当人耕种，1份为地租典当。① 综合而言，不论是典契还是当契，既有约定由钱主耕管的，也有钱主只收取相应利息的，可见典、当二者并无本质区别。

四川省：四川省民间土地典当基本用当表达，而不用典。在出自该省的契约类日用参考书《写约不求人》中有关于土地典当的标准契式，即为当契，题为《当田房屋基地文约式》。② 前引《南充县志》中也主要是用当进行表达。再如巴县，据学者对《清代乾嘉道巴县档案选编》等资料的考察，在共计59份典当契约中，契约书写全部用当，其中有23份契约土地交由钱主使用。③ 南部县同样如此，在一篇以《南部档案》为主要参考资料的学位论文中，该文作者统计了当地262份典当契约，作者在考察后指出：虽然当地有"典"的行为，但并未在契约中使用"典"，而是用"当"。④ 另外，据笔者对已整理的嘉庆朝刑科题本相关史料的统计，有关四川省的土地典当案件共42件，除了1例西昌的案件之外，其余案件当事人全部以"当"表达相关交易，而不是典。⑤ 据笔者对《四川彝族历史调查资料档案资料选编》中收录的冕宁彝族土地关系文书的统计，共有6件土地当契，无典契；在共计11件土地典当司法纠纷判牍中，当事人全部用"当"来表达，其中有2例在用"当"的同时也用了"典"。按照当地民众的表述，土地抵押大致称为"押当"，即借钱付利的这种形式，若到期还不了债，债主可以耕种债务人的土地；土地典当称为"实当"，即钱主直接耕种土地。⑥

广西省：笔者目前搜集到的有关广西的土地典当契约主要来自南宁大新县及罗城县。大新县共计41例，包含典当合用契19例，典契16例，当契6例，除了1份典契中约定由债务人付利息外，其余契约都是将土地交

---

① 谭棣华、冼剑民编《广东土地契约文书（含海南）》，暨南大学出版社，2000，第3~372页。
② 冯学伟搜集、整理：《清刻本〈写约不求人〉》，载霍存福主编《法律文化论丛》第2辑，法律出版社，2013，第126页。
③ 参见邹亚莎《清末民国时期典权制度研究》，法律出版社，2013，第84页。
④ 李增增：《〈南部档案〉中的契约文书研究》，西华师范大学硕士学位论文，2015，第17页。
⑤ 杜家骥主编《清嘉庆朝刑科题本社会史料辑刊》，天津古籍出版社，2008，第97~1860页；常建华主编《清嘉庆朝刑科题本社会史料分省辑刊》，天津古籍出版社，2019，第1028~1220页。
⑥ 四川省编辑组编《四川彝族历史调查资料档案资料选编》，四川省社会科学院出版社，1987，第334~354页。

由债权人耕管。① 罗城县共计有 12 件，其中典当合用契 2 件，1 件约定钱主耕种土地，另一件则由钱主收取相应利息。在 10 件当契中，有 9 件约定由钱主耕种土地，1 件约定钱主收取相应利息。② 可见大新县、罗城县土地交易中的典与当没有实质区别。此外，在《清代地租剥削形态》中收录有 2 例广西贵县、宣化县的相关案例，当事人均以"当"作为表达，而不是"典"。③

当然，也不排除一些局部地区的土地典、当之间存在差别。如福建地区，该省土地典契主要包含如下三种类型：典田离业且租息相抵；仅围绕地租开展交易的田底、田面租额出典，即承典人在典期内获得相应田底租、田面租，其租额一般是租谷；仍由出典人耕作土地并向承典人交租谷的出典自佃。而该省土地当契中绝大多数不转移土地使用权，而是明确约定由出当人付 2 分、2 分 5 厘、3 分等定额钱息，在出当人欠利息的情况下转由承当人管业，其实质为土地抵押借贷。据笔者对《明清福建经济契约文书选辑》的考察，该资料收录的典契基本为上述三种类型，只有约 3 例典契明确约定由田主付定额钱息；而在该资料收录的全部 40 件土地当契中，则只有 1 例约定由承当人使用土地，有 32 例约定由出当人以付 2 分、3 分等定额利息的形式进行借贷，其比例超过 80%，此外还有 3 例为以谷付息型借贷。④ 在《闽北文书》《闽东家族文书》等资料收录的有关寿宁、沙县、闽侯、永泰、屏南、周宁、古田等地的约 385 件土地典契中，明确约定由原主付定额钱息的仅有 8 例，占比 2%。而土地当契则大多为须付定额钱息的土地抵押，如表 1 所示。

如表 1 所见，在共计 148 件土地当契中，约四分之三的文契属于定额钱息型土地抵押借贷，这与该省一般的土地抵押借贷文契在本质上并无区别。从表中可以看到，虽然存在由承当人管业的情况，但占比较低，仅为 6.76%。因此，总的来说，福建地区的土地典交易与当交易存在一定的区

---

① 国家民委《民族问题五种丛书》编辑委员会、《中国民族问题资料·档案集成》编辑委员会编《中国民族问题资料·档案集成》第 5 辑，第 121 卷，中央民族大学出版社，2005，第 192~253 页。
② 胡小安、韦如柱主编《仫佬族地区文书古籍影印校注》（上），广西教育出版社，2016，第 246~283 页。
③ 中国第一历史档案馆、中国社会科学院历史研究所编《清代地租剥削形态》，中华书局，1979，第 519、535 页。
④ 福建师范大学历史系编《明清福建经济契约文书选辑》，人民出版社，1997，第 548~635 页。

别，该省土地当交易主要是土地抵押借贷。实际上，该省上述地区同样大量流行以猪、牛、竹木等动产为抵押并明确约定由债务人付定额钱息的当契，其实质也是进行融资的抵押交易，而以典为立契名目进行这类交易的文契却极其稀少，这也从侧面反映出福建省当交易更多的是指抵押。另外，据《民事习惯调查报告录》记载，在江西金溪、万年等地，当交易一般不转移土地使用权。① 因此，在对这些地区乡村社会经济等问题进行研究时的确有必要对土地典、当加以区分。但就全国范围而言，将土地典、当交易明确区分为两种不同的交易类型不符合各区域民间的实践认知。

表1 福建地区部分土地当契分析

地点	定额钱息抵押借贷	无利抵押借贷	地租出当	当后自佃	管业耕作	不明	总计
屏南	11	0	1	3	0	0	15
寿宁	11	0	0	3	4	0	18
古田	20	1	1	0	0	0	22
周宁	59	4	0	8	3	2	76
南平	10	0	0	1	3	1	15
尤溪	2	0	0	0	0	0	2
总计	113	5	2	15	10	3	148
占比（%）	76.35	3.38	1.35	10.14	6.76	2.03	100

资料来源：周正庆编著《闽东家族文书·屏南卷》，广西师范大学出版社，2018；龚健编著《闽东家族文书·寿宁卷》，广西师范大学出版社，2018；杜丽金编著《闽东家族文书·古田卷》，广西师范大学出版社，2018；郑勇、林美编著《闽东家族文书·周宁卷》（上），广西师范大学出版社，2018；徐雁宇编《闽北文书》，广西师范大学出版社，2019。

或有人指出，一些地域民间在抵押借贷时多以"押当""抵当"等名目立契，这就说明了当的本意实为抵押。实际上，在现实生活中以"典押"等名目立契而实为抵押的情况也为数不少。1935年，徽州歙县民江显瀜将地三号典押给族弟显蛟，得洋60元，双方约定年利2分，如利息不到则由钱主耕种管业。该契虽以典押为名目，但实际上是一次抵押交易。不仅如此，到1940年，江姓又"加当洋四十元正，其田管茶在内，有洋之

---

① 南京国民政府司法行政部编《民事习惯调查报告录》，胡旭晟、夏新华、李交发点校，中国政法大学出版社，2005，第460、475页。

日照原价取赎"，从文契内容来看，正是在加当 40 元之后，该地归为钱主管业，即已演变为一般意义上的出典了。由此可见，这时的"当"才是名副其实的典当。① 徽州地区类似的案例为数不少，如光绪三十二年（1906）二月，婺源县民洪庆茂将其佃皮一号抵押给程姓，所立文契为"典押佃田皮字约"，洪庆茂借得 5 元，付给钱主程姓利息 2 分，如若利息不到，则地内收益归程姓享有。② 此外，在湘西古丈，当一般指须将土地使用权转移的典当交易，抵则是不转移使用权的抵押交易，据该地方志记载：

> 田房又有抵、当之别，当则予人田房，能自耕自住，抵则仅以数字指其田房为抵。
> 或已卖而重敷洗业，或典当而找价勒加，并有业易数主而犹执远年执照、谱据向人讹诈者。③

1928 年，韩德章在考察浙江杭、嘉、湖等二十县农村借贷问题时指出，虽然土地抵押与典当制度有明显区别，但当地却常将二者一律称为"当田"或"典田"，其区别则要从交易时文契内所规定的手续与条件中去寻找。在他搜集分析后列举的该区域 9 种抵田方式中，有 6 种被乡民称呼为典田，详见表 2。

表 2 浙西 9 种抵田方式分析

利率	付利时期	契例收集地点	契约抬头名称	在当地的通称
月利	回赎时	海宁县元东区	借票及卖契（活契）	典田
月利 2%	回赎时	余杭县长乐桥村	杜绝卖契（死契）	典田
月利	回赎时	新登县渌渚村	卖契（活契）	典田
—	回赎时	杭县河东村	戤契	戤田
月利	每年 2 次	崇德县芦花滨村	借票	抵田
月利	按月或年终	崇德县芦花滨村	抵田契	抵田
月利 2%	每年 2 次	吴兴县汤村	抵借契	典田
月利或年利	按月或年终	于潜县藻溪镇	典田契	典田

---

① 书《歙县方氏（091004）》，中国地方历史文献数据库（契约文书）。
② 书《婺源方氏（120608）》，中国地方历史文献数据库（契约文书）。
③ 光绪《古丈坪厅志》卷 10《民族下》、卷 15《艺文上》，光绪三十三年铅印本。

续表

利率	付利时期	契例收集地点	契约抬头名称	在当地的通称
年利20%	年终（？）	新登县干坞村	卖契（活契）	典田

资料来源：韩德章：《浙西农村之借贷制度》，《社会科学杂志》1932年第2期。

如表2所示，新登县干坞村等6地皆将以田作抵付利的借贷方式通称为典田，其中于潜县藻溪镇的立契名目即为典，其契式如下：

> 立典契某某某，今因缺用，自愿将坐落某字某号民田若干亩若干分计若干丘，土名某某，东至某处，西至某处，南至某处，北至某处，今具四至字号明白，并中立契出典与某某某名下，三面议定价洋若干元正。依契当交两讫。其田亦作押信。其洋按照长年若干分起息。如利不清，任将是项押产花息扣抵，不得异说。恐后无凭，立此典契存照。
>
> 　　　　　　　　　　　　　　　　年　月　日
> 　　　　　　　　　　　　　　　立典契某某某押
> 　　　　　　　　　　　　　　　中　人　某某某押
> 　　　　　　　　　　　　　　　代　笔　某某某押

除上述9种抵田方式之外，在杭县河东村有一种以作物代偿利息的抵田方法也被当地称为典田，其契文格式如下：

> 立典田契人某某某，今将祖遗田产某方，坐落某都某地方某某户下，某田计若干亩，今因正用，挽中说合，情愿一并出典与某某某为业。三面言定，计典价洋若干元，其洋当日一并收足。自典之后，洋不起息，产不付租，以产上出产品某种计若干作息，言定某年为限。届期回赎。倘有逾期不赎，凭中处理，产上倘有发生纠葛，典契人完全负责，不涉银主之事。欲后有凭，立此典契存照。[①]

也就是说，存在一些地区，乡民在日常生活中对于典当、抵押等交易形式的使用与理解是混淆的。这提示我们在探讨典交易相关问题过程中要

---

① 韩德章：《浙西农村之借贷制度》，《社会科学杂志》1932年第2期。

注重从地域社会的脉络出发,充分考虑到具体的社会历史情境。

结　语

当前,随着学界对传统中国地权结构及地权交易方式的研究愈益深入,有不少学者趋向于尝试建构一套囊括各种交易形式的地权交易体系与框架,如曹树基以产权分割的思路明确区分了典、抵押(当)、卖等各种土地交易类型的性质和特征,刘志主张以"地权－地价或地租"这一框架来分析绝卖、活卖、典、一田二主、押租等几种主要交易形态下的地权分割与转移。这类研究成果常有如下鲜明特征:在一种解释架构的支配下区分近代乡村各类地权交易形式,进而在此基础上将其体系化、结构化,各种地权交易形式被包含其中,简缩为一个个特征明晰、性质独特的点,且该体系超越时空,具有普遍性和一般性。由此,在辨析相关土地交易类型的过程中,上述研究倾向于将当定义为一种抵押借贷形式,以区别于典。然而,这种看似逻辑严密、定义精准的结论既难以自洽,也有待更多的经验证据支撑。如曹树基在其总结的地权结构框架中将典等同于活卖,当等同于抵押,但他在有关山东、浙南石仓等地的研究中却常将典当二字连用,以示二者并无区别,即为一例。① 将土地典交易"精准"地定义为"土地的收益以及使用和支配等权利都发生转移",实际上既未辨析典交易的区域差异,也远不足以概括其丰富面相,如各地普遍存在出典自佃这一交易类型,土地的使用权利未发生转移,仍掌握在出典人手中。再如,在一田二主较为盛行的地区多发育出了地租典当这一交易类型,在田底、田面单独交易的过程中,交易标的物可脱离作为实体的土地本身,而是可以仅围绕租额分配展开。

本文研究表明,在清至民国时期,虽然有少数地域范围的土地典、当二者之间存在差别,但就更大的时空范围而言,不管是历届政府有关土地典制度的官方表达,还是诸多地域社会民间立契时的行文表达和日常感受,都足以表明土地典与当二者在全国总体上没有实质区别。无论是在诸

---

① 参见景文玉、曹树基《土地产权与20世纪50年代的"富农倒算"——以山东L县李绪海倒算案为中心》,《中国经济史研究》2019年第4期;曹树基、李霏霁《清中后期浙南山区的土地典当——基于松阳县石仓村"当田契"的考察》,《历史研究》2008年第4期。

如四川、陕西大部、热河等较大的省域范围，还是甘肃镇原、云南红河、湖北天门等一些局部地区，抑或是小至侯家营、后夏寨等村落，都存在民间基层主要以当来作为日常交易用语的习惯，而鲜用甚至不用典进行表达。很明显，我们既不能否认这些地区不存在土地典交易，也不能简单地得出这是民间误解和错用典、当二字的结果。对于类似的各种土地交易名目的辨析首先要建立在对全国多个区域相关契约文书等原始资料的量化分析基础之上，否则易以偏概全。与此同时，这也提示我们要尽可能突破既有形式逻辑和理论预设的束缚，从经验事实出发，从土地交易当事人的角度出发进行研究，研究结论要能反映时人的看法和感受。

Discrimination of Land Dian and Dang Sale from Qing Dynasty to the Republic of China

Zhao Mouyun

Abstract: There are obvious disagreements in academia on the cognition of whether there is a substantial difference between Land Dian and Dang Sale in traditional Chinese land transactions. The basic conclusion of examining the issue from the two main dimensions of official expression and folk practice cognition from the Qing Dynasty to the Republic of China is that, whether it is the official expressions of the previous governments on the land Dian sale system or the writings of the majority of regional societies when the civil deeds were signed Expressions and everyday feelings, it is sufficient to show that there is no substantial difference between the two, and it is not appropriate to make a strict distinction during research.

Keywords: Diandang of Land; Official Expression; Regional Society; Expression in Contractual Documents

转型经济中的"新"与"旧"

——20 世纪 30 年代江西河口镇银钱业讼案研究

林胜强[*]

摘　要：江西河口镇位于赣东北，清末民初是江西四大名镇之一。本文考察的银钱业讼案，发生在该镇的福利银行与益源钱庄之间。一般认为银行与钱庄分属于"新""旧"两个阵营，两者由此呈现出从传统到现代的单向度线性关系。然而本案中银行和钱庄的关系并非上述这般泾渭分明。讼案两造生存于同一个地方小市场的生态中，从事雷同的业务，竞争中又不乏合作。外部商业气候的骤变，对双方同样致命。在略显冗长的诉讼过程中，中国转型经济中新旧杂糅的复杂面相得以集中呈现，钱庄试图以《公司法》等现代标准挑战银行的合法性和"现代性"，而银行也无法摆脱过往钱庄的诸多特点。该讼案从微观层面揭示出中国式资本主义的运行实态、中国金融业中的新旧杂糅诸面相，以及由此引发的旧矛盾与新问题。

关键词：银行　钱庄　银钱业讼案　河口镇

一　引言

19 世纪中晚期，中国对外开放的通商口岸开始出现第一批西方现代企业，它们是传统经济中首次大规模出现的异质新成分。洋务运动期间清政府开办了一批官督商办企业，几乎与此同时，民间自办的工商企业也渐次出现。自此中国传统经济走上现代转型之路，转型的过程，也是新旧经济

---

[*] 林胜强，洛阳师范学院历史文化学院讲师。

成分彼此竞逐与调适的过程。在金融行业，新的经济成分表现为银行的设立，旧的钱庄票号仍然存在。它们在同一个市场里共存，这些新旧经济成分之间的相互关系就成为一个值得深究的命题。20世纪30年代随着世界性的经济萧条传导到中国，中国经济特别是金融业经历了激烈的动荡和转型，这是本文研究讼案发生的大致背景。

民国时期银行钱庄研究在经济史学界属于传统命题，成果堪称丰硕，但也有缺憾。比如研究对象集中在上海、天津等通商口岸，以及汉口、杭州、南京等内陆中心城市，[①] 对其他城市的研究相对缺乏，而对市镇层级的研究尤为薄弱。[②]基于大城市研究得出的结论虽具有一定普适性，但中国市镇数量众多，植根于市镇的银行钱庄成为民国经济史全景中的留白，地方金融生态也鲜有呈现。学界既有研究的缺憾，或是受限于基层资料的匮乏。江西省铅山县档案馆收藏有若干数量的民国司法档案，其中对金融行业多有涉及，恰恰可以弥补材料匮乏的局限，使市镇层级银行钱庄的微观研究成为可能。

本文研究的讼案正发生在江西省铅山县河口镇，该镇位于赣东北，地处闽浙赣皖四省交界，清末民初是江西四大名镇之一。该镇在信江和铅山河交汇处，水运便利，在清代广州一口通商时期，是福建武夷山茶叶外运的必经之路。[③] 清末民初在公路和铁路通车之前，河口镇是重要的交通枢纽和货物集散地，被称为"八省通衢"的水陆码头。[④] 到了民国时期，商业虽说衰落，但仍维持着一定规模，钱庄从清朝时的20多家减为6家。[⑤]

1921年，本镇商人集股合资设立了福利银行，讼案正发生在该行与同镇的益源钱庄之间。1930年，益源钱庄经理余绍久从福利银行经理蔡芝田

[①] 王业键：《上海钱庄的兴衰》，《上海经济研究》1982年第4期；杜恂诚：《近代上海钱业习惯法初探》，《历史研究》2006年第1期；林地焕：《论20世纪前期天津钱庄业的繁荣》，《史学月刊》2000年第1期；姚会元：《近代汉口钱庄研究》，《历史研究》1990年第2期；张福运：《1927—1937年南京钱庄业的兴衰》，《民国档案》2000年第1期；朱荫贵：《论抗战时期的杭州钱庄业》，《安徽史学》2010年第1期。

[②] 刘克祥关注到近代农村的钱庄，将钱庄界定为从传统合会、典当高利贷到新式银行、信用合作社的过渡物。作者虽强调农村钱庄，但所述钱庄大多在县城，甚至包括20世纪20年代的上海县，无疑值得商榷。参见刘克祥《近代农村钱庄的资本经营及其特点——近代农村钱庄业探索之二》，《中国经济史研究》2009年第3期，第73页。

[③] 〔日〕松浦章：《清代内陆水运史研究》，董科译，江苏人民出版社，2010，第273页。

[④] 徐晓望：《河口考察记》，《中国社会经济史研究》1986年第2期。

[⑤] 铅山县志编纂委员会编《铅山县志》，南海出版公司，1990，第327页。

手中购买申票。票据到期，未予兑现，纠纷由此产生。1933 年 12 月余绍久起诉至铅山县政府，此后案件由铅山县政府审理，直至 1935 年河口地方法院成立后移交该院审理。两造往返诉讼数年，留下不少卷宗，为开展本案研究提供了基本的材料。这些材料内容丰富，既包括两造的诉状、辩护状，也包括法院的批示、判决书，以及作为证据提交的票据、书信、电文。

关于中国转型经济中钱庄与银行之间的关系，学界多认为钱庄代表着旧有事物的延续，而银行则是外来的新兴事物。钱庄的经营方式是传统的合伙制，合伙股东对债务承担无限连带责任；银行的经营方式是新兴的公司制，公司股东以其出资对债务承担有限责任，银行的经营方式领先于钱庄。既有研究的共同点是将两者放在传统与现代二元对立的框架里论述。① 比如杨天宏就认为钱庄和银行的关系是对立与竞争，钱庄注定是失败者。② 何益忠虽认为银行和钱庄的关系有矛盾的一面，也有支持和合作的一面，但终归现代要取代传统，传统要发展到现代。③ 李一翔注意到银行和钱庄关系的双重性，既相互竞争、排斥，又相互合作、支持，称之为"传统与现代之间的柔性博弈"。④ 他们的研究都暗含着钱庄银行关系是从传统到现代的单向转型，旧的经济成分必然被新的经济成分所取代。

对于上述认识，学界也有质疑和反思。比如朱荫贵提出"传统因素并非仅仅是单一的消极或消极的代名词，既有与现代经济因素难以相容的部分，也有许多符合民族特点而又历经时间检验行之有效的习惯和制度"⑤，这为笔者思考转型经济中的新旧关系问题提供了宏观的理论启发。在此基础上，本文将进一步从微观实证的角度，借助 20 世纪 30 年代江西河口镇

---

① 关于中国史研究中的"传统与现代"的分析框架，柯文曾提出质疑。参见〔美〕柯文《在中国发现历史——中国中心观在美国的兴起》，林同奇译，中华书局，2002，第 54～92 页。
② 杨天宏将钱庄和银行对立起来，分别视作传统和现代金融机构的代表，将后者对前者的替代视作金融业从传统到现代的转型。参见杨天宏《钱庄票号与银行并存的近代中国金融业——基于部分"自开商埠"所作分析》，《中华文史论丛》2002 年第 1 期。
③ 何益忠：《变革社会中的传统与现代——1897—1937 年的上海钱庄与华资银行》，《复旦学报》（社会科学版）1998 年第 3 期。
④ 李一翔：《传统与现代的柔性博弈——中国经济转型过程中的银行与钱庄关系》，《上海经济研究》2003 年第 1 期。
⑤ 朱荫贵：《论近代中国股份制企业经营管理中的传统因素》，《贵州社会科学》2018 年第 6 期。

的银钱业讼案，呈现内陆地方小市场里市镇层级银钱业运行的实态，并且反思转型经济中新旧之间的关系。

二 诉讼对象：自然人抑或法人

1933年12月21日，铅山县政府收到河口镇益源钱庄经理余绍久民事诉状一件，起诉对象是同镇的福利银行经理蔡芝田，理由是"追偿票款，声请假扣押"。① 当时，铅山县未设立专门的司法机构，司法案件由铅山县政府兼理，承审员和县长共同审理。②

（一）申汇票据买卖

起诉书称，原告分别于1930年10月21日、11月6日、11月11日，从被告手中购买期限为一个月的申元汇票3500两，花费4821元。申元汇票即上海钱庄开出的汇票，简称"申汇"。当时申汇流通广，信用强，各地钱庄都把申汇视为现金筹码。各地金融机构、商号只要握有申汇，即等于掌握现金。③ 对于双方之间的票据交易，原告声称："盖以票据贴现，本属银钱界应有之营业，况是同业汇兑。"④ 其实，对庄票的买卖由来已久，"钱庄的悠久历史，以及合伙人对其庄票负有无限责任，所有这一切都造成了庄票在19世纪普遍受到欢迎"⑤。但是，票据买卖也存有风险，"维护庄票信用是钱业规则的核心内容，而争论也多由此而产生。许多争论演化为诉讼"⑥。类似本案这样的票据诉讼，在当时并非特例。

在国民政府实施"废两改元"和"法币改革"之前，中国币制混乱繁杂。⑦

---

① 《蔡芝田债务》（1933年12月20日），铅山县档案馆藏：伪刑-7-000669，第2~4页。
② 当时关于县长兼理司法时县长和承审员的分工问题，原则上规定承审员作为法官行使审判权，由县长充任检察官。但实际上可能并非如此，比如在本文中的铅山县，县长和承审员均介入了司法审理。
③ 马建华、王玉茹：《近代中国国内汇兑市场初探》，《近代史研究》2013年第6期，第116页。
④ 《余绍久蔡芝田追偿票》（1933年12月21日），铅山县档案馆藏：伪刑-39-03859，第3页。
⑤ 〔美〕郝延平：《中国近代商业革命》，陈潮、陈任译，上海人民出版社，1991，第92页。
⑥ 杜恂诚：《近代上海钱业习惯法初探》，《历史研究》2006年第1期，第69页。
⑦ 已有学者对此说持不同意见，认为"中国幅员辽阔，区域发展不平衡，二元经济，地方割据，货币需求层次不同，所以，唯有所谓'混乱的币制'或'繁杂的币制'，才可以适应中国国情下的货币需求"。参见朱嘉明《从自由到垄断——中国货币经济两千年》（上），远流出版事业股份有限公司，2012，第351页。

市场上流通的货币有规格不一的银元、铜元，以及花样繁多的纸币、票据。单就白银来说，市场上流通的主要是银元，作为记账单位的却是银两，银元和银两在不同地区和行业有不同的规格和型号，这就产生了中国特有的内汇市场。① 银元、银两兑换比价的确定，票据的汇兑清算掌握在各地钱业公会之手。在币制紊乱的情况下，申汇在埠际贸易中信用度极高，通行无阻，起着贸易清算、支付工具等作用。② 作为记账单位的银两是虚银两，并无实物，只是作为价值符号和折算标准存在，代表白银发挥货币职能。余绍久正是用银元4821元，购买了3500两申票，申票所用的虚银两是"九八规元"。

20世纪二三十年代国内钱业市场通过申汇的买卖和行市变化，形成了以上海为中心，天津、汉口、重庆等地为支点，连接重要商埠，覆盖全国的放射性市场网络和汇兑体系。③ 本件讼案中出现的江西河口、福建崇安、福建福州等均属于这个网络的一环。河口镇20世纪20年代建有发电厂和电报局，可以和外埠建立直接的通信联系。本案中来河口镇出售申票的是福建崇安商人，崇安商人的总庄在福州，票据汇兑是通过福州进行的间接汇兑。河口和上海也有直接的汇兑联系，河口镇的银行、钱庄在上海有分庄或庄客，代理申汇买卖。④

（二）诉讼对象的认定

一个月之后，余绍久所购票据到期，在上海兑付时被拒兑。拒兑之后，余绍久向上手出票人福利银行经理蔡芝田追偿，蔡同时也是福利银行股东。对票据债务本身，蔡并无异议，答应给付，但以各种理由推托。1931年2月，福利银行难以为继，宣告停业清理账目。纠纷发生之后，河口商会主席邹学海、常委廖秉清等曾介入调解。

调解未果，1933年12月余绍久起诉至铅山县政府，要求赔偿本利银币8166.498元。值得一提的是，原告诉讼对象并非作为法人的福利银行，而是经理蔡芝田个人，要求扣押蔡芝田的房产和股款。铅山县政府的批示

---

① 马建华、王玉茹：《近代中国国内汇兑市场初探》，《近代史研究》2013年第6期，第115页。
② 杜恂诚：《近代上海钱业习惯法初探》，《历史研究》2006年第1期，第65页。
③ 马建华、王玉茹：《近代中国国内汇兑市场初探》，《近代史研究》2013年第6期。
④ 马建华：《20世纪二三十年代中国国内金融市场圈的构建——基于汇兑层级体系的分析》，《中国经济史研究》2016年第5期。

是："状悉，仰候传讯，并通知答辩，片批。"① 县长以粘贴片批形式处理诉状，延续了传统的诉讼模式。②

1934年1月6日，被告蔡芝田向铅山县政府递交了民事声请状，请求展缓庭审日期。蔡芝田的答复是以福利银行股东之一的身份呈递，强调"此案关系前福利银行股东全体权益，商民等少数一两人未便擅专"③。余绍久诉讼的对象是作为自然人的蔡芝田，而被告应诉以法人福利银行的名义，这是双方最初的分歧。

（三）铅山县政府的裁定

1月14日余绍久再次提交民事声请状，声称"是被告人既明认有发票之事实，即自认为债务主体……按票据债务既与通常贷借关系不同，固为一无原因之债务，则票据债务人自不问其属于实际上受益之人如何，当然署名于票据之人何人为断。……无论其股东内部如何，决无停止支付之理"。依旧把诉讼矛头对准在票据上签名盖章的蔡芝田个人，请求判令被告支付票据债务本息。④ 1月21日铅山县政府做出民事裁定，裁定扣押福利银行经理蔡芝田房屋四处，债务人如欲停止或撤销扣押，须提供8200元担保金。署名做出判决的是县长张若诚，承审员万笃明。⑤

在上述同一时间内，1月14日被告以福利银行清理处的名义进行了答辩和反诉，并且出具了以萧昧经为诉讼代理人、高北晖为辅佐人的委任状。萧昧经是福利银行股东兼行长萧虞廷之子，曾任福利银行会计，此时萧虞廷已病故，高北晖是原行员。答辩状对余绍久的诉讼理由进行了否定，称福利银行和益源钱庄仅有赃款关系，并无债务关系。并且为蔡芝田开脱，称蔡在营业期间固为经理人，现今银行歇业，经理职务已经消灭，只能以股东地位共同负团体责任，指责余绍久将诉讼矛头对准蔡芝田是"择肥而噬"。⑥

两造争执的诉讼对象是自然人蔡芝田抑或法人福利银行，是本案的关

---

① 《蔡芝田债务》（1933年12月20日），铅山县档案馆藏：伪刑-7-000669，第2页。
② 吴铮强：《龙泉司法档案所见县知事兼理审判程序及其意义》，《浙江社会科学》2014年第7期。
③ 《蔡芝田债务》（1933年12月20日），铅山县档案馆藏：伪刑-7-000669，第18页。
④ 《蔡芝田债务》（1933年12月20日），铅山县档案馆藏：伪刑-7-000669，第22页。
⑤ 《余绍久蔡芝田追偿票》（1933年12月21日），铅山县档案馆藏：伪刑-39-03859，第13~14页。
⑥ 《蔡芝田债务》（1933年12月20日），铅山县档案馆藏：伪刑-7-000669，第28页。

键之一。诉讼对象的不同，决定了蔡芝田应负责任的差异。旧的合伙制钱庄，合伙股东的责任接近于无限连带责任。新的公司制银行，作为自然人的股东与作为法人的银行是分离的，股东仅以其出资多少承担有限责任。银行的性质不同，决定了股东是否承担连带责任。

蔡芝田到河口镇，属于从家乡丰城外出创业的第一代，初来河口以担水为业，后来进入药号，从学徒做起，逐渐起家。除与其兄合开药号吉生祥外，他还投资了河口电汽公司、河口福利银行等新式企业，在铅山购置了不少土地。① 在福利银行资产未明的情况下，蔡芝田的房产、土地是显然的财富，这或许是余绍久将诉讼矛头对准蔡的原因之一。

其中可能还有传统商界惯例存在，据晚清时的湖南商事习惯调查："合伙商号，因亏欠巨款倒闭。其号主之殷实者，若非有经手票据，或兼充经理人，只能照股认赔，不得以家资之厚薄分负担之轻重，此各属通例也。"经手票据或兼充经理人的股东，其股东责任和其他股东不同，责任不仅是"无限的"，而且是"连带的"。具体到本案，身兼经理、经手票据的蔡芝田，无疑要承担无限连带责任。余绍久的诉请，以传统商界惯例来看，应属合理。

况且，即使是普通股东，其责任可能也是"连带的"。据同一调查："然事实上，亦有以既经合伙，对于号务应连带负其责任，摊派之余，其有号主无力归偿，或故意拖延，他号主须从中督催或垫赔。盖合伙商号，有相互之关系，虽按股摊赔，仍不能脱然事外也。"②"督催"相当于主持清算工作，"垫赔"则接近于连带责任。但是，习惯法特有的模糊性和非强制性，影响了其效力。即使诉诸法庭也未必会得到法官支持，这是其时商号清算纠纷频发的根源。③

科大卫认为，在传统商业向近代商业演进的过程中，信用机制逐步取代个人信用，从根本上改变市场的面貌。④ 实际上可能并非完全如此，传

---

① 采访人：林胜强。采访对象：蔡培荣（男），江西省铅山县人；蔡筱春（男），江西省铅山县人。采访时间：2019 年 9 月 12 日。采访地点：江西省铅山县河口古镇。蔡培荣为蔡芝田之孙，蔡筱春为蔡芝田之兄蔡秋轩之孙，蔡芝田和蔡秋轩在河口镇合开了药号吉生祥，吉生祥号店屋至今仍在。林胜强笔录保存。
② 湖南调查局编印《湖南商事习惯报告书》，湖南教育出版社，2010，第 71 页。
③ 张世慧、史慧佳：《辛亥鼎革与商事审判：1912 年上海纯泰钱庄破产案》，《近代史研究》2020 年第 1 期。
④ 〔英〕科大卫：《私人契约在明清及当代中国的效用和局限》，载科大卫《近代中国商业的发展》，周琳、李旭佳译，浙江大学出版社，2010，第 19 页。

统的商业经营，看重人格化的个人信用，而现代社会则强调去人格化，以一整套信用机制替代个人信用。但是如果信用机制不健全，则传统商界强调个人信用的做法无疑具备不可替代的价值。本案益源钱庄经理余绍久更多抱有传统上的心理，要求福利银行股东兼经理的自然人蔡芝田对票据债务负责。而蔡芝田则以法人福利银行应诉，推脱个人责任。蔡的做法，虽说在法律上成立，但以传统商业道德的眼光来看，无疑有瑕疵。

三 纠纷性质：民事纠纷抑或刑事诈骗

1934年1月24日，福利银行清理处出具刑事诉状反诉余绍久伪造票据，诈取福利银行款项。自此，同一宗案件，两造各执一词，案件的性质由民事性质的票据纠纷向具有刑事性质的票据诈骗过渡。蹊跷的是，福利银行递交诉状的日期为1月14日，而铅山县政府批注的收文日期却是1月24日，中间相隔10日。恰在这段时期内，铅山县政府做出了益源钱庄胜诉的判决，而被告福利银行尚不知情。

（一）刑事诈骗经过

福利银行的刑事诉状描述了票据诈骗经过，1930年夏，福利银行派行员蔡济川到福建崇安催收票款。因为和益源钱庄是同业，没有提防，被余绍久打探到消息。余绍久以福建崇安票商祝立升等的名义伪造电文，指示崇安票商的总庄福州余义顺，将应划拨福利银行在沪庄客金荣记的款项，改拨益源钱庄在沪庄客恒通纸行。①

票据到期，福利银行没有收到款项，才发现余绍久伪造电文。余绍久最初不承认，后来福利银行查出余绍久所捏造的电文底稿，崇安票商在河口的庄客也否认发过电报。余绍久承认伪造了电文，并答应给付多收的规元3000两，河口钱业公会曾介入争端调解。

此后该款一直未付，因此福利银行将前述到期的申元汇票3500两止兑，认为是"收回已失之原赃，不过质量微有不同耳"。最后声称依照法

---

① 民国时期，钱庄一般都是地方性机构，主要通过代理关系与其他商业中心的钱庄发生业务往来，尽管部分钱庄有着小型的分支网络。本案福利银行在上海的申票兑付由金荣记代理，益源钱庄由上海的恒通纸行代理。

定程序，应该先就刑事部分加以侦查处分。随同诉状，福利银行提交了余绍久伪造的电文底稿和益源钱庄致上海恒通纸行的划信作为物证。① 事实上，当时余绍久起诉蔡芝田的民事诉讼，铅山县政府已经做出了裁定。当然，其中不乏可疑之处。

（二）两造的日常往来

福利银行和益源钱庄同处一地，同营一业，处在同一个竞争性的地方市场里。虽然企业性质殊异，但经营的业务种类、业务处理流程几乎一致。蔡芝田曾介绍福建的庄客向益源钱庄售卖茶票，本次的申票也是蔡芝田经手出售给余绍久的。双方业务往来频繁，人员相互熟悉，对对方业务了然于胸。因此，蔡芝田才会声称余绍久打探福利银行的商业信息，伪造了划信，诈骗得逞。并且蔡芝田确实取得了对自己有利，可以起到混淆视听作用的划信作为物证呈堂。

当时票据款项的汇兑分为两种，一种是票汇，一种是信汇。② 信汇可以是信件，也可以是电文。无论是信汇或电汇，其中都有隙可乘。信件和电文，作为物证，在本案中都有出现。传统钱庄的商业交易秘不示人，更多的是面对面的交易。现代条件下，借助第三方的远距离信息传递，就存在泄密的可能。彭凯翔注意到，"彼时电报管理尚不完善，明码易于泄露，暗码又要出错、费昂、动乱时受禁等弊"。③

（三）刑事诉讼的答辩

针对福利银行上述的答辩状和刑事诉状，1月28日余绍久向县政府递交了民事诉状。内容主要分为两部分，其一是为将诉讼对象指向蔡芝田个人进行辩护，将《票据法》规定的发票人理解为在票据上签章的个人；其二是批驳福利银行起诉的"伪造诈财"。

余绍久称，1930年蔡芝田的同财人祝耀宗，介绍福建崇安票商向他出售申票。后来申票到期没有兑付，他前往追索。崇安票商解释说崇安遭匪

---

① 《蔡芝田债务》（1933年12月20日），铅山县档案馆藏：伪刑-7-000669，第35~36页。
② 当时的汇兑分票汇和信汇两种：汇款人先将现钱及汇费一并交清，由外账房出具汇票，称为票汇；由外账房出信通知彼处兑换银钱者，称为信汇。参见张福运《1927—1937年南京钱庄业的兴衰》，《民国档案》2000年第1期。
③ 彭凯翔：《从交易到市场：传统中国民间经济脉络试探》，浙江大学出版社，2015，第34页。

沦陷，票据可以补兑，指示余绍久和其在河口的庄客商议。商议结果是崇安票商致电福州余义顺，兑付益源钱庄在沪庄客恒通纸行规元17000两，其中3000两拨付上海金荣记。后来益源钱庄接恒通纸行信件，报告只收到款项14000两，并没有17000两，所以上海金荣记的3000两没有拨付。被告所说的事实和提交的证据完全和本案无关，并随状递交了汇票、信件等物证。① 余绍久承认有3000两款项的存在，但款项的拨付是有条件的，后来条件不满足，自然没有拨付。

1月29日铅山县政府进行两造辩论，这是铅山县政府接手案件以来的第一次庭讯。县政府一方出席的有承审员万笃明和一名记录员，县长未出席。从此次庭审可知，福利银行于1931年初，益源钱庄于1931年底，同年停业。纠纷发生之后，余绍久于1931和1932年曾请商会委员廖秉清、邹学海等向福利银行交涉，蔡芝田答称待清理之后还款。款项拖到1933年底，一直未付，所以起诉。

益源钱庄称票据债务有账可凭，这里涉及票据买卖在商界的账务处理。票据必须和账簿匹配，构成完整的证据链，才具备充分的法律效力。兑付后的票据会收回，在票面打钩或画圈注销。当时，铅山县政府兼理司法，刑事诉讼没有检察官介入侦查，司法判决很大程度上依赖当庭对两造的询问以及对双方提交证据的鉴别。

原告以票款纠纷的民事诉讼起诉，被告以伪造诈财的刑事诉讼反诉，使案情复杂化。在被告蔡芝田准备应诉的阶段，铅山县政府很快做出了其败诉的判决，确有可疑之处。鉴于对铅山县政府能否公正审理此案存有疑虑，被告的刑事诉讼越过了县政府，将诉状呈递给了江西高等法院，并且状告承审员万笃明和原告勾结。

四　节外生枝：小股东与大股东的较量

在原告、被告往返诉讼之时，不防节外生枝，发生了福利银行内部小股东舒有瑜、孙葆荃针对大股东兼经理蔡芝田的诉讼。1934年2月2日，铅山县政府接到了福利银行股东舒有瑜、孙葆荃递交的民事声明状。称福利银行开设时舒有瑜入股5000元，孙葆荃入股2500元，二者合计占有股

---

① 《蔡芝田债务》（1933年12月20日），铅山县档案馆藏：伪刑-7-000669，第43~46页。

份15%。据此可知，福利银行总股本为50000元。

(一) 小股东的起诉

诉讼书称，福利银行营业时蔡芝田是经理，歇业之后财产仍由其管理，股东股款一直没有清算退还，福利银行并没有任何司法纠纷。他们听说蔡芝田和余绍久私人之间发生经济纠纷，蔡竟以福利银行全体股东名义，委任代表应诉。作为股东，他们对整个过程并不知情，更没有参与委任，对受任代表不予承认。要求蔡芝田以个人名义应诉，不能拖累其他无辜股东。① 需要补充的是，舒有瑜在河口镇开设老同昇银楼，属于广义上的银钱业。老同昇银楼店址在蔡芝田所开吉生祥药号对面，双方相距仅数十米。舒有瑜和蔡芝田除了同是福利银行股东之外，还同是河口电汽公司股东，双方之间的关系应该相当熟稔。②

2月3日，河口商会收到县政府传票，要求其在益源钱庄与蔡芝田票款涉讼一案出庭作证。2月6日，铅山县政府收到商会的呈文，称余绍久和蔡芝田之间发生票据纠纷，益源钱庄被累搁浅。商会于1932年1月和11月两度介入，协助余绍久追偿票款，蔡芝田未履行还款义务。③ 显然，河口商会的呈文与余绍久的说辞更为接近。相应地，蔡芝田声称票据纠纷发生之后，河口钱业公会曾介入，却未见钱业公会向县府提交证据。

同日，县政府举行了第二次开庭辩论，两造出席的是余绍久和萧味经，县政府出席的是承审员万笃明和记录员。因为有先前舒有瑜、孙葆荃的民事声明状，铅山县政府对萧味经的代理人资格予以否决，要求蔡芝田出庭。辩论主要围绕萧味经的代理人资格展开，县政府质疑萧味经的代理人资格，萧则声称其资格是股东多数表决委任的。④

(二) 大股东的反击

在此期间，蔡芝田没有坐以待毙，兵分两路，对舒有瑜、孙葆荃发起

---

① 《蔡芝田债务》(1933年12月20日)，铅山县档案馆藏：伪刑-7-000669，第49页。
② 1926年河口电汽公司由河口本地商人和浙籍商人合建，福利银行股东舒有瑜、蔡芝田、萧虞廷以及刘子嘉都是河口电汽有限公司的股东，舒有瑜、萧虞廷、刘子嘉还出任过董事（参见丁永源口述，杨必源整理"'河电'旧事"，载铅山县政协文史资料委员会编《铅山文史资料》第5辑，1991，第57~59页）。
③ 《蔡芝田债务》(1933年12月20日)，铅山县档案馆藏：伪刑-7-000669，第50~52页。
④ 《蔡芝田债务》(1933年12月20日)，铅山县档案馆藏：伪刑-7-000669，第61~63页。

反击。其一，2月24日蔡芝田以个人名义向铅山县政府提起民事诉讼，并同时将诉状递交江西高等法院。诉状声称，自己不过是福利银行股东之一，余绍久的诉讼应该以福利银行为对象，而不该针对他个人。况且福利银行成立了清算处，推举了清算人。县政府不应该因为有少数股东的反对，否决多数股东所推举的清算人代理案件的资格。福利银行与余绍久的票据纠纷，应以多数股东推派的代表为应诉对象，蔡芝田在所出股款内承担有限责任。

其二，以福利银行股东余水泉、滕信巽名义向县政府提起民事诉讼，同样将诉状上呈给江西高等法院，请求县政府同意以萧味经等为诉讼代表，批准对福利银行清算一事的备案。诉状称与余绍久发生诉讼以后，福利银行于上年12月29日召开了股东大会，通过了相关决议，推举了清算人。会上舒有瑜派代表熊益峰出席，会上表决时不发表异议，会后却邀请缺席代表孙葆荃，到县府具状声明否认。县府受舒有瑜、孙葆荃欺蒙，否认萧味经、高北晖的代理人资格。指斥舒有瑜、孙葆荃的行为是"少数分子蓄谋捣乱，违反决议，破坏大局"。①诉状中举出了孙中山的民权理论和蒋介石对所谓"收复区"债权债务一体后缓追索的命令，为自己辩护。②

根据福利银行的诉状推断，蔡芝田对以票据诈骗的罪名起诉余绍久并无必胜的把握。诉状称即使诉讼失败，因为有很多债权，完全有能力支付余绍久的债务，不需要股东在缴付的股款之外另外支付款项。担负有限责任的股东，也没有道理在股款之外承担无限责任。铅山县政府的批复是："状纸既据分呈，仰候江西高等法院核示可也。"③ 对于铅山县政府做出的扣押蔡芝田房产的判决，蔡芝田选择上诉到江西高等法院。

(三) 福利银行清算处成立及备案

1934年2月25日，县府收到蔡芝田以福利银行股东名义递上的呈文，推举萧味经等为清算人，请求县政府予以备案。呈文称福利银行系依照

---

① 《蔡芝田债务》(1933年12月20日)，铅山县档案馆藏：伪刑-7-000669，第88~94页。
② 在苏维埃革命之后的善后中，蒋介石对商债发布的命令是"后缓追索"，即缓期两年，对债权债务本身是认可的。河口镇红军只是攻陷两次，没有长期占领，并不属于所谓的"收复区"，蔡芝田的辩护理由并不充分。参见游海华《债权变革与农村社会经济发展秩序——以中央苏区革命前后的民间借贷为中心》，《中国农史》2010年第2期。
③ 《蔡芝田债务》(1933年12月20日)，铅山县档案馆藏：伪刑-7-000669，第93页。

《公司法》组织，1922年呈请北洋政府农商部注册，并发有执照。福利银行初创之时，营业比较顺利。1928年"邻封不靖，市况逐渐衰落"，1930年6月河口镇被红军攻占，① 银行经战争后处境艰难，1931年春季停止营业。之后股东散处各地，股东会议达不到法定人数，未能清算。

1933年12月29日福利银行召开全体股东大会，通过决议六项，推举萧味经、高北晖、余水泉为清算人，有代表公司为一切行为之权。文末署名的股东有蔡芝田、萧虞廷、滕信巽、余水泉、刘子嘉等个人或商号18个，其中孙葆荃注明缺席，舒有瑜派代表熊益峰出席。县政府批示："准予备案。"值得注意的是，福利银行声称企业性质是股份有限公司，获得了北洋政府农商部颁发的执照。公司性质的不同决定了股东责任的差异，具体在下文详述。

大会召开之前的12月26日，福利银行向股东发出参会通知书。声称："凡缺席股东，均作为默认。苟事后更持异议，或另用其他不合法之手续，意图破坏，在本股东会认为蓄意捣乱，自甘放弃职权，对于议决各案，概无权否认。"② 显然，通知书针对的是舒有瑜、孙葆荃作为少数股东先前提出的声明状。但是，会议召开日期在舒有瑜等声明异议之前，类似于未卜先知，会议时已经预测到后期可能有人提出异议。

其实本次股东大会是否真的召开过值得怀疑。先前蔡芝田应诉时，以福利银行清理处的名义撰写辩护状和刑事诉状，并以清理处的名义委任萧味经为诉讼代理人，高北晖为辅佐人。其时，并未提到召开股东大会，也没有提到推举萧味经等为清算人。如此重要的事项，没有道理会遗漏。现今，只是在舒有瑜、孙葆荃对萧味经的代理人资格提出质疑，县府予以否决之后，蔡芝田才补报了这些材料。令人诧异的是，县政府顺利地给予了"准予备案"的批复。

(四) 江西高等法院的裁决

1934年3月17日，余绍久可能对蔡芝田的举动尚不清楚，继续向县府递上民事声请状，内称法庭辩论，蔡芝田拒不出席，显然理亏情虚，应

---

① 1930年6月7日，方志敏等率领红军攻克河口镇，提出三项要求：筹饷10万元、缴枪30支、交出土劣及反动派惩办。商会出面接洽，最后支付款项8万元。红军在河口停留三日，后撤离。参见《赣河口镇被"匪"蹂躏》，《新闻报》1930年6月21日，第3版。
② 《蔡芝田债务》（1933年12月20日），铅山县档案馆藏：伪刑-7-000669，第76~81页。

该以出席辩论的余绍久一方的陈述为依据作出判决，判令被告蔡芝田清偿汇票本利。县府批示："状悉，候严传蔡芝田到案质讯，核办所请，听候缓议，片批。"① 此时县府面临两难处境，先前做出的扣押蔡芝田个人房产的判决并未执行。蔡芝田选择上诉到江西高等法院，县府投鼠忌器，唯有等待裁决。

3月22日，铅山县政府收到了江西高等法院的训令，蔡芝田的上诉得到了江西高等法院的批复。原来蔡芝田除了以萧味经名义提起针对余绍久"伪造票据，诈取钱财"的刑事诉讼外，还以福利银行股东余水泉等的名义，将诉讼矛头对准了承审员万笃明。声称万笃明办理余绍久案件时，违法渎职，破坏程序，恳请撤职惩办。提出的证据是舒有瑜与万笃明是姻亲，居间为余绍久说项，相互勾结。奇怪的是起诉对象对准的少数股东仅剩下舒有瑜一人，而另一人孙葆荃却转换了阵营，在起诉人之列，原因不明。江西高等法院训令："查请县承审员万笃明，业经调任，并派员接替。……令仰该县长，讯将该案，依法秉公核办。"江西高等法院撤销了铅山县政府最初扣押蔡芝田个人财产的判决，承审员万笃明因为已经调任，没有被追究，命令重审此案。

3月27日，铅山县政府重新开庭审理，原告方增加了刘七紫，是余绍久委任的辅佐人。被告福利银行一方出庭的是萧味经，县政府出席的承审员变成了史箴。在答复承审员关于职业的询问时，刘七紫答复"业儒"，刘的身份可能是传统的讼师类人物。② 庭审辩论中两造继续各执一词，原告要求被告支付票款，被告认为原告伪造票据诈财，要求对刑事诉讼进行侦查。

（五）小股东的质疑

小股东舒有瑜等的诉讼并未完结，3月31日，铅山县政府收到了署名福利银行股东舒有瑜、孙葆荃、甘世忠的民事声请状。③ 状内声称，福利银行歇业之后，剩余财产和账簿被蔡芝田把持，一直未清算。作为股东，为保护权益，他们要求查看账簿。后来他们得知福利银行召开股东会议，

---

① 《蔡芝田债务》（1933年12月20日），铅山县档案馆藏：伪刑-7-000669，第99页。
② 《蔡芝田债务》（1933年12月20日），铅山县档案馆藏：伪刑-7-000669，第102~119页。
③ 在先前召开股东大会及形成的决议后，有甘世忠的签名，不知后来甘世忠因何转变了立场，抑或当时的签名即为伪造。

推举萧味经、高北晖、余水泉为清算人。三人合计持股超过20%，整个过程完全不知情。舒有瑜住在河口镇上，也没有得到通知。清算人中，萧味经是故行长萧虞廷之子兼任会计，高北晖是福利银行文牍，余水泉是福利银行出纳股主任。相同点是这三人和蔡芝田同属管理层，萧虞廷、余水泉、蔡芝田同时还是股东。舒有瑜等为了保护合法权益，要求得到蔡芝田上呈给铅山县政府的股东会议记录和决议事项。①

此处反映了股份有限公司内部股东与管理层之间的委托代理关系可能产生的道德风险。由于信息不对称，大股东身兼管理层，存在"内部人控制"的可能，结果是小股东的合法权益被牺牲。钱庄合伙股东人数较少，相互关系更紧密，发生委托代理风险的可能性要小于股份有限公司。当然钱庄在聘用经理人打理的情况下，也存在类似风险。时人分析钱庄何以衰落，认为是钱庄"组织简单，管理松弛，经理职权太重，易滋流弊"。② 新的公司制不仅没有解决钱庄经理擅权的痼疾，在公司治理结构不完善的情况下，还可能将风险放大。

舒有瑜等拿到股东会议记录和议决事项之后，5月17日向铅山县政府呈递了民事声请状，声称蔡芝田上呈的股东会议记录和决议是伪造，在股东会议记录上签名的滕素园、滕木斋、明云记已经身故，滕信巽、韦以政、刘子嘉等远在上海，并未参会。随同诉状，提交了刘子嘉、滕信巽否认出席的信件作为物证，要求撤销萧味经、高北晖和余水泉的清算人资格。铅山县政府批示："仰即遵期投庭备质。"③ 从后来的司法强制执行阶段可知，舒有瑜、孙葆荃的诉讼起到了一定作用，他们被纳入清算人行列。

本案中的福利银行名义上是股份有限公司，但运行中暴露了诸多弊端。钱庄股东数量较少，自然有利于降低交易成本。新式的银行，股本要求高，股东人数多。如果没有健全的内部治理机构，由于信息不对称等因素的存在，股东和管理层之间的委托代理风险更易失控。本案中福利银行脱胎于旧有的钱庄，钱庄的弊端也被新生的银行继承。1933年成立的福利银行清算处，其成员清一色是原来的经营管理人员，由此可见

---

① 《蔡芝田债务》（1933年12月20日），铅山县档案馆藏：伪刑-7-000669，第122~123页。
② 沈雷春编《中国金融年鉴》，1939，台湾1979年影印本，第147页。转引自朱荫贵《抗战前钱庄业的衰落与南京国民政府》，《中国经济史研究》2003年第1期。
③ 《蔡芝田债务》（1933年12月20日），铅山县档案馆藏：伪刑-7-000669，第130~131页。

一斑。本案中小股东舒有瑜等与大股东兼管理层蔡芝田等之间的纠纷即起于此。

五 银行性质：公司抑或合伙

5月16日，余绍久继续向县府呈递民事诉状，针对蔡芝田屡传不到，要求县府"迅传蔡芝田到案，予以管收"，防止蔡芝田转移财产，逃亡他乡。6月26日他再次向县府提起民事声请状，草拟了三种请求，请求择一施行。其一是继续执行先前的扣押裁定，其二是缺席判决原告胜诉，其三是直接拘提蔡芝田。铅山县政府批示，余绍久已经向最高法院提起再抗告，县府已经将案卷呈送，等候最高法院裁定。①

（一）最高法院的裁定

针对江西高等法院取消扣押蔡芝田房屋的裁定，余绍久向最高法院提起再抗告。1934年9月29日，最高法院做出裁定，将案件症结归到福利银行性质的认定上，即福利银行到底是公司制抑或合伙制。"如已以公司为有限公司注册，则经理人只负清理偿还之责，不负以私产清偿商号或公司债务之义务。若未依法为有限公司之注册，则应照合伙办理。蔡芝田既系该行股东，则准予假扣押即非不当。"最高法院肯定了江西高等法院撤销铅山县政府一审准予扣押蔡芝田房屋的裁定，余绍久的再抗告被最高法院驳回。② 福利银行的不同性质决定了股东的不同责任，如果福利银行是有限公司，蔡芝田以其所出股款承担有限责任；如果福利银行是合伙制，则蔡芝田承担无限连带责任。

此处的无限连带责任需要分两层理解，一是"无限责任"，一是"连带责任"。合伙制的股东以其占股份额承担债务的无限责任，如其他股东没有能力偿还债务，则承担连带责任。虽说法律上规定无限连带责任包含这两者，但在当时具体的商业实践上多限于前者。据杜恂诚研究，上海以及吴兴县等地钱业的惯例，无限责任仅限于破产钱庄的股东按股

---

① 《蔡芝田债务》（1933年12月20日），铅山县档案馆藏：伪刑－7－000669，第125～142页。
② 《蔡芝田债务》（1933年12月20日），铅山县档案馆藏：伪刑－7－000669，第144页。

摊付债务清偿资金,而不包括连带责任履行在内。① 上海钱业公会介入钱庄清算时,更多的是依据作为行业组织惯例的习惯法,而非国家颁布的成文法。②

收到最高法院驳回再抗告的判决,余绍久于1935年1月14日再次向县府提出民事诉状。声称福利银行并未依照银行注册章程向主管官署立案,既然未立案,当然不能取得法人资格。国民政府奠都南京之后,曾颁布银行注册章程,规定先前已开始营业而未经金融监理局注册之银行,应在章程颁布六个月之内补行注册,否则将被取缔。依据此章程,福利银行属于被取缔之列,法人资格自然不存在,股东蔡芝田应承担无限连带责任。请求县府一面传讯蔡芝田到案质讯,令其检结呈验;一面将蔡芝田的房屋实施财产保全,以确保债务的履行。铅山县政府批示:"状悉,该福利银行究系公司抑或合伙,仰候谕令被告蔡芝田提出营业执照,以凭核办。"

1月27日,铅山县政府出具谕示,要求蔡芝田在2月25日之前,将福利银行的营业执照呈送县政府。若逾期,不能提出,将依原告余绍久的声请做出裁定。此次署名的承审员,又更换了人选,变成了王光照。③ 从案件上诉之时1933年底算起,到1935年初,时间仅过去一年有余,承审员已更换了三位,每位承审员的任期仅有几个月。这是该案在铅山县政府审理的最后一环,此后河口地方法院成立,案件转交法院审理,结束了县府兼理司法的历史阶段。

(二) 河口地方法院接手案件

1935年7月1日,河口地方法院成立,管辖范围为铅山、横峰两县。④ 档案中归铅山县政府审理的最晚时间是1935年1月,河口地方法院接手审

---

① 杜恂诚:《近代中国无限责任企业的历史地位》,《社会科学》(上海) 2006年第1期。
② 国民政府1931年颁布了《银行法》,规定钱庄受《银行法》监管,此举遭到了钱业的抗议,《银行法》本身也没有实施。参见朱荫贵《抗战前钱庄业的衰落与南京国民政府》,《中国经济史研究》2003年第1期,第67页。
③ 《蔡芝田债务》(1933年12月20日),铅山县档案馆藏:伪刑-7-000669,第147~153页。
④ 1932年10月国民政府颁布《法院组织法》,1935年7月生效,河口地方法院和江西高等法院第四分院的设立是该法在江西的具体落实。参见〔美〕徐小群著,杨明、冯申译《现代性的磨难:20世纪初期中国司法改革(1901—1937)》,中国大百科全书出版社,2018,第119页。

理的最早时间是1935年8月。河口地方法院在设立之初与江西高等法院第四分院合署办公,前两任院长也是江西高等法院第四分院人员兼任。① 河口地方法院对案件的审理分民事庭和刑事庭,刑事案件由检察处介入侦查,改变了以往铅山县政府兼理司法阶段民事、刑事不分以及没有检察官侦查的状况。

余绍久和蔡芝田的民事诉讼由推事王济之接手,9月6日进行了第一次开庭辩论。辩论中原告依旧把矛头对准蔡芝田,声称福利银行组织时,"未依公司手续,同时亦未曾向财政部补行登记","是合伙性质,而非公司性质",股东蔡芝田应担负连带清偿责任。蔡芝田对余绍久的声请予以了批驳,声称余绍久伪造票据冒领福利银行的款项,因此福利银行才拒绝兑付到期票据。针对福利银行性质,蔡芝田称:"我有部照的,是有限公司。"

效率甚高,第一次庭审辩论仅过去4天,9月10日河口地方法院对案件做出了判决。称福利银行欠原告余绍久的票款,以及票据到期日至清偿日止每年6%的利息,由蔡芝田负清理偿还责任。② 法庭对福利银行股份有限公司的性质予以了肯定,蔡芝田曾向铅山县政府提交了北洋政府农商部颁发的执照,虽然此后没有向国民政府金融监管局补行登记,但依然认可了福利银行的法人资格。判决主要分三部分:其一,虽判决蔡芝田担负清理偿还责任,实质是要求主持清理事务,并非要求他以个人财产偿还债务;③ 其二,关于蔡芝田针对余绍久伪造诈财的指控,因为漏洞甚多,法庭未予采信;其三,对于利息一项,因为双方没有约定,所以以法定利率年利6%计算,而不是河口通行的民间利率月利1.5%。需要指出的是,法庭判决的仅是此案的民事部分,刑事部分仍在审理中。

(三)刑事案件的审理与判决

蔡芝田起诉余绍久"伪造诈财"的刑事案件,由河口地方法院检察处

---

① 何凡:《民国河口地方法院研究》,硕士学位论文,江西师范大学,2012,第11~12页。
② 《蔡芝田票款涉讼》(1935年8月15日),铅山县档案馆藏:伪刑-36-03575,第6~15页。
③ 蔡芝田的责任类似于传统商号收歇或倒闭时的"经手"之责,《湖南商事习惯报告书》写道:"至经理人为营业借入之款,本号收歇或倒闭,号主无力偿还时,在习惯上经理人只负经手之责,但交出号主,仍归号主负无限责任。惟号主始终无力偿还,则经理人亦始终负经手之责。"参见湖南调查局编印《湖南商事习惯报告书》,湖南教育出版社,2010,第38页。

接手侦查，由检察官办理。1935年10月9日，蔡芝田、萧味经向河口地方法院提起刑事诉讼，声称余绍久伪造电报，抢夺巨款，请求依法侦查按律惩办。10月11日，又补充提交了相关物证，包括余绍久伪造的电稿和划信。①

10月16日，余绍久向河口地方法院递交了刑事辩护状，提交了物证。余绍久对相关事实进行了陈述，对蔡芝田的起诉进行了驳斥。同日，法庭举行两造的辩论，问题的关键在于电稿的真假上。事实上，蔡芝田并没有确凿的把握，也没能提供有力物证，只是要求检察官去调查。相反，余绍久则提供了更为完整的物证，有电报，有信件，内容可以相互匹配。10月19日，蔡芝田、萧味经又一次递交了刑事诉状，请求检察官向河口电报局调取电报原稿，作为证据。

10月24日，余绍久补充提供了相关物证，包括益源钱庄的账簿和相关信件。益源钱庄提交账簿作为证据，而蔡芝田推脱并无账目可凭，相关证人四散，无从查找。刑案被告余绍久的辩护有一定道理，益源钱庄、福利银行和福建崇安票商之间是三角关系。如果崇安票商发给福州余义顺的电稿，将应拨给上海金荣记（福利银行在沪分庄）的款项转拨给上海恒通纸行（益源钱庄在沪代理），那么蔡芝田应该向崇安票商索要款项，再由崇安票商以伪造名义起诉益源钱庄，福利银行此举完全是越俎代庖。票据有效与否的重要条件是看有无账目匹配查验，余绍久提供了账簿，而蔡芝田却未能提供账簿。

10月30日河口地方法院检察处向河口电报局发出公函，要求调取余绍久拍发电报的底稿。当日，就收到了河口电报局送来的电报底稿。

11月7日，检察处进行了第三次也是最后一次辩论。面对检察官拿出的电报底稿，萧味经推说未盖章。面对检察官要求其提供人证，却将责任推到余绍久身上。被检察官一句"是你方告的，应由你方找吧"驳回，账目上萧味经也提不出和汇票相匹配的证据。至此，事实已经清楚，显然余绍久一方的陈述和物证更有说服力。11月13日，河口地方法院检察处针对蔡芝田和余绍久的刑事诉讼，做出了不起诉的处分书。② 至此，余绍久起诉蔡芝田的民事诉讼胜诉，蔡芝田反诉的刑事诉讼败诉。

---

① 《余绍久伪造诈财》（1935年10月9日），铅山县档案馆藏：伪刑-9-000819，第2~6页。
② 《余绍久伪造诈财》（1935年10月9日），铅山县档案馆藏：伪刑-9-000819，第8~53页。

中国传统旧有的合伙制，合伙股东担负无限责任，其家产使企业风险的外溢多了一重防火墙。而新兴的公司制，股东以企业资产承担有限责任，容易发生风险上的"溢出效应"，向企业外部转嫁经营风险。一般认为无限责任是落后的企业制度形式，但在近代中国的历史条件下，无限责任的企业制度有其合理性。资本是稀缺资源，无限责任制度有利于企业盈利的生产性积累。而在缺少中央银行、存款保险公司等防范风险的公共机构情况下，股东的无限责任是一种降低金融风险的制度安排。在配套制度方面，行业协会和司法机关是保证无限责任股东履行其责任的制度力量。① 因此，钱庄的无限责任组织形式和银行的有限责任组织形式，其优劣似有重新评估的需要，不能一概而论。

或许正是针对本案所显现的金融业问题，国民政府曾颁布法令尝试解决。1934年7月4日颁布的《储蓄银行法》的第十五条规定："储蓄银行之财产不足偿还各储户债务时，董事监察人应负连带无限责任，前项董事监察人之连带无限责任，非卸职登记二年后不得解除。"②要求经办储蓄银行的董事、监察人对存款负无限连带责任。储蓄银行在清算之后，股东还要承担一定期限的无限连带责任，这无疑会提高对股东和管理层的约束。③

六 余音："真假"福利银行

1935年10月14日，针对河口地方法院做出的民事判决，余绍久向江西高等法院第四分院进行了抗告。提出的理由是河口地方法院仅仅依靠1923年北洋政府农商部颁布的注册执照的照片，就将福利银行的性质认定为股份有限公司。余绍久道出实情，此处出现了"真假"福利银行。

余绍久声称执照上的福利银行是1923年由朱光明、丁鸽翔等发起，经

---

① 杜恂诚：《近代中国无限责任企业的历史地位》，《社会科学》（上海）2006年第1期，第34~37页。
② 中国人民银行上海市分行金融研究所编《上海商业储蓄银行史料》，上海人民出版社，1990，第443页。
③ 娄敏认为，传统中国债务人破产时的"摊还"体现了"暂时性"有限责任与"永久性"无限责任的有机结合，相比于现代《破产法》之"免责主义"更符合传统中国的市场逻辑与清偿之债权思维，很好地体现了传统与现代相互纠缠的复杂面相。参见娄敏《"有限"与"无限"之间：摊还规则的偿债逻辑——以江津县债务类司法档案为中心》，《中国经济史研究》2018年第2期。

理是朱光明，协理是丁鸰翔，后来停业。蔡芝田任经理的福利银行是1928年重新集股开业的，是完全不同的两家银行。蔡芝田沿用"福利"的招牌，是商界常有的顶冒恶习。后者并未依照《公司法》组织，既没有订立章程，也没有选举董事、监事，更没有到政府备案。请求取消对蔡芝田所开福利银行股份有限公司的性质认定，以合伙制确定其性质，股东蔡芝田应对票据债务承担无限连带责任。

针对余绍久的抗告，河口地方法院民事庭向高等法院第四分院出具了意见书。称："至朱光明是否经理，福利抗告人并不能提出事实以资辨明。而蔡芝田所提出福利银行注册执照照片，又并无朱光明、丁鸰翔其人，则其所称，该提出之执照是朱光明经理之福利所遗废纸，显属空言主张。其抗告为无理由，应请驳回。"10月19日，江西高等法院第四分院对余绍久的抗告做出了驳回的裁定，称福利银行开业至停业，其间并未解散，内部纵有变更，并不影响法人资格。福利银行停业时间在《公司法》颁布之前，并不适用《公司法》。①

余绍久在诉状中提到的顶冒，也有可能是顶买，一字之差，性质迥异。未征得原股东同意，擅自顶冒，显然违法。但若是顶买，征得原股东同意，那就类似于重组，属于合法的企业行为。顶买牌号，在抗战时期的永嘉县也存在，并且相当普遍。②

余绍久诉状中强调的申请设立银行应向官府注册备案，因民国时政局不稳，并未严格实施。据杜恂诚研究，近代中国的商业银行在成立时是向中央政府申请注册，晚清是向农工商部，北洋政府时期是向农商部，国民政府时期是向财政部金融监管局，但谈不上严格的审查，主要是登记备案。对钱庄的监管更为松懈，在20世纪30年代之前，就连形式上的管理钱庄申请注册的官方主管机关都没有。③

在余绍久向高等法院提出抗告的同时，蔡芝田也向高等法院和最高法院提出了上诉，1935年12月、1936年7月相继被驳回。至此，案件经三审终结。诉讼终结之后，福利银行并未支付法院判决的款项。余绍久于1937年向

---

① 《余绍久不服假扣押裁定抗告》（1935年10月16日），铅山县档案馆藏：伪刑-55-005471，第3~8页。
② 林矗：《20世纪40年代钱庄业的复兴与改制——以永嘉县为例的考察》，《中国经济史研究》2018年第3期，第109页。
③ 杜恂诚：《近代上海钱业习惯法初探》，《历史研究》2006年第1期。

法院申请强制执行，后续的强制执行还延续了很长时间，持续到1945年。执行过程中演绎出诸多变故，不过那是另外一篇文章要讲述的故事了。

七　讨论

本案诉讼时间从1933年12月持续到1936年7月，先后经历铅山县政府、江西高等法院、河口地方法院、江西高等法院第四分院、最高法院数次审理，最终三审终审。该案既有益源钱庄和福利银行之间民事性质的票款纠纷，也有被告反诉原告刑事性质的票据诈骗。以福利银行和益源钱庄之间的诉讼为主，中间夹杂福利银行内部大小股东之间的讼争。案情本身算不上复杂，但牵扯的面相极为丰富，很好地展示了内陆小市镇新兴银行的运行实态，以及其与旧有钱庄的关系。本案还展示了中国式资本主义的运行实态、中国金融业中的新旧杂糅，以及由此引发的旧矛盾与新问题。

科大卫认为："一个企业越具有现代化的外观，就会越发远离传统的商业运作方式。"① 他将中国近代转型期的企业做了传统和现代的二分，实际上某些看似现代的企业，如本文讨论的福利银行，并没有远离传统的商业运作方式，其商业实践和旧有的钱庄并无二致。河口福利银行由本镇商人集资设立，是内生的，而非外来的。不少股东本身就是银钱业中人，和钱庄在业务、人员、资金、管理上有千丝万缕的联系。它脱胎于旧有的银钱业，既有"新"的特点，又有"旧"的遗传。

新的银行理应有它的"现代性"，比如成立时向政府登记注册、有完善的公司治理结构等。但是号称现代化的银行并不"新"，更多的只是挂了一块银行的招牌，实质上是新瓶装旧酒。从本案呈现的事实来看，福利银行并未履行相关法律规定，或是徒具形式，或是假冒伪造。益源钱庄正是以现代化的标准，以福利银行违反《公司法》来质疑它的合法性和"现代性"，小股东舒有瑜等的起诉更是暴露了银行的内情。公司制的福利银行，仍保留旧有合伙制的诸多制度遗产，企业经营上经理一人独大的弊端也一脉相承。

银行和钱庄作为金融机构，并非生活在理论的真空里，其生存和发展

---

① 〔美〕科大卫：《中国经济为何会落后》，载科大卫《近代中国商业的发展》，周琳、李旭佳译，浙江大学出版社，2010，第181页。

依赖于具体的商业土壤。商业土壤没有大规模更新，钱庄自然有其生存空间。在内陆市镇地方小市场里，钱庄和中小工商业者的联系更为密切，这是钱庄的传统优势。就像罗斯基所言："在大型通商口岸经济近代化过程中，本国和外国对手存放款业务激烈竞争，假如钱庄这种从前代延续下来的金融机构能够继续保持繁荣，则其在内地肯定会更具活力。"① 钱庄从事的多是银行无力或不愿从事的业务，在市场的空白和空隙处经营。银行和钱庄相互竞争，从事雷同的业务，正是自由竞争的体现。

传统经济和现代经济的关系，罗斯基认为："在每个行业中，传统经济模式虽然面临着近代部门中不受限制的竞争，但仍能得以幸存甚至扩大发展。"② 市场不是零和博弈，新旧企业之间除了竞争之外，也会形成良性的合作与互补关系。在市场竞争中双方都得到成长，结果是行业整体的繁荣与扩张。转型经济中新银行和旧钱庄共同构成一体化金融体制的组成部分，满足不同的商业需求。事实上，钱庄的股东无限责任、无抵押信用贷款自有其难以替代的价值。如果抛弃传统与现代二元对立的视野，以及附着于其上的价值判断，可以以更平等的眼光审视钱庄和银行之间的并存与竞争。

本案中市镇层级的银行与钱庄的关系，更多表现出新旧之间我中有你、你中有我的相互杂糅。传统和现代之间的转型，并非是单向的，而是两者之间的相互借鉴、相互转型。钱庄在向银行学习，银行也在借鉴钱庄的优点，两者是平行发展的。如果没有外力的干预，它们将持续并存下去。事实上，市镇层级的钱庄并没有在与银行的竞争中被击败，传统钱庄的特点并非完全落后于时代，自有其合理性和生存余地。本案中福利银行和益源钱庄的相互关系为转型经济中新旧之间的杂糅做了最好的注脚。

有学者总结钱庄业的制度缺陷，包括合伙投资、经理专权、信用放款、学徒制度等。③ 换一个角度，这些钱庄经营的特点，并非完全可用缺陷来概括。合伙投资中的股东无限责任，可以确保股东更好地履行股东责任；信用放款，可以更好地解决乡村和市镇层面小微企业的金融需求。事实上，现今的银行也在借鉴过往钱庄的制度特点和经营方式。公司制下股

---

① 〔美〕罗斯基：《战前中国经济的增长》，唐巧天等译，浙江大学出版社，2009，第145页。
② 〔美〕罗斯基：《战前中国经济的增长》，唐巧天等译，浙江大学出版社，2009，第6页。
③ 郑亦芳：《上海钱庄的兴衰（1843—1937）》，硕士学位论文，台湾师范大学，1979，转引自朱荫贵《抗战前钱庄业的衰落与南京国民政府》，《中国经济史研究》2003年第1期。

东的有限责任,如果没有相关法律的配套,很容易成为股东转移资产恶意逃避债务的幌子,现代社会中类似案例不胜枚举。

企业作为社会组织之一,其目的是多元的,包括股东导向、员工导向、客户导向、社会导向等。不同企业的优先和侧重点不同,为股东创造利润并非唯一目的。企业目的的不同决定了企业组织形式的选择,能够实现企业目的的组织形式才是最优形式。企业组织形式本身没有优劣之分,无论是公司制抑或合伙制。现代西方仍有很多股东担负无限责任的合伙企业,存续达百年以上。很多小企业更是小而精,家族传承,成为一种事业和精神的追求。即使为了实现股东利润最大化,公司制也并非唯一选择。

本案中福利银行和益源钱庄先后歇业,并非银行在市场竞争中击败了钱庄。商业大环境的变迁,对双方的冲击是一致的。事实上,钱庄的衰落更多的是由于20世纪30年代初世界性经济萧条传导到中国以及国家经济政策变更等外在因素。面对这些不可抗力,金融市场本身发生着激烈的转型,受损的并非只有钱庄,银行也难以独善其身。① 导致河口镇银钱业衰落的还包括市场因素,民国时期通车的浙赣铁路,给河口镇商业以致命性打击。由于河口镇不通火车,其八省通衢的地位迅速被上饶市取代。吊诡的是,抗战时期浙赣铁路被日本侵略者切断,周边地区沦陷,河口镇又有过一段商业的繁荣期。

据朱荫贵研究,中国近代股份制企业带有浓厚的中国特点和传统经济要素,包括"需要向政府报效、分配中实行'官利'制、面向社会直接吸收储蓄和企业内部资金的调拨等等",20世纪80年代改革开放以后,"这些特点又重新以不同的方式或隐或显再次出现"。② 无疑,过往认为的转型经济中新旧之间简单的两分有重新予以评估的需要。彭凯翔指出:"毫不奇怪,商人是最善于在传统和现代间套利,从而促使它们融合的群体。"③ 中国近代以来金融界发生的历史与现实,对此给出了最好的回答。

---

① 南京国民政府"废两改元"和"法币改革"对传统钱庄和现代银行的冲击都很大,国民政府对银行业的经济统制虽满足了自身的财政需求,但也为抗战时的恶性通货膨胀埋下伏笔。参见〔美〕帕克斯·M.小科布尔《上海资本家与国民政府》,蔡静仪译,世界图书出版公司,2015。
② 朱荫贵:《中国近代股份制企业的特点——以资金运行为中心的考察》,《中国社会科学》2006年第5期,第178页。
③ 彭凯翔:《从交易到市场:传统中国民间经济脉络试探》,浙江大学出版社,2015,第33页。

The Old and the New in Transitional Economy: Research on the Lawsuit of Banking Industry in Hekou Town, Jiangxi Province in the 1930s

Lin Shengqiang

Abstract: Hekou Town is located in the northeast of Jiangxi Province. It was one of the four famous towns in the late Qing Dynasty and early Republic of China. The lawsuit of banking industry examined in this article involved Welfare Bank and YiYuan Native Bank in Hekou. It is generally believed that native bank and bank belong to camps of the old and the new respectively, thus presenting one-dimensional linear progress from tradition to modernity. In this case, the relation between them was not so clear-cut as above. Since both sides in the lawsuit lived in the same local small market and engaged in the similar business, the relation between them was not only competitive but also cooperative. Abrupt changes in the general business atmosphere were equally fatal to them. The slightly lengthy lawsuit well presents the complex facets of entanglement between tradition and modernity. The native bank used modern standards such as *The Corporation Law* to challenge the legitimacy and "modernity" of Welfare Bank, while the bank inevitably inherited many features of the traditional native banks. On a micro level, the lawsuit reveals the operating states of Chinese capitalism, a hybrid of the old and the new in China's finance, and the resulting old conflicts along with new problems.

Keywords: Banks; Native Banks; the Lawsuit of Banking Industry; Hekou Town

改革开放初期安徽小三线企业调整研究
（1978～1985）[*]

张　胜[**]

摘　要： 改革开放初期，安徽小三线企业在国家工作重心向经济建设转移、军品任务锐减的背景下开启了初步调整。通过不同程度的开发民品，这些企业形成了适应自身发展的军民结合生产体制，同时，多措并举，推动自身适应市场经济发展要求，以走出困境。尽管改革开放初期安徽小三线企业调整并未彻底扭转其发展困局，但取得了积极成效，保证了军品生产、科研任务的完成、发展了民用产品生产，初步形成了军民结合的生产格局，推进了小三线调整战略的实施。

关键词： 小三线　改革开放　安徽　军民结合

安徽小三线企业①是20世纪60～70年代全国三线建设背景下逐步建立发展的。随着"文革"结束以及国际局势的总体稳定，经济建设成为改革开放后国家的工作重心，小三线企业调整亦势在必行。目前，学界对于

---

[*] 本文为国家社科基金重大项目"三线建设工业遗产保护与创新利用的路径研究"（17ZDA207）和上海市哲学社会科学规划青年课题"上海小三线企业军转民研究（1979—1988）"（2022ELS006）阶段性研究成果；本文受中央高校基本科研业务费专项资金资助。

[**] 张胜，东华大学马克思主义学院讲师，研究方向为经济史。

① 三线地区是20世纪60～70年代，国家依据各省、市、自治区区位战略重要性所划出的不同区域。一线地区指沿海和边疆地区；三线地区指四川、贵州、云南、陕西、甘肃、宁夏、青海7个省区及山西、河北、河南、湖南、湖北、广西等内地地区，共涉及13个省区；二线地区指介于一、三线地区之间的中间地带。"西南、西北地区（川、贵、云和陕、甘、宁、青）俗称'大三线'，各省份自己靠近内地的腹地俗称'小三线'"。参见陈东林《三线建设——备战时期的西部大开发》（中共中央党校出版社，2003，第1～2页）。安徽小三线即是20世纪60～70年代，安徽省在国家三线建设战略指示下建设的本省战略后方基地。参见安徽省地方志编纂委员会《安徽省志·军事工业志》，安徽人民出版社，1996，第4页。

三线建设调整的研究取得了丰硕成果,然而,针对小三线企业的微观调整历程考察仍有深入探讨之空间。① 笔者拟以企业志、档案、口述资料为基础,聚焦安徽小三线企业,梳理其1978~1985年初步调整的历史过程、开展举措与实践经验。

一 企业军民结合生产体制的形成与民品发展

早在新中国成立初期,中共中央、国务院已初步提出国防工业"军民结合"的思想,进入20世纪60年代,随着军民结合中所产生问题的暴露以及备战思想的主导,军工企业民品生产大幅削减。② 20世纪60年代中期,以备战为目的,以军品为主要生产任务的小三线企业在全国范围内建设起来。然而,不久之后"文革"爆发,冲击了国家经济社会的有序发展,导致人民日常生活供应也较为紧张。至1977年,商务部曾就棉花供应问题做出如下通知:"由于'四人帮'的干扰破坏,这几年棉花、纱布生产都没有完成计划,棉花库存下降,市场供应面临困难……今年,按照初步拟定的纱、布生产计划,棉花有不小的缺口,棉布库存还要进一步缩小。"③ 面对困境,中共中央对国际国内形势审时度势,及时调整战略方向,将工作重心转移到经济建设上来。为克服国防工业企业面临的发展困境,"以民养军"成为新时期军工发展重要战略要求之一。1978年4月20日,中共中央提出"军工企业要军民结合、平战结合,把生产能力充分利用起来"④。同年8月,国家主管部门下发关于《兵器工业贯彻军民结合、平战结合的初步意见(讨论稿)》,明确提出:"为了充分发挥兵器工业在国民经济发展中的作用,平时在不影响完成军品生产任务的前提下,利用军工企业可

---

① 相关研究参见陈东林《走向市场经济的三线建设调整改造》,《当代中国史研究》2002年第3期;董志凯《三线建设中企业搬迁的经验与教训》,《江西社会科学》2015年第10期;胡悦晗《地缘、利益、关系网络与三线工厂搬迁》,《社会学研究》2013年第6期;徐有威《开拓后小三线建设的国史研究新领域》,《浙江学刊》2022年第2期;徐有威、张程程《2021年三线建设研究述评》,《三峡大学学报》(人文社会科学版)2022年第5期。
② 参见沈志华《中国国防科技工业寓军于民研究》,中国经济出版社,2008,第27~30页;彭坚《中国工业的平战结合与军民结合》,兵器工业出版社,1989,第2~4页。
③ 中华人民共和国商业部:《关于紧缩一九七七年三项用布用纱开支的通知》(1977年3月26日),安徽神剑科技股份有限公司(原皖西机械厂)档案室藏,档案号:1977-26-14。
④ 《中共中央关于加快工业发展若干问题的决定草案》(1978年4月25日),总后勤部工厂管理部翻印,第23页。

能利用的能力,不加或稍加必要条件,大力组织民品生产,以支援农业、工业、外贸和轻工市场。"① 这也为小三线企业向军民结合大发展吹响号角。

为帮助有关省(直辖市、自治区)快速、平稳建立小三线民品发展供给体制,实施"军转民"战略,1980年5月8日,国家计委等单位发出了《军工企业生产民品暂行管理办法》的通知,从成本、价格、税收、利润等四个方面给予军工企业一定自主权和支持,同时还规定了其他事项,这也给小三线企业生产民品提供了一定的政策依据。② 在改革开放初期的国家财税体制变革中,安徽省各级政府主动利用政策,给予小三线企业税费减免优惠,为企业生产民品创造条件。例如,淮河机械厂在民品开发中主要进行了针织机的研制,"八一年经省批准给予了免税的照顾,促进了生产的发展"③。同年11月,国务院、中央军委批复了国家计委、国务院国防工办和第五机械工业部(后文简称五机部)④等单位关于调整小三线军工厂的报告,确定调整总原则是:"着重进行产品结构调整,适当保留军品生产线,变单一军品生产为军民结合的生产结构;对于要调整的工厂实行少关停多并转的方针。"⑤ 同时,《关于调整各省、市、自治区小三线军工厂的报告》将小三线军工厂分为三类:"第一类战略布局合理,厂址条件较好,保留军品生产线","同时要调整产品结构,努力生产民品,改变单一生产军品的状况,成为平战结合、军民结合的生产体制";"第二类,在同一地区内,产品过于重复,以及辅助性的机修厂、工具厂等,厂房和通用设备可全部转产民品,保留军工厂建制";"第三类,厂址不当,生产条件太差,生产和生活都很困难,难以继续维持的厂,撤销军工厂建制,有的可转产,有的可交给其他部门使用"⑥。可见,这一时期针对小三线企业不同情况的调整路径主要包括保留军工军品生产线、转产民品、关停等

---

① 九三二四厂志编辑室:《安徽省军工志·九三二四厂志(1965—1985)》,未刊,第74页。
② 参见《军工企业生产民品暂行管理办法》(1980年3月),载商业部物价局编《物价文件汇编综合部分》下册,内部发行,1981,第1149~1152页。
③ 安徽省六安地区行署、财政局:《关于淮河机械厂生产Z215型纬编针织机要求减征工商税的请示报告》(1982年12月15日),六安市档案馆藏,档案号:0074-002-1982-0087-0227。
④ 全称中华人民共和国第五机械工业部,简称"五机部"。1982年5月改名为"兵器工业部"。
⑤ 国务院国防工办:《关于调整各省、市、自治区小三线军工厂的报告》(1981年4月6日),上海市档案馆藏,档案号:B1-8-178-26。
⑥ 国务院国防工办:《关于调整各省、市、自治区小三线军工厂的报告》(1981年4月6日),上海市档案馆藏,档案号:B1-8-178-26。

方式，其中又以少关停多并转为原则。实际上，国家在国民经济必须发展、兵器工业产能过剩的情况下，不得不考虑规模如此庞大的小三线军工企业生存及社会稳定问题，关停显然是不得已的处理方式。

与此同时，国家对军工企业民品生产和商品经济发展的支持力度进一步加大。1982年11月25日，国家经济委员会等单位联合发出《关于进一步搞好军工企业民品生产几个问题的通知》，在军工企业的民品销售、贷款、行业归口部门等方面给予政策上的支持，并要求各省、市、自治区要"在经济政策上给予必要的扶持"。① 1983年，党的十二大以后，中央提出了"改革、开放、搞活"的方针，一定程度上扩大了企业自主权，促进了商品经济发展。此后，军工企业发展民品生产较之前获得了更为宽松的销售环境和资金条件。

实际而言，从1980年开始，军队常规武器装备订货量锐减，小三线当年实际完成的工业总产值由1979年的13亿元下降到8.4亿元，其中军品产值由1979年10.1亿元下降到5.46亿元。② 在此背景下，安徽小三线军工生产任务亦急剧下降，至1980年，皖江机械厂、淮河机械厂和江南机械厂等枪、炮生产线濒临停产。企业任务减少造成大量设备闲置、人员待工、产能过剩，小三线企业调整势在必行。

（一）探索军民结合的生产体制

基于上述背景，安徽小三线企业以自身设备条件与技术积累为依托，结合地方资源优势，陆续开发民品，逐步实行军民结合的生产体制。由于各厂情形不同，民品发展战略又有所差异。

其一，军品、民品同步发展。江南机械厂生产的军品主要包括迫击炮等产品，初步调整阶段，该厂在保质保量完成军工生产任务的同时，积极开发民品，采取"两条腿走路"的方针，"一是利用原技术改造办公室从事新产品的开发和研制，二是将原八二无座力炮试制车间改为民品生产车间，与九三五六厂配套生产 HH110 型微型汽车前悬、后桥总成"。③ 红旗木材厂不仅为军品配套生产木材制品，还积极拓展民品业务。1980年，其民品产值约为50万元，至1984年，其民品产值近乎翻了一倍。④

---

① 本书编写组：《中国军转民大事记（1978—1998）》，国防工业出版社，1999，第51页。
② 《当代中国的兵器工业》编委会：《地方军事工业》，内部发行，1992，第95页。
③ 吴长伟主编《安徽省军工志·九三〇七厂厂志（1965—1985）》，未刊，1987，第19页。
④ 红旗木材厂：《企业基本情况表》，合肥市档案馆藏，档案号：015-10-0352-001。

其二，利用军品生产条件暂时转产民品，走出停产困局，并为发展国民经济和地方工业服务。至1980年，国家已不再给皖江机械厂下达军品生产任务，该厂开始组织民品生产，先后试制微型汽车四个总成、三线锁边机、打气筒、沙发弹簧、气枪和溜冰鞋等产品。1982年开始筹建棉毛织针生产线，至1983年12月，形成了年产1000万枚织针的能力。①

其三，在原有民品基础上扩大民品生产种类。红星机械厂的民品生产是从1970年开始的。这一时期，该厂陆续试制并经国家鉴定委员会鉴定合格，投入批量生产的传统民品是工业（纸）火雷管、工业导火索。随着国民经济结构调整和经济体制改革深化，企业通过市场调研，广泛筛选论证，最终确定了精细化工系列产品、紫铜拉管产品、射钉紧固系列产品的研制生产。1985年企业工业总产值418.9万元，"民品产值就占287.8万元，民品年总产值首次超过了军品年总产值"。②

其四，根据自身设备基础及技术条件，横向联合发展民品。淮海机械厂自1978年起，便着手研制微型汽车，至1979年8月，第一代微型汽车研制成功，定名为HH110型飞虎微型汽车。③ 1980年安徽省军工系统内为飞虎微型汽车协作配套生产的企业有江南机械厂等6家单位，由这些厂家生产汽车前悬、后桥、货箱等总成，淮海机械厂主要生产驾驶室总成、前后制动总成、车架总成和整车的油漆、总装调试，形成了生产联合体。到1985年联合协作的厂家发展到11家，职工达7000多人。④

其五，以军品生产为主，民品发展为辅。在小三线初步调整阶段，仍有部分企业以军品生产为主。江淮机械厂即是生产军品为主的企业典型。⑤ 由于军品生产任务较多，该厂1984年才开发民品。又如皖西机械厂，军品生产始终是其主导方向。

（二）民品的开发与生产

为促进民品开发，各企业根据自身特点以及资源优势，制定针对性举措，推动民品发展。

---

① 安徽省地方志编纂委员会：《安徽省志·军事工业志》，安徽人民出版社，1996，第9页。
② 王程尧主编《安徽省军工志·九三七四厂厂志（1965—1985）》，未刊，1987，第8页。
③ 九三五六厂志编辑室：《九三五六厂志（1965—1985）》，未刊，1987，第7页。
④ 安徽省地方志编纂委员会：《安徽省志·军事工业志》，安徽人民出版社，1996，第120页。
⑤ 潘幼润主编《岁月如歌——安徽大别山九三三六厂印象》，未刊，2014，第19页。

第一，奖励民品生产。皖西机械厂在发展民品时，"水泥生产实行优质、超产、降低成本奖；新型双九牌锁边机，实行产品图设计定型、工艺流程、工装设计、第一台样品制造奖励办法（根据产品性能、完成日期等项目分别发奖）"①。

第二，投资改善生产线。1981年后，淮海机械厂军工产品任务削减，转向民品生产，飞虎牌微型汽车产量年年翻番。为发展生产，"工厂对原生产设施进行了部分改造、调整，改、扩建了微型汽车铆焊工房，前后桥工房，缸体洗铸工房、发动机冷热磨工房、浸漆工房、充电房、新锅炉房，并建造了抛光室、汽油库、喷漆等临时简易工棚"，生产线的投资、升级促进了企业的民品发展。②

第三，展开合作生产。皖西机械厂这一时期"坚持两条腿走路、多品种开发"，逐步确定了以锁边机、水泥、预制件为该企业发展民品的重点，在"保军转民"的战略中不断通过与上海大隆机器厂等单位合力开发骨干民品，使企业民品生产继续发展。③

第四，开发新产品。安徽小三线企业这一轮调整之初，并无明确的民品生产战略方向，大部分依靠自身情况，找米下锅，做尝试性开发。造成这一时期形成的民品种类比较多，生产的产品更换也较快。

表1 皖中机械厂民品生产情况（1980~1985）

品类	产品名称	生产期限
民品	三线锁边机	1980年
	蜂窝煤模	1980年
	不锈钢笔套	1981~1982年
	离心清水泵	1982~1983年
	童车	1983年
	自行车弹簧锁	1983年
	电风扇协作件	1985年

资料来源：九四二厂厂志办公室：《国营九四二厂厂志》，未刊，1985，第33页。

---

① 皖西机械厂：《转发劳资科、生产科、财务科〈关于十一、十二月民品生产奖励办法〉的通知》（1980年11月14日），安徽神剑科技股份有限公司（原皖西机械厂）档案室藏，档案号：1980-38-4。
② 九三五六厂志编辑室：《九三五六厂志（1965—1985）》，未刊，1987，第23页。
③ 孙长玉主编《九九〇厂志（1964—1985）》，未刊，1987，第43页。

由表1可见，皖中机械厂不断拓展民品生产，1980～1985年间，几乎每年都有新产品研制开发。东风机械厂1979年决定开发民用电表，由于市场原因，仅两年后就更换方向，与皖东机械厂配合生产自行车，此间还开发过钢丝床。①皖西机械厂1980年民品生产发挥了企业铸造的优势，"不厌其小，不厌其繁，不厌其杂，生产了铬饼模、手压泵、烤火炉、礼堂座椅等产品。主要民品水泥的产量和质量也不断的提高，受到用户的好评"②。

改革开放后，旧有计划经济体制下的企业发展思路难以适应市场经济新形势，安徽小三线企业立足自身实际，纷纷探索符合企业发展条件和需求的军民结合生产体制，形成了不同的发展方向与路径，其间，企业发展思路的转变并非一帆风顺。例如，皖西机械厂在开发民品初期，企业领导层就曾因民品锁边机生产产生了诸多分歧，集中于"要不要干，怎样干，在哪里干，谁来干，干多少"等问题的讨论。最终，企业形成了"一定要干"的统一意见。③究其根源，小三线调整战略要求及市场经济环境决定了相关企业必须转变思路，适应新形势。在国家计划订单不断缩水的背景下，小三线企业只能在实践中由单纯生产型发展思路向生产经营型企业发展思路转变，否则即将被市场所淘汰。由此，在全国小三线普遍调整的背景下，安徽小三线企业紧抓政策机遇，大力开发民品，从其后发展结果可以看出，这些企业"在开展民品生产方面取得了很大成绩"④。这也为20世纪80年代中期安徽小三线进一步实施战略调整奠定了基础。

二 企业调整与改革举措

如前所述，改革开放后的安徽小三线军品任务大幅减少，1980年度安徽"省属兵器行业工业总产值为7119万元，比1975年下降16.9%"⑤。面对困难形势，相关企业不得不施行诸多自救举措。此外，在中央战略要求

---

① 九三二四厂志编辑室：《安徽省军工志·九三二四厂志（1965—1985）》，未刊，第75页。
② 皖西机械厂：《一九八〇年工作总结》（1981年1月14日），安徽神剑科技股份有限公司（原皖西机械厂）档案室藏，档案号：1980-39-1。
③ 中国共产党皖西机械厂委员会：《关于锁边机生产有关问题的意见》（1982年5月14日），安徽神剑科技股份有限公司（原皖西机械厂）档案室藏，档案号：1982-50-1。
④ 《当代中国的兵器工业》编委会：《地方军事工业》，内部发行，1992，第105页。
⑤ 安徽省地方志编纂委员会：《安徽省志·军事工业志》，安徽人民出版社，1996，第169页。

下，安徽省结合实际情况，亦推进了国营企业改革步伐。小三线企业在开发民品之余，普遍保留了军品生产能力，并从企业长远发展生产的目标着眼，多措并举，调整改革。

(一) 加大科研，开发新品

小三线建设时期的地方军工厂产品一般是五机部属工厂的转产产品。"投产后的产品试制、转产鉴定和产品检验，都是严格按照五机部有关厂提供的产品图、技术资料和有关规定进行的。"① 尽管部分企业对产品进行了改造升级、工艺完善和技术革新，但大部是根据订货要求加以拓展的，自主科研及开发力度并不强。与之形成对比的却是军工产能年年攀升。以通用机械厂为例，该厂 1966 年 3 月建厂，1970 年全部建成投产。其中 1968 年总产值仅为 3 万元，全部投产当年达 72 万元。至 1978 年，企业总产值已经达到 180 万元。② 产能提升数倍，而产品升级换代却非常缓慢。因此，小三线企业在新形势下对产品科研投入需求加大。另一方面，改革开放以后民品市场大发展，市场竞争一定程度上倒逼军工企业加强民品开发与自主创新力度。因此，为贯彻"保军转民"重大战略，安徽小三线企业这一时期大力开展科研工作，使军品、民品得以创新发展并提升效益。

其一，部分企业以技术改进为手段，提高生产效益。淮海机械厂合理改进产品结构和工艺方法、试验方法和检验方法，并完善工具、设备、仪器、仪表、工艺装置和统计计算技术等，推动企业生产效率提高，"1982 年至 1984 年共完成技术革新 884 项"，技术革新产生了经济效益，淮海机械厂用粘接代替铆接，革新制造制动蹄工艺，使工效提高了 4 倍并保证了质量。③

其二，引入外部技术协助。皖江机械厂根据沪、皖技术协作精神，在上海织针三厂帮助下，开始筹建棉毛织针生产线，经过一年半的技术培训、设备制造和调试，1983 年打通生产线并试制出首批织针，初步形成年产 1000 万枚的生产能力，其钢皮棉毛织针填补了省内空白，成为支柱民品。1984 年共生产 Z214 型 3 个机种 14 种规格织针 555 万枚，至 1985 年已

---

① 《当代中国的兵器工业》编委会：《地方军事工业》，内部发行，1992，第 46 页。
② 安徽省通用机械厂生产科：《通用机械厂 1966 年—1983 年历史资料编制》（打印稿），1984 年 5 月 20 日，蒋德新（原通用机械厂副厂长）提供。
③ 九三五六厂志编辑室：《九三五六厂志（1965—1985）》，未刊，1987，第 139~140 页。

达3000万枚的生产规模。① 皖西机械厂为开发塑料产品，从德国引进PVC硬管生产线，并直接"邀请西德专家到厂进行单机测试和整机同步调整工作"②，促进了皖西机械厂主力民品的生产，并为当代安徽神剑科技股份有限公司③塑料民品发展打下了有力基础。

其三，大力培养科研人才。地方军工厂建设基本是按专业对口厂帮助模式建立，工厂技术人员，一部分来自专业对口厂或包建厂，另一部分来自地方机械厂、农机厂，经过学习、培训，成为军工技术人员，仅能满足当时生产和工艺管理需要。十一届三中全会以后，地方军工厂越来越感到科技人才的重要性，进一步认识到人才将越来越成为发展生产力和增强竞争力的关键。为解决科技人员不足问题，安徽省国防工办④通过多种渠道和方式加速培养人才。1978年，安徽省为培养军工科研人才，专门建立了一所中专学校，即大江机械工业学校。据相关人员回忆，"大江机械工业学校培养了一大批小三线干部、技术人才，甚至是主要厂级领导。还有大江机械技术学校，是在各个机械厂挂大江机械工业学校的名义办的"⑤。专业培训学校的建设旨在为系统内培训专业人才，有力促进了小三线企业科研技术人才队伍的发展壮大。

同时，随着四化建设及职工队伍素质提升的需要，安徽省小三线企业自身亦大力拓展职工培训。以东风机械厂为例，1982至1985年间，共选派12人参加成人中专、大专学习。1981年至1985年，还通过各种渠道选送了172名干部学习企业管理和有关专业技术知识。⑥ 至1985年，部分企

---

① 安徽省地方志编纂委员会：《安徽省志·军事工业志》，安徽人民出版社，1996，第127~128页。
② 《关于引进PVC硬管生产线实施计划和国内配套设备、工房改造等项概算费用的申请报告》（1986年2月19日），安徽神剑科技股份有限公司（原皖西机械厂）档案室藏，档案号：1986-83-1。
③ 安徽神剑科技股份有限公司前身即皖西机械厂。
④ 安徽省革命委员会、省军区国防工业办公室是安徽小三线建设发展时期的直接领导和管理机构，该办公室编制后历经划归军队管理又划归安徽省政府管理，其主要职责及管理范围并未发生大的变化，为方便表述，本文将这一机构称为"安徽省国防工办"。至1983年11月15日，该机构正式更名，使用"安徽省国防科学技术工业办公室"印章。因此，本文将1983年11月以后的安徽省国防科学技术工业办公室简称为"安徽省国防科工办"。参见安徽省地方志编纂委员会《安徽省志·军事工业志》，安徽人民出版社，1996，第4、267页。
⑤ 采访陈建民（原淮海机械厂团委副书记），2020年6月2日，安徽合肥市柠檬树城市宾馆客厅。
⑥ 参见九三二四厂志编辑室《安徽省军工志·九三二四厂志（1965—1985）》，未刊，第267页。

业工程技术人员达到了"职工总数的9.3%",工人平均技术等级可以达到4.6级。①

其四,建立专门科研机构。为了适应发展要求,企业相继成立了科研所或设计所。安徽省有4个地方军工厂成立了科研(设计)所,职工总数184人,其中工程技术人员95人。② 部分企业为适应民品发展需求,还专门设立民品办公室负责民用产品研发。1979年11月,东风机械厂办公会议决定进一步成立民品办公室,主要负责民品开发研制工作。③ 江南机械厂成立新技术推广室,"并抽调部分技术人员充实力量,进一步推动民品纺织仪器的开发工作"④。

自1977年起,安徽省兵器行业承担军品科研任务,至"1985年底,省军工系统共完成并正式通过鉴定(含设计定型)的科研项目达33项,阶段性研制告一段落的2项,研制过程中改题的1项,继续研制的7项"⑤。小三线军工企业系其重要组成部分。

(二)提高质量,提升市场竞争力

尽管,军工企业一贯重视产品质量,但仍不能避免生产中出现忽视质量的问题,"'文化大革命'期间影响更为严重,'左'倾思想极度泛滥,甚至提出了'数量多了,质量才好'的反科学的质量观"⑥。这对小三线的军工生产质量起到了负面作用。由于企业间存在或多或少联合生产的情况,部分企业出现质量问题就会牵连影响其他企业正常生产。例如,1975年9月,安徽省革命委员会向五机部提出,由于东风机械厂引信质量问题,五机部在安徽召开相关会议后,"决定对该厂产品暂停使用",这一决定后又影响了皖西机械厂相关生产,由此,皖西机械厂不得不请五机部调拨引

---

① 蚌埠市电子工业公司:《关于安徽省皖东机械厂的调查报告》(1986年5月22日),蚌埠市档案馆藏,档案号:J044-002-0074-001。
② 《当代中国的兵器工业》编委会:《地方军事工业》,内部发行,1992,第68页。
③ 参见九三二四厂志编辑室《安徽省军工志·九三二四厂志(1965—1985)》,未刊,第74页。
④ 吴长伟主编《安徽省军工志·九三〇七厂厂志(1965—1985)》,未刊,1987,第155页。
⑤ 安徽省地方志编纂委员会:《安徽省志·军事工业志》,安徽人民出版社,1996,第152页。
⑥ 《当代中国的兵器工业》编委会:《当代中国的兵器工业》,当代中国出版社、香港祖国出版社,2009,第317页。

信支持其产品的生产。①

1978年7月15日，五机部在北京召开会议，成立了企业整顿领导小组，提出全面整顿兵器工业企业，"从最敏感的质量问题入手"②，以此推进产品质量提升。按照国家经委、国务院国防工办、五机部有关加强产品质量管理的规定和要求，安徽各小三线企业进一步关注产品质量，普遍建立了全面质量管理机构并健全了保证产品质量的机制。

部分企业首先从思想意识上加深对质量管理重要性意义的理解。1980年，皖西机械厂总结出："过去总认为六〇老产品，精度低、要求不高，满足于产品性能过得去，不求生产过程的质量，因此只顾生产，忽视质量，造成年年割筒返检，大量浪费人力、物力、财力的现象，以至因质量的问题，发展到被迫停产，靠增加贷款和向兄弟厂借钱发工资，严重挫伤广大职工大干社会主义积极性的状况。"③全面整顿后，皖西机械厂凝聚共识，大力实行"整质补课和质量攻关"，以提高产品质量。

同时，各企业纷纷成立质量管理机构和规范制度。皖中机械厂从1981年到1985年，主抓"'TQC'全面教育，建立质量经济责任制和质量管理小组（QC小组）"，使质量管理工作逐步走向"有方针、有目标、有计划"的全面质量管理新阶段。④红星机械厂自1979年开始实施全面质量管理教育，"1984年质管科在生产单位建立了QC小组7个，1985年扩大到9个"⑤。该厂以QC小组为基本活动单位，着力提高产品质量、把好产品生产各道工序关、找出导致存在问题的原因、降低废品率等，有力推动了产品质量提升。东风机械厂在1982年成立全面质量管理办公室（TQC办公室），并随后进行TQC骨干的培训工作。至1983年末，TQC教育在工人中的普及面达到74%，在干部中的普及面达到87%。并且，具体产品建设有QC小组，负责相关质量检验。东风机械厂大力推动全面质量管理体系建设，并获得了主管部委及安徽省国防工办的连续表彰。

---

① 安徽省革命委员会：《关于要求调拨迫1-甲引信的报告》（1975年9月18日），安徽省档案馆藏，档案号：161-1-202-5。
② 《当代中国的兵器工业》编委会：《当代中国的兵器工业》，当代中国出版社、香港祖国出版社，2009，第59页。
③ 《皖西机械厂整质验收汇报材料》（1980年4月），安徽神剑科技股份有限公司（原皖西机械厂）档案室藏，档案号：1980-37-12。
④ 九四二厂厂志办公室：《国营九四二厂厂志》，未刊，1985，第60页。
⑤ 王程尧主编《安徽省军工志·九三七四厂厂志（1965—1985）》，未刊，1987，第96页。

这一时期，安徽小三线企业对产品质量十分关注，使其产品在调整初期取得了较大的市场竞争力和优势，产品质量工作亦取得了较好成效。皖淮机械厂根据设备和技术条件，充分挖掘企业潜力，主动进行技术改造，采用英国生产流程开发生产了聚氨酯软质泡沫塑料，成为该厂支柱民品，填补了省内空白，先后荣获国防科工办的质量攻关奖、兵器工业部质量攻关奖、国防科工办TQC质量奖。[1] 通用机械厂从1980年起开始研制针织机械，其中Z304A-2经编机是同上海纺织科研所共同开发的新产品，属国内首创，1985年有3项产品被评为省优质产品，该厂被纺织系统列为定点针织机械厂。[2] 安徽小三线企业军品、民品生产也因此得到提升。

（三）加强经济、物资管理

面对军品任务减少，生产收益下降，安徽小三线企业不得不节约开支，加强各项经费管理。皖西机械厂早在1977年就加大了增产节约力度，"在增产节约、废旧回收、修旧利废、组织家属走'五·七'道路等方面做了很多工作"[3]。1978年以后，小三线军品生产任务不断减少，又要开发民品，资金周转更显压力，但大量小三线企业需要转产，重新投资建设民品生产线并不现实。为应对困局，安徽小三线企业不得不加强经济管理，节约开支，搞活资金。皖西机械厂这一时期主要用以下办法，压缩费用开支，增加经济效益。一是采用将成本费用下达到车间、科室的办法，"实行本票制度，分口管理，促使各单位加强经济核算"，同时积极"处理积压物资，充分挖库利用，严格实行定额发料，降低了原材料的消耗"。二是采取各种措施压缩非生产性开支。如办公费用实行了代金券购买形式、长途电话恢复"通知单制度"、压缩报刊发行数量等办法，使得企业办公费得以下降，同时差旅费开支也在相关举措的推行下得到节约。三是开源节流。企业改变以前汽车外出拉货多数放空出去的浪费情况。推动企业车队与地方联系，寻找货源，外出尽量带货，以此增加运输费用收入。在军品任务结束之后，民品生产还没有跟上的时候，企业还

---

[1] 安徽省地方志编纂委员会：《安徽省志·军事工业志》，安徽人民出版社，1996，第135~136页。
[2] 安徽省地方志编纂委员会：《安徽省志·军事工业志》，安徽人民出版社，1996，第50页。
[3] 《关于增产节约办公室工作的通知》（1977年4月1日），安徽神剑科技股份有限公司（原皖西机械厂）档案室藏，档案号：1977-26-1。

组织职工承接土建工程，这使职工增加了收入，工厂也节约了土建费用开支。①

另外，安徽省国防工办作为上级管理部门，亦加强了物资管理工作。1979年，安徽省国防工办为加强各项物资的计划申请管理，避免盲目订货，"大抓压缩库存，积极利用库存"。安徽省国防工办物资处以皖西机械厂、皖江机械厂作为"清产核资、扭亏增盈"的试点单位。至1980年4月，物资处在合肥举办国防军工系统物资展销会，仅用半个月时间，共处理积压物资130万元，打开了物资销路，变死物为活物。到1982年底，各类物资库存量比上年有了不同幅度的下降，其中钢材库存下降23%，有色金属下降4%，机电产品下降11%。②物资管理工作的加强不仅提高了有关物资利用率，并且减少了系统内的物资浪费。

（四）开展各种形式经济责任制

1978年至1980年是国企改革放权让利的第一阶段，以利润留成为主要特点。③在此背景下，面对军品任务的减少和民品发展的资金需要，时任五机部部长张珍提出了五机部对国家财政部门"上缴利润定额包干"的设想。④嗣后，方案获得财政部同意并实施，这一方案初步打破了兵器工业生产单一计划的经济体制，提升了兵器生产企业的自主积极性。在此背景下，安徽小三线企业以改革为中心，实行多种形式的经济责任制和经济承包制，具有代表性的如下。

一是建立健全各类人员的岗位经济责任制。部分企业"对全厂所有人员从工人到厂长、书记每人制定了岗位责任制，并同经济效益挂起钩，做到'奖优罚劣''奖勤罚懒'"，一定程度上提升了企业生产与职工工作效率。⑤1983年，"淮海机械厂实行调整工资与企业经济效益、与职工

---

① 皖西机械厂：《一九八〇年工作总结》（1981年1月14日），安徽神剑科技股份有限公司（原皖西机械厂）档案室藏，档案号：1980-39-1。
② 参见安徽省地方志编纂委员会《安徽省志·军事工业志》，安徽人民出版社，1996，第181~182页。
③ 参见何爱国《改革开放以来中国国有资本重组的历史进程》，《湖湘论坛》2008年第4期。
④ 《当代中国的兵器工业》编委会：《当代中国的兵器工业》，当代中国出版社、香港祖国出版社，2009，第67页。
⑤ 皖西机械厂：《一九八四年上半年工作小结》（1984年8月7日），安徽神剑科技股份有限公司（原皖西机械厂）档案室藏，档案号：1984-62-2。

劳动成果挂钩的原则",并对全体职工实行考核升级,提升了职工生产积极性。①

二是实行各种形式的经济承包。"承包制是对扩权让利的进一步发展。"②皖西机械厂实行生产费用承包,"把全年的生产费用,以指标的形式包到各生产车间和科室,年终结算。生产车间节约分成、超支扣罚。科室则要求严格控制,对因责任而造成的经济损失,则要扣罚。过去那种争人员争加班的现象已基本消除,讲速度讲效率已蔚然成风",同时,皖西机械厂还实行利润承包,对厂车队和劳动服务公司实行自负盈亏,利润包干,大大地调动了有关单位职工的积极性。"如厂车队,实行包干后的二个月,不但及时地完成了厂里的运输任务,而且还上交给厂里2.78万元利润,过去那种'零货无人拉,车站有积压,有时被罚款'的现象已有明显的改变。"③

三是实行全额承包经济责任制。这是指"基本生产车间生产任务,以产品各种消耗定额为依据,预计出年生产费用。然后制定厂的半成品、成品价格,按数计价,单独核算"。皖中机械厂实行全额经济承包单位,必须完成厂下达的各项技术经济指标。否则,"按同等比例加一定百分数从承包单位当月工资额或月奖金总额中扣除",并以生产计划大纲为准,确保计划完成,抓好优质生产,做到安全无事故,最终实现各承包单位的经费指标"归口管理,层层分解,专款专用,不超支",并将其纳入劳动竞赛评比内容,作为评比先进单位的主要依据。④这一承包体制贯彻工厂生产全过程、全时段、全部门,实现了企业整体全面的经济责任体制。

(五) 扩大市场,加强合作

面对市场经济和商业竞争,扩大市场与加强合作已成为安徽小三线军工企业必须要下大力气考虑的问题。为此,安徽小三线企业积极扩展国内市场,并与各地有关企业开展合作。东风机械厂"通过联系先后与上海、

---

① 九三五六厂志编辑室:《九三五六厂志(1965—1985)》,未刊,1987,第92页。
② 宗寒:《国企改革三十年亲历记》,上海人民出版社,2008,第10页。
③ 皖西机械厂:《一九八四年上半年工作小结》(1984年8月7日),安徽神剑科技股份有限公司(原皖西机械厂)档案室藏,档案号:1984-62-2。
④ 九四二厂厂志办公室:《国营九四二厂厂志》,未刊,1985,第49页。

无锡、济南、合肥等地的洗衣机厂建立了业务关系，分别为有关厂配套生产连接盘、六角螺母、波盘轴体、联轴节等玻璃钢零部件"。①

表2 1980~1984年安徽省国防工业外汇额度留成情况

单位：万美元

单位	1980年	1981年	1982年	1983年	1984年
国防工办	0.3	28.7	48	55.5	56.42
皖东机械厂		107.4			16.85
皖西机械厂		36.3			44.35
江淮机械厂					10.45
淮河机械厂					3.74
淮海机械厂					2.57
江南机械厂					7.30
合计	0.3	172.4	48	55.5	141.68

备注：自1980年起，地方军工生产的轻武器由中国北方工业总公司组织出口，外汇留成按照国务院、中央军委规定，生产厂按创汇15%留成，省国防工办按3%留成，外汇额度由中国北方工业总公司代管，用完为止。1982年又规定创汇企业不再留用外汇额度，只分给一定数额外贸利润。1984年起，企业恢复用外汇额度办法，留成比例企业为5%，省国防科工办为3%。

资料来源：安徽省地方志编纂委员会：《安徽省志·军事工业志》，安徽人民出版社，1996，第179~180页。

同时，安徽小三线企业积极发展外贸市场。1981年以后，地方军工厂由于积极地进行外贸军品生产，大部分企业在经济上大有好转。"许多工厂由于生产外贸军品在利润分成中积累了部分自有资金。"②（见表2）安徽小三线企业以生产常规兵器为主，部分产品在这一时期的外贸创汇中发挥了作用。不过，相关企业军品外贸的扩大和国际市场逐步打开，导致其初步调整阶段军品生产任务阶段性上升，一定程度上影响了其民品的连续发展。

三 企业初步调整的特征、成效与不足

安徽小三线企业的初步调整并非简单地在国家宏观政策指引下开展企业自救，而是基于省情、地情、企情，依据客观条件，实行诸多改革举

---

① 九三二四厂志编辑室：《安徽省军工志·九三二四厂志（1965—1985）》，未刊，第75页。
② 《当代中国的兵器工业》编委会：《地方军事工业》，内部发行，1992，第117页。

措,其特征主要表现在以下方面。

一是选取重点民品,推动小三线企业分工合作与集群发展。就地理条件而言,安徽小三线企业有近17家较为集中地分布于彼时六安地区的霍山县、舒城县和六安县①,三县相邻,这给企业间的合作生产提供了优势条件。在安徽小三线初步调整过程中,淮海机械厂不仅成功开发出国内最早的微型汽车项目,更带动了一大批小三线企业联动发展。仅1980年,为淮海机械厂协作配套生产汽车的小三线企业就有6家之多。至1985年,联合协作的企业达到了11家。② 其中,江南机械厂历经时代变迁,2004年改制为安徽江南机械有限责任公司,至今仍在为汽车产业生产配套零部件。此外,彼时安徽省还尝试推动小三线企业针织机械行业的集群发展。

二是有效推进军工技术向民用领域转移。改革开放初期,全国小三线企业在调整产品结构的同时,还积极地向民用部门和民用产品转移军工技术。在这一方面,安徽小三线企业具有代表性。资料显示,到1985年,安徽小三线企业"先后向地方民用部门转移了14类81项军工技术,转移军工技术的方式包括:设计制造、联合攻关、协作加工、技术咨询和服务培训等",对促进地方经济发展,提高民用产品质量起到了一定作用。③

三是抓住机遇,研发重点军品项目。尽管改革开放后军品生产任务骤减,但部分安徽小三线企业紧紧抓住历史机遇,争取产品升级换代,为企业后续发展创造了条件。例如,以皖西机械厂为主要单位研制的新型炮弹项目,在20世纪70年代末即进行了方案论证,至80年代初,皖西机械厂面对军品生产任务不足又时断时续,工厂既要转产民品,又难以集中人力、物力和时间从事民品生产的情况下,仍把工厂远景发展,搞好科研工作作为主要目标,重点抓了新型炮弹研制工作。④ 至1984年该产品通过定型试验。这一产品的研制定型为日后安徽地方军工企业发展奠定了重要基础,相关引信、弹药厂也因此保留了配套军品生产线。"在以兵

---

① 参见安徽省地方志编纂委员会《安徽省志·工业志(1986—2005)》,方志出版社,2017,第634页。1992年12月,原六安市与六安县合并为六安市(县级)。2000年3月,省辖六安市成立。
② 安徽省地方志编纂委员会:《安徽省志·军事工业志》,安徽人民出版社,1996,第120页。
③ 《当代中国的兵器工业》编委会:《地方军事工业》,内部发行,1992,第113页。
④ 参见孙长玉主编《九九○厂志(1964—1985)》,未刊,1987,第93~95页。

器工业为试点的军品科研生产第三次能力结构大调整中,经国务院、中央军委的批准,安徽地方军工保留的企业和军品生产线居全国首位。"① 正如亲历者忆述:"全国三线遗留下来的十四条军工生产线中,安徽占了四条半。"② 其在全国所占比例之高可见一斑。

四是初步推动小三线异地调迁,优化相关产业布局。一般认为,1984年8月,全国地方军工工作会议③召开后,小三线进入了进一步调整阶段,异地搬迁成为这一轮企业调整的重要路径。安徽小三线企业的布局调整较之更早。由于淮海机械厂民品开发较为成功,进而促使安徽省国防工办较早地考虑,推动相关企业调整搬迁至城市,以优化省级层面的汽车产业发展布局。因此,在编制"六五"(1981~1985年)计划期间,"安徽省国防工办初步提出以汽车产业集群建设为核心的小三线调整计划。考虑到运输成本及销售问题,搬迁成为这一调整计划的核心内容。国防工办希望以汽车产业为中心,将一批为淮海机械厂配套生产汽车零部件的小三线企业都搬迁到合肥,集中在一起进行建设"④。霍山县境内淮海机械厂和江南机械厂成为这一布局下最早规划搬迁的小三线企业。1983年江南机械厂开始在合肥市筹建新厂,至"1985年底前悬后桥工房已投资220万元,水塔和水厂投资80万元,单身宿舍楼投资80万元,乙型住宅两幢投资100万元,并都已接近扫尾阶段"⑤。同一时期淮海机械厂"合肥新厂第一期工程5000辆的改造项目中的投资280万元建筑面积为10431平方米的高大、宽敞的铆焊大工房土建工程已竣工"⑥。此外,还有红旗机械厂于"1981年和1983年,工厂主体分批搬迁至合肥,山区设立分厂,生产省内三线军工木箱"⑦。需要注意的是,这一时期的小三线企业搬迁并不涉及隶属关系改变问题,安徽省尚未形成全面、统一的小三线调整搬迁政策。

---

① 安徽省地方志编纂委员会:《安徽省志·工业志(1986-2005)》,方志出版社,2017,第657页。
② 采访韦法明(安徽省国防科工办工会主任),2020年8月19日,安徽省国防科工办工会主任办公室。
③ 参见国防科工委三线调整协调中心《三线建设调整改造总结文集》,未刊,2006,第457~458页。
④ 采访杨明华(原淮海机械厂党委书记),2020年6月8日,合肥市杨明华家;安徽省地方志编纂委员会:《安徽省志·军事工业志》,安徽人民出版社,1996,第169页。
⑤ 吴长伟主编《安徽省军工志·九三〇七厂厂志(1965—1985)》,未刊,1987,第25页。
⑥ 九三五六厂志编辑室:《九三五六厂志(1965—1985)》,未刊,1987,第11页。
⑦ 合肥市蜀山区地方志编纂委员会:《合肥市蜀山区志(1949—2005)》,安徽人民出版社,2012,第134页。

基于安徽小三线企业开展的诸多改革举措，其初步调整亦取得了一定成效。截至1985年，安徽省国防工业的军品民品生产年度计划除1972年和1974年外，其余年份的执行情况都是好的，其中军品生产都超额完成了年度计划。① 仅就军品而言，初步调整阶段的小三线企业大力发展科研、提高产品质量、加强经济管理、开展各种经济责任制、扩大销售市场，提高了企业的经济效益，促进了有关单位军品发展与升级换代。值得一提的是，安徽小三线企业这一时期大力发展军品外贸，对于国家增加外汇以及军品打开国际市场均有积极意义。

民品生产这一时期得到了较大发展。以军品生产为主的企业在保质、保量完成军工产品生产任务的同时，积极开发民用产品，使企业由单一军品生产体制向军民结合、多品种经营的生产体制转变。军品生产任务几乎停滞的企业，利用军品生产条件转产民品，努力为发展国民经济和地方工业服务，不仅养活了自己，也为国家创造了财富。至1985年，安徽全省19个地方军工企事业单位"共开发民品10种44项，主要产品有：微型汽车5项，自行车3项，发动机2项，针织机械15项，纺织机械仪器6项，船舶2项，动力机械1项，化工、民用爆破器材5项，建筑材料和用品2项，其他3项"②。安徽小三线企业中，有一部分系军工企业的配套生产厂，本就具有民品的生产能力，对地方社会经济发展亦做出了应有的贡献。1966年，安徽省"在金寨县内船板冲乡建设金光钢厂，生产和加工各种型号钢材"③。截至1983年，该厂"形成固定资产原产值1762万元，拥有职工1173人，形成钢铁生产能力钢8000吨，轧材3万吨"④。安徽利群机械厂原设计承担机电设备和汽车大修理任务，随着生产能力的调整和"军转民"方针的贯彻，该厂除完成上级指令性计划外，还开发生产几十种民用商品，包括"C620—113车床、TJ4306可控硅动力头、组合机床、纺织机械及纺织机械配件、国产和进口汽车配件、微型汽车配套件和微型汽车改装、各种汽车大修理、自行车双面铃，以及其他非标设备的机械制造"，

---

① 安徽省地方志编纂委员会：《安徽省志·军事工业志》，安徽人民出版社，1996，第170页。
② 《当代中国的兵器工业》编委会：《地方军事工业》，内部发行，1992，第105页。
③ 金寨县地方志编纂委员会：《金寨县志》，上海人民出版社，1992，第245页。
④ 蚌埠市人民政府、安徽省冶金工业总公司：《关于请求批准金光钢厂迁到蚌埠市的报告》（1984年9月5日），蚌埠市档案馆藏，档案号：J002-001-0461-019。

1971年至1980年，年产值平均150万元，上缴利税达到年均11.55万元。① 1979年，安徽省军工企业民品产值为5429万元，占总产值的24%，1984年，民品产值首次超过军品产值，1985年民品总产值达1.61万元，占总产值的62.4%。② 初步调整后，安徽小三线企业逐步从单一为国防建设服务转移到为国民经济服务上来，民品开发与生产取得了长足的进步。

然而，从全国小三线调整产品生产结构、推动小三线摆脱困境的目标来看，安徽小三线企业初步调整的成效并不乐观。首先，小三线企业由于军品任务下降，普遍亏损严重。皖西机械厂曾于20世纪80年代初开挖水井以缓解用水困难，却"由于厂无生产任务，吃贷款，下一部分工程无法进行"，只得请求主管部门安徽省国防科工办帮助解决投资问题。③ 至1985年，皖西机械厂年度亏损更达到98.5万元。④ 坐落在枞阳县境内的安徽省向阳机械厂，始建于1966年初，系省小三线军辅舰船的专业生产厂家，1985年后已处于半停产状态。⑤ 企业的亏损导致其生产及职工生活均受到影响。其次，安徽小三线企业在完成军品生产科研任务的同时，几乎所有单位都不同程度地先后开发了民用产品，但大部分没有持续性发展并形成规模增长。例如，皖中机械厂从1980年起至1985年，先后开发试制生产三线锁边机18台，蜂窝煤模2010个，不锈钢笔套14.7万支。这些产品虽然起步较早但效益差，未能大批量生产。⑥

改革开放初期，小三线军品生产任务大量减少使得相关企业普遍陷入困难境地。尽管在国营企业改革背景下，小三线企业多措并举推进了企业自身建设，但并未抵消军品生产任务不足所产生的负面效应。国家层面的小三线调整策略着力从产品结构转变的角度推动相关企业走出困境，但在实践中，民品生产又面临诸多限制，其实际效益难以替代军品生产。就安徽小三线企业而言，影响其发展民品、摆脱困境的因素是多方面的，主观

---

① 六安县地方志编纂委员会：《六安县志》，黄山书社，1993，第197页。
② 参见安徽省地方志编纂委员会《安徽省志·军事工业志》，安徽人民出版社，1996，"概述"，第8页。
③ 安徽省皖西机械厂：《要求解决建水井投资问题的报告》（1981年10月6日），安徽神剑科技股份有限公司（原皖西机械厂）档案室藏，档案号：1981-44-3。
④ 皖西机械厂：《历年实现与上缴利润统计图》，载孙长玉主编《九九〇厂志（1964—1985）》，1987，第108页。
⑤ 枞阳县史志编纂委员会：《枞阳县志（1978—2002年）》，黄山书社，2007，第277页。
⑥ 安徽省地方志编纂委员会：《安徽省志·军事工业志》，安徽人民出版社，1996，第141页。

原因包括以下几点。

第一，小三线企业民品发展缺少长期规划和发展战略。彼时相关企业为了生存"找米下锅"，饥不择食，主要以解决企业"吃饭"问题为中心，缺乏系统性，虽然不断开发新品，但效益不高。部分企业民品未能及时升级换代，高技术产品少，即使部分产品在起步阶段具有一定优势，但由于未能持续发展而逐渐被市场淘汰。

第二，发展民品的经验不足。据部分亲历者回忆："军转民到后来搞了很多东西，没有经验，也浪费了不少。民品不像军品，军品生产线比较死，民品则需要根据市场需求发展，因此走了弯路。"① 东风机械厂1979年10月决定开发民用电表，在投资了约30万元完成电表图纸资料的购买和全部工装的制造后，却发现电表市场趋于饱和，只能放弃投产。②

第三，部分企业领导班子调整幅度大，导致企业发展方向不明确，影响了生产。皖中机械厂这一时期领导班子不稳定，"自1980年以来厂级领导班子较大人事变动达五次之多"，1984年"一年先后两次大幅度调整厂级领导班子，中层班子一年内也随之调整几次，由于领导班子经常变动，民品试制生产上了这个，丢了那个，结果一事无成，使工厂困难局面难以改变"③。

客观上，小三线企业生产能力和技术集中在军工领域，专业性较强，建设布局因备战需要而普遍位置偏远，其发展在面对计划经济向市场经济体制转型过程中难免受到诸多因素制约。

第一，三线建设"靠山、分散、隐蔽"的选址布局对民品生产制约日益凸显。首先，民品没有如军品生产的完整产业链和整体配套规划，偏僻的区位布局使得民品条件受限。其次，计划经济体制军品按固定比例定价，价格影响不大。民品生产则受制于没有产业链、运输战线太长、地理位置分散、厂房小展不开等弊端，不具备市场竞争优势。再次，彼时企业职工在山区生活，没有生产任务更加入不敷出，生活困难。最后，改革开放后，城市和沿海地区快速发展，人才需求量大，对职工的吸引力也较

---

① 采访邱正庭（安徽省国防科工办原副主任），2020年5月28日，安徽省国防科工办老干部活动室。
② 九三二四厂厂志编辑室：《安徽省军工志·九三二四厂志（1965—1985）》，未刊，第75页。
③ 九四二厂厂志办公室：《国营九四二厂厂志》，未刊，1985，第134页。

大，导致企业留不住人才。①

第二，民用行业市场竞争激烈。"八十年代初，国民经济调整，民用产品行业生产迅速发展，各行各业对市场占有的格局业已形成"，兵器工业在这一市场背景下发展民品，竞争激烈，困难重重。②

第三，经济体制尚未完全转变限制了企业民品发展。1981年11月国务院还就生产经济责任制问题规定："实行经济责任制的单位，必须保证全面完成国家计划，按社会需要生产，不能利大大干、利小不干，造成产需脱节。"③ 改革开放初期尚处于国家经济体制调整过程中，这也决定了彼时国营企业难以完全市场化。

第四，小三线企业专用设备多，开发民品条件较弱。小三线企业主导产品各异导致其生产设备亦相应有所不同。专用设备不适宜开发民品。皖中机械厂1980年至1985年，先后开发试制生产钢笔套、沙发、自行车弹簧锁、离心清水泵等多种民用产品，并且，外协加工复印机和电风扇等零部件，但"由于专用设备多，技术专一，虽然军转民起步较兄弟厂早，但效益差，六年来共发生政策性亏损421万元"④。

第五，部分企业军品生产任务时高时低，民品发展受限。例如，江北机械厂在80年代早期生产过打气筒、落地灯，试制过电风扇等家用电器和塑料制品，都难以形成规模，创造效益。⑤ 实际上，初步调整时期，小三线企业大部分处于军品生产向军民结合生产的过渡阶段，如前所述，部分企业还受外贸任务阶段性增加的影响，其军品生产任务并未彻底停止，致使部分企业民品生产受到一定影响。典型如，皖西机械厂"1982年至1984年，由于军品生产任务很大，工厂满负荷生产，民品生产处于停止状态"⑥。东风机械厂"1983年至1984年，工厂几乎没有进行民品的开发与生产"⑦。

---

① 参见《我所经历的上海小三线的接收、利用和改造——黄岳忠访谈录》，载中共安徽省委党史研究室《上海小三线建设在安徽口述实录》，中共党史出版社，2018，第31~32页。
② 《当代中国的兵器工业》编委会：《当代中国的兵器工业》，当代中国出版社、香港祖国出版社，2009，第64页。
③ 《国务院批转关于实行工业生产经济责任制若干问题的暂行规定的通知》（1981年11月11日），载劳动人事部劳动科学研究所《企业内部分配制度改革的政策与实践》，劳动人事出版社，1988，第59页。
④ 九四二厂厂志办公室：《国营九四二厂厂志》，未刊，1985，第3页。
⑤ 第二卷厂志编写组：《九三七三厂厂志（第二卷）·1986—2005》，未刊，2006，第5页。
⑥ 孙长玉主编《九九〇厂志（1965—1985）》，未刊，1987，第43页。
⑦ 九三二四厂志编辑室：《安徽省军工志·九三二四厂厂志（1965—1985）》，未刊，第75页。

结 语

改革开放初期是国营企业改革发展的重要机遇期，能否推进企业自身摆脱计划体制束缚，充分发挥主观能动作用，积极适应市场环境，大胆创新尝试，不断调整、完善战略规划，将对企业长远发展产生重要影响。彼时，安徽小三线企业在保留军品生产能力和少量任务的同时，普遍开发民用产品，多措并举调整改革。经过调整，小三线企业初步形成了军民结合的生产体制，为本省小三线调整和推进国家国防工业军民结合战略实施做出了贡献和努力；企业民品生产促进了本省民用产品工业产业的进一步发展；产生了经济效益，一定程度上缓解了小三线企业在军品任务骤减背景下的困难处境；部分企业民品发展较好，如淮海机械厂进军汽车产业，为日后的企业长远发展奠定了基础。只是，企业"民品生产虽有较大发展，但总体发展水平时起时落，致使十年规划目标产值未能很好实现……1985年为11875万元，比1980年增长66.8%，但绝对数仍未达到规划目标水平"①。其产品结构的调整不仅受主观因素的影响，还受到诸多客观因素的制约，导致民品发展未能使其摆脱由于军品不足而产生的企业困境。尽管如此，安徽小三线企业于改革开放初期调整的积极意义不容忽视。

Research on the Adjustment of Anhui Small Third-front Enterprises in the Early Stage of Reform and Opening up (1978 – 1985)

Zhang Sheng

Abstract: In the early stage of Reform and Opening up, Anhui Small Third-front enterprises started their initial adjustment under the background of the transfer of national work focus to economic construction and the sharp reduction of military products tasks. Through the development of civil products to varying de-

---

① 安徽省地方志编纂委员会：《安徽省志·军事工业志》，安徽人民出版社，1996，第169~170页。

grees, these enterprises formed a military civilian integrated production system to adapt to their own development. At the same time, these enterprises also took many measures to promote their adaptation to the development of market economy requirements, in order to get out of the dilemma. Although the adjustment of Anhui Small Third-front enterprises in the early stage of Reform and Opening up failed to completely reverse their development difficulties, they still achieved positive results. While ensuring military production and scientific research, they developed and developed civilian products, initially formed a production pattern of military civilian integration, and promoted the implementation of the small third line adjustment strategy.

Keywords: Small Third-front Enterprises; Reform and Opening up; Anhui; Military Civilian Integration

2011年以来宋代货币研究综述*

姜锡东 孙 斌**

宋代在中国古代货币发展进程中具有举足轻重的地位，对于宋代货币的深入研究也是宋史研究的应有之义，其纸币"交子"的发行、白银货币化的萌芽及大量铜钱流向海外并成为当时很多国家的法定货币这些史实，在中外货币史上都具有重要地位。彭信威在讨论中国的货币时指出，宋代的币制仍以钱为主，白银的重要性大增，纸币的产生和推行是宋代货币的最大特点。① 而内藤湖南也认为货币使用的激增是宋代经济发展的重要特征。② 正是基于其重要性，20世纪90年代以来，关于宋代货币研究的综述性成果薪火相继。姚思陟的《近年来宋代货币研究综述》（《中国史研究动态》1993年第4期）从五个方面对宋代货币相关问题做了回顾。戴建兵和王翠改的《两宋纸币研究综述》（载安徽省钱币协会主编《东至关子钞版暨两宋纸币》，黄山书社，2005）对两宋纸币的研究做了全面概述。葛金芳、常征江的《近十年来宋代货币研究综述》（《中国史研究动态》2007年第2期）对货币制度、货币流通、货币思想、货币形制等方面的研究做了专题整理。王申的《制度、流通与国家财政：南宋纸币史研究述评》

---

* 本文为2019年度国家社科基金重点项目"生产力发展与'唐宋中国变革'研究"（19AZS006）、2022年河北省在读研究生创新能力培养资助项目"北方地区宋元时期金属货币文物研究"（CXZZBS2022006）、2021年度中国钱币学会学术课题项目"华北地区辽金西夏窖藏钱币的整理与研究"（202108）阶段性成果。

** 姜锡东，河北大学宋史研究中心主任、教授、博士生导师，研究方向为宋史和中国古代经济史；孙斌，河北大学宋史研究中心博士研究生，研究方向为社会经济史、文化产业与文物文化遗产研究。

① 彭信威：《中国货币史》，上海人民出版社，2015，第292页。
② 〔日〕内藤湖南：《概括的唐宋时代观》，载刘俊文主编《日本学者研究中国史论著选译（第一卷：通论）》，黄约瑟译，中华书局，1992，第15~16页。

(载包伟民、刘后滨主编《唐宋历史评论》第五辑,社会科学文献出版社,2018)对南宋纸币史研究做了学术述评。2011年以来,宋代货币的各种研究成果不断涌现,推进了宋代货币研究朝着全方位、新角度、多方法不断发展演进。本文拟对2011年以来的宋代货币研究成果,从货币制度、货币流通、货币购买力、货币理论、货币思想文化、货币信用和货币地理等角度加以归纳总结。

一 宋代货币制度研究

(一)宋代货币制度综合研究

2011年以来,对于宋代货币制度的综合研究推陈出新,掀起了对宋代货币研究的又一个高潮。在20世纪前人成果的基础上,试图运用新的理论、新的角度来探索宋代货币制度成为一种取向。学者们经过完善和归纳,视角逐渐多样化,对宋代货币制度综合研究的认识也提升到一个新高度。

从专著和辞书上看,张文芳等编著的《中国历代货币大系·宋辽西夏金货币》(上海人民出版社,2014)是以钱币分类学和目录学为支撑的图谱辞书,对宋钱品种、版别进行了全面记录。朱活的《古钱小辞典》(文物出版社,2015)既专业又通俗地从钱币学角度探析了宋代钱币的基本概况,为自《钱币大辞典》之后又一实用性极强的宋代钱币辞书。汪圣铎的《两宋货币史》(社会科学文献出版社,2016)作为宋代货币研究的集大成之作也再次出版,该书在两宋的货币政策、货币发行、金银流通情况、货币运行特点、铜禁钱禁等政策的实施效果、纸币特性等方面,都有作者自己的创见。在2016年版本中汪先生着重在第五编金银部分增加了对实物货币绢帛的解读,从交换媒介、支付手段和价值尺度论述了绢帛的货币功能。同时在汪圣铎主编的《中华大典·经济典·货币金融分典》(巴蜀书社,2016)中也汇总了大量的宋代货币史料。彭信威的扛鼎之作《中国货币史》(中国人民大学出版社,2020)迎来了再版,从货币制度、购买力和信用等方面对两宋货币进行了系统分析,彭氏著作之扎实、引用资料之丰富、体系之完备,在两宋货币史研究上具有里程碑式的意义。此外,(日)高桥弘臣在《宋金元货币史研究:元朝货币政策之形成过程》

（上海古籍出版社，2010）中对南宋江南的钱会中半制的崩溃、南宋江北铁钱化政策之失败、南宋四川铁钱之减少等货币现象背后的货币政策动因做了全面解读。

2011年以来，以专题论文形式对宋代货币制度的综合研究持续推进。一方面，学者们集中讨论了宋代整体货币制度与军事、资本的关系。（韩国）郑壹教在《南宋货币与战争》（河北大学博士学位论文，2012）中提出频繁的战争使得南宋纸币发行陷入了一种"恶性循环"的状态，为了筹集战争的物质资源，政府为解决财政困难，大量发行纸币。李华瑞在《宋代的资本与社会》[《首都师范大学学报》（社会科学版）2017年第5期]中则提出宋代货币财富的增长促使了商业资本和高利贷资本的集中，宋代官、商、地主的三位一体是宋代社会结构中形成的重要势力之一。常铭洋的《宋代货币管理制度研究》（郑州大学硕士学位论文，2018）将两宋时期的货币制度大致总结为铸币发行量大、纸币的创制和广泛应用、金银钱的重新回归、货币地域化四个特点。另一方面，专家也对宋代货币制度中的封桩钱、折帛钱、官料钱和役钱等问题展开了大量探讨。从今存史料看，宋代的封桩钱在中央和地方机构都有设置，封桩钱在宋神宗以后成为宋代地方财政货币制度的重要一环。刘世梁的《宋代朝廷封桩钱物研究》（河北大学硕士学位论文，2017）着重论述了宋廷封桩钱物中央财库及库藏规模、来源和支用，并提出封桩钱物收入不稳定，北宋朝廷钱物支用结构优于南宋。王曾瑜的《宋朝系省、封桩与无额上供钱物述略》（《中国经济史研究》2018年第6期）则对宋代财政"冀名"用力甚勤，首次专门论述了系省钱物、不系省钱物、封桩钱物、不封桩钱物和无额上供钱物，从财政收入和专款"冀名"的角度，印证了宋时的苛捐杂税之繁多。折帛钱作为宋代的杂税之一，是讨论宋代货币在税收制度中角色的一个好抓手。刘世梁的《南宋的折帛钱与淮衣再探——以庆元府、临安府为例》（《中国社会经济史研究》2022年第1期）在前人基础上推进了折帛钱研究走向细化，他提出被摊派各州府的"认临安府和买绢"只纳本色，折帛钱与"摊派的和买绢"相分离。乾道以后，"夏税折帛""淮衣折帛"并未随着税额的增长而增长，呈现出"定额化"的特征，而"和买折帛"则仍随着和买数额的增长而增加。此外，学者们还将关注点放在了役钱、官员料钱与宋代财政的关系上面。黄敏捷的《宋代役钱计征方式的演变——兼论朝廷与地方在财政变革中的作用与关系》（《中国经济史研究》2018

年第 2 期）认为宋朝在役钱计征依据上，出现了从细分户等到按财产直敷的趋势，在计征对象上，由多样化向单一化转变。张亦冰的《财政集权与五代宋初幕职、州县官料钱制度演进》（《中国经济史研究》2022 年第 2 期）推动了宋初幕职、州县官料钱制度的研究，他认为宋廷放弃中央统一定估，而通过协调收支估价，并依托监管手段，实现对各州系省钱物支出的掌控，以灵活务实地达到财政集权的目的。

（二）宋代铜铁钱研究

2011 年以来，学者和收藏家从钱币学角度对宋代钱币的研究著述颇丰。以专著为例，徐雁宇的《南宋铜钱》（广西师范大学出版社，2019）从研究和钱谱两个板块对南宋铜钱做了分析，考证翔实，这是继《北宋铜钱》《两宋铁钱》后又一本重要的宋代断代钱谱著作。2011 年以来对宋代铸币遗址考古的研究也取得了进展。汪圣铎先生认为"铸钱监院是宋代铸币的生产单位，考察和分析铸钱监院的情况，对于了解宋代货币的整体具有重要意义"[1]，而从考古遗址角度去研究钱监也是一条路径。梁雯、余天佑的《宋代梧州元丰监遗址及遗存物考述》（《中国钱币》2012 年第 4 期）从元丰监遗址的发现及考古发掘回顾、馆藏遗存物、个人收藏的元丰监遗物等角度分析了梧州元丰监，并提出保护利用的建议。卫国在《大冶富民监南宋时期铸币小考》（《中国钱币》2020 年第 4 期）中提出大冶富民监铸造铁钱存在欠额和亏损，停铸铁钱改铸铜钱后开始盈利，江北铁钱被限制流通区域，只有铜钱才须运入行在府库，反映出当时富民监经营策略的变化。

在此期间的宋代铜铁钱出土出水文物的研究成果令人耳目一新。科学手段的应用，让我们能更客观地认识宋代铜铁钱的微观状态，并与文献互证。周理坤等人的《重庆合川区出水的宋代钱币初探》（载重庆中国三峡博物馆、重庆博物馆编《长江文明》第九辑，光明日报出版社，2012）运用金相分析等科学手段对出水宋代货币做了检测，并认为合川出水的钱币或是运输途中在合川嘉陵江金子沱遭受某种突发原因而沉水埋藏的。马涛等的《海洋出水钱币的保护处理——以南海Ⅰ号出水铜钱为例》（《中国钱币》2017 年第 1 期）从文物保护角度对南海Ⅰ号宋代出水货币做了全面的

---

[1] 汪圣铎：《两宋货币史》，社会科学文献出版社，2003，第 81 页。

保护检测，认为要主动引进、开发新的文保材料。而遗址和窖藏出土宋代铜铁钱的专题论文，也为我们研究提供了客观的考古资料。由西北大学文化遗产学院和陕西省华县文管会联合编撰的《陕西华县南宋铜钱窖藏》（《中国国家博物馆馆刊》2015年第10期）记载，2010年秋陕西省渭南市华县咸林中学校门前东南方向发现南宋铜钱窖藏，窖藏坑内出土铜钱重量约4吨，是近年来出土铜钱数量较多的宋代窖藏。刘小阳和刘立鑫的《北宋末沧州铁钱遗存考》［《河北工业大学学报》（社会科学版）2017年第1期］认为河北沧县旧州镇的百余吨宋代铁钱遗存，是已发现的宋代铁钱数量之最。

（三）宋代金银研究

2011年以来，关于宋代金银货币研究的著作不断问世。周卫荣、杨君和黄维合著的《中国古代银锭科学研究》（科学出版社，2016）对宋代银锭的金属成分、铸造工艺和科学保护鉴定做了全面的分析，众多的银锭科学研究数据翔实可靠。由浙江省博物馆编著的《金银同辉：南宋金银货币精华》（文物出版社，2019）分金铤、金牌、金叶及银锭等内容，以图录形式介绍了南宋的金银货币实物。刘翔的《宋代银铤考》（文物出版社，2019）是第一本系统性研究解读宋铤的专著，以银铤为载体，对两宋的官府机构、官员品阶、银库、金银铺及上供、专卖等制度进行了细致分析。这些著作中既有对宋代金银的科学分析，又有传统的考证研究，体现出很高的水准。

宋代的白银货币化问题成为这一时期的研究重点之一。白银在宋代比黄金更为重要，其不仅成为具备法偿地位的纳税手段，还是宋政府官俸和军饷的一种支付手段，南宋时期的会子还曾用白银来收兑，这都体现出宋代的白银货币化进程较前代被大大推进了。[1] 王文成在《宋代白银货币化研究》（云南大学出版社，2011）一书中提出白银货币化的物质基础是白银生产消费的商品化，通过白银对货币职能价值尺度、流通手段的履行，促进了白银货币化根本动因交换的发展。同时，王文成的《从〈救蜀楮密奏〉看南宋货币白银化》（《中国经济史研究》2018年第4期）由《救蜀楮密奏》所载发行巨额钱引和银会导致的货币危机出发，提出此时铁钱已

---

[1] 彭信威：《中国货币史》，上海人民出版社，2015，第306~307页。

不能支持纸币价值，宋廷最终将纸币的价值基准重新确定为银两，发行银会，并以银会收兑钱引。在当时的四川地区，银两行业已获得了通约钱引、银会、东南会子价值的功能，白银成长为主要货币。李宝庆和梁思远在《从银铤实物考察唐宋时期白银的货币化问题》（《中国钱币》2020年第4期）中指出，北宋中期，白银货币化的萌芽已显现；南宋时期，作为白银货币形态的银铤的数量大增，银绢分离，基本完成了从普通商品向货币的转变，银钞、银会兑换业务发达，白银货币化取得了很大发展。上述学者的论文都以白银执行货币职能进行交换、兑换为核心，探讨了白银成为宋代主要货币之一的逻辑思路，推动了宋代白银货币化的研究进程。

此外，不少专家还从钱币学和税收制度的角度，探讨了宋代的金银。朱浒的《"大观通宝"旋读折三银钱考》（《中国钱币》2013年第5期）在马定祥先生《补说日本三大钱谱北宋钱》的基础上，首次对"大观通宝"折三银钱做了考证。李合群在《再论宋代银铤"出门税"》（《中国经济史研究》2013年第1期）中提出宋代"出门税"银铤与市制下的"市门税"相关，是街市制形成后的产物。金德平的《南宋"金叶子"探究》（《中国钱币》2022年第3期）则是系统化阐述南宋金质货币"金叶子"的佳作。

（四）宋代纸币研究

与此同时，对宋代纸币制度的研究趋向精细化。首先，楮币的产生和运用是中国货币史上的一件大事，对于宋代楮币的全面性研究，主要集中在交子和楮币流通之上。孟鑫的《南宋楮币流通研究——对商、兵、吏等社会阶层的纸币使用考察》（河北师范大学硕士学位论文，2013）从官府、商人、军人对楮币的使用来分析南宋的楮币流通。薛彦文的《宋朝纸币浅析——以交子为例》（上海社会科学院硕士学位论文，2015）认为宋代交子的发行主要依托于政权而非商业信用，纸币的信用在宋代缺乏社会基础，因此交子仅是替代性货币。其次，从交子的针对性研究上讲，学者对北宋四川地区的交子和南宋淮南交子最为关注。俞晖、俞兆鹏在《论南宋纸币淮南交子》（《江西社会科学》2018年第9期）中指出，淮南交子发行前期，因为本钱充足又控制发行量，币值稳定，南宋后期政府无本滥发淮南交子，致使其贬值严重。王申的《淮南交子与南宋两淮地区的财政运作——兼与东南会子比较》（《安徽史学》2021年第1期）认为淮南交子作为区域性纸币实质上是推行铁钱化政策、调节铁钱数量的财政工具，在盐榷、军俸等财政活动和民间交易中受限，不具有完整的货币流通职能。全国性纸币东南会子更深入地参与货币流通，区域性纸币与全国性纸币的本质区别由其在财政运作中的角色所决定。此外，姜锡东和李金闯在《北宋初期四川地区的货币供应与交子诞生原因再探》[《河北师范大学学报》（哲学社会科学版）2021年第3期] 中提出，考察交子诞生前川蜀地区经济运行和货币供应情况，可知铁钱供应充足，但高价值货币缺位，金属货币改革尝试的失败，促使了交子的诞生。最后，部分学者还对印钞工具和关会演化的过程做出了自己的解读。刘森在《再谈北宋的小钞——世界最早的纸币钞版研究》（《中国钱币》2018年第1期）中提出，现存北宋钞版为小钞钞版并制作于宋徽宗崇宁末至大观年间、小钞版与《清明上河图》可互为佐证的新观点。王申的《从便钱到纸币：论绍兴时期见钱关子至东南会子的演进过程》（《中国社会经济史研究》2019年第3期）创见性地提出见钱关子因其是否影响专卖收入是宋廷运用这一货币工具的重要考量，而东南会子吸收了见钱关子的优点而规避其劣势，成为一种更成熟的货币工具。

2011年以来从综合货币制度、铜铁钱、金银及纸币等四个方面对宋代货币制度的研究精彩纷呈，体现了由唐入宋、由金属货币到纸币的时代性特征，以铜铁钱、白银为代表的金属货币和以交子、会子为代表的纸币之间的兑换差异，让宋代货币制度成为一种复合的精细货币制度，其运行难度和认知强度都远超前代。对于宋代货币制度的研究从以往经验上看主要集中在货币史的"面"和钱币学等相关学科中的几个"点"上，考古文物资料大多也仅停留在个案研究和考古报告层面，缺乏系统性全面化的综合性归纳整理成果，因而将系统性的考古资料与史料文献相结合去考察宋代的货币制度必将大有可为。同时，宋代钱币铸造流通与同时期的欧亚国家铸币的区别和联系、宋代黄金的货币地位与职能、宋代纸币的界分与准备金等方面也都有精进研究的可能。

二　宋代货币流通和货币购买力研究

（一）宋代货币域内流通研究

2011年以来，宋代货币的域内流通问题一直是一个重要命题，其中宋代纸币的域内流通成为研究的重中之重。王文成的《从"钱楮并用"到"银钞相权"——宋金元时期传统中国的市场结构与货币流通》(《思想战线》2014年第6期)认为在市场发展的推动下，宋金元三朝调整了货币政策，货币流通格局继"钱帛兼行"之后，先后历经"钱楮并用"、白银货币化和"银钞相权"等货币流通格局。管汉晖在《宋元纸币流通及其在世界货币史上的地位：兼论中西方货币史演变路径的差异》(《经济资料译丛》2016年第3期)中提出宋代纸币发行初期，政府为了维持币值稳定，采取了建立法偿地位、实行本位制度、将纸币币值锚定金属货币以及定期回赎等措施因而流通良好。后期币值下降，因战争带来的财政压力，不得不发行纸币来做赤字融资。王文成从10至13世纪的大时段视角，考察了纸币和金属货币之间流通格局的演变与交替，而管汉晖则从空间视阈下对宋元纸币的中西方演变路径做了对比，两位学者对宋代纸币所做的宏观研究方法独到，颇有启发意义。而南宋纸币会子的流通对我们研究南宋整体货币市场的流通状况极具参考价值。王申在《论南宋前期东南会子的性质与流通状况》[《清华大学学报》(哲学社会科学版)2019年第3期]中提出南宋前期的东南会子更多地呈现出财政票据的性质，未成为流通货币，不可将不同时段的东南会子视作一体。其在《论小面额东南会子对南宋货币流通的影响》(《浙江学刊》2020年第5期)一文中认为东南会子的面额设置使其更利于大额用途，会子数量大增，使铜钱被日渐挤出流通领域；加之因宋廷在财政用途中限制颇多，流通领域中出现了大额、小额货币配合困难的局面。另外，对宋代诸如香料之类的具备货币性质的实物和金属货币，也继续为学者所关注。彭波、陈争平、熊金武在《论宋代香料的货币性质》(《中国社会经济史研究》2014年第2期)中提出宋代金融体系依赖于实物资产提供信用保障，进口香料为政府提供了重要的财政支持，成为国家所依赖的重要金融工具，既可变现，也作为支付手段，还可充当政府资本和信用保证。李志鹏的《出土钱币窖藏所见宋辽货币经济交流》(《中国经济史研究》2017年第1期)从考古资料的角度论述了辽国虽有自铸货币，但宋钱和其他中原王朝钱币仍是其商品流通中发挥主要交换媒介职能的货币。

对于钱荒问题的再探讨是这一时期宋代货币流通研究中又一个热点，专家们着重探讨了宋代"钱荒"的成因与实质。何平在《唐宋的"钱荒论"及其实质》(《中国钱币》2019年第6期)中指出宋代处于周边少数民族政权压力和多元复合货币使用的复杂环境,并以李觏、张方平和叶适的论述为代表分析了宋代的钱荒,解决问题的出路只能在铜钱之外去寻找。此外,柳平生和葛金芳的《基于货币需求的南宋钱荒成因新探》(《国际社会科学杂志》2014年第2期)认为宋代钱荒问题的产生,从静态的货币市场看是钱币供求失衡所致;若从长时段看,其根本的动力来自宋明时期社会经济结构由中古农业社会向近代工商社会转进而对贵金属需求的上升。周生春和李华的《北宋钱荒的内在成因新探》[《浙江大学学报》(人文社会科学版)2017年第2期]则认为单一铜铸币制度是导致北宋钱荒的根本原因。上述讨论大大推进了前人对宋代"钱荒"的认知,传统研究认为"毁铜铸器"、铜钱外流和窖藏是导致钱荒的主要因素,而三位学者的研究都不限于这些传统的认知,今后宋代"钱荒"的研究方向应将更关注宋至明清这一整体时段中货币流通的变化与尝试,从长时段视角来看待宋代钱荒。

(二) 宋代货币域外流通研究

关于2011年以来宋代货币的海外流通探讨,主要的研究成果集中在东北亚和东南亚方向。在东北亚方向,钟兴龙的《略论宋代铜钱外流高丽问题》[《北华大学学报》(社会科学版)2014年第6期]以宋仁宗庆历年间为界,将宋代针对铜钱外流高丽的禁令分前后两个阶段,并认为宋钱流入使高丽融入宋代的货币体系中。汪琪的《宋日铜钱贸易研究》(浙江大学硕士学位论文,2017)从宋日铜钱贸易的背景、概况和考古发现等方面探讨了宋日铜钱贸易问题。郝洪熠的《日本10—13世纪宋代渡来钱情况研究》(中央民族大学硕士学位论文,2019)整理了日本全境渡来钱数量和种类,分析了渡来钱在日本流通的方式与条件,提出了备蓄钱和贸易用钱这两大流通方式,并将宋代渡来钱向日本的流通过程分为五个阶段。从宋代货币在东南亚的流通上看,张星在《宋元时期中国货币域外流通研究及当代启示》(《南方金融》2019年第3期)中指出宋元货币承担了国际结算货币等四个职能,宋元时期中国货币高度国际化是由于货币流通市场广阔和信誉较好。邱永志和张国坤在《宋明时期东南亚海域国家的货币演变——以中国钱为中心》(《中国钱币》2020年第3期)中提出因宋代铜钱的大量铸造和外流,东南亚海域诸多国家行用中国铜钱,东南亚海域开始进入"铜钱时代"。值得欣喜的是,学者们都开始关注宋代货币的域外流通问题，并将之与中国的东亚邻居联系在一起，两宋时期高丽、日本、东南亚国家与中国经济联系最为密切，从货币流通领域上看尚有较大的研究空间，值得持续关注。

（三）宋代的货币购买力研究

2011年以来对宋代的货币购买力研究主要集中在物价、货币比价和通货膨胀方面。首先从物价来看，任野的《宋代的物价变动与社会生活》（渤海大学硕士学位论文，2012）概算了宋代的物价水平及其变动，并预估宋代市民的购买能力，分析了宋代物价变动对市民生活的影响。（韩国）郑壹教的《北宋四川地区物价变动研究》（载姜锡东主编《宋史研究论丛》第十三辑，河北大学出版社，2012）以铁钱购买力和铜铁比价入手，分三个阶段论述了北宋四川物价。张倩的《论宋代农产品的价格变动》（《农业考古》2014年第3期）认为两宋时期农产品价格因国家政策、战争、变革、天灾等原因经历过数次较大变动，但基本维持了不断上涨的态势。其次从货币比价上看，李金闯的《论宋代货币比价变动与各方利益博弈》（载姜锡东主编《宋史研究论丛》第二十七辑，科学出版社，2020）认为宋代多种货币并行，货币比价存在短时间内剧烈变动，其间都牵涉巨大经济利益，影响社会诸多方面。李金闯的《宋代货币比价研究》（河北大学博士学位论文，2021）试图构建相对完整的宋代货币比价序列，尝试用同一价值尺度去衡量铜钱、铁钱、纸币以及具有部分货币职能的金、银、绢帛等，并强调宋代铜铁钱比价从官定比价逐渐趋向基于自身价值量的比价。最后，俞晖和俞兆鹏在宋代的通货膨胀研究方面用力最勤，主要研究成果反映在一部专著和三篇专题论文上。《北宋前期对通货膨胀的防止及其效果》（《江西社会科学》2012年第11期）分析了宋初的通胀预期由于增加铜钱产量、统一铸造法币、确定钱陌制度、规范铸币质量、禁止私铸钱币、节约开支扶贫、禁止商业投机等措施，到了宋太宗和宋真宗时期物价趋于稳定。《北宋中期由过度消费引发的通货膨胀》（《江西社会科学》2013年第9期）论述了北宋中期宋廷为摆脱财政危机采取通胀政策，引发私钱泛滥、货币贬值、物价高涨和社会不安，宋廷为革除弊政，推行"庆历新政"以失败告终，没有扭转通胀趋势。《论北宋末期的恶性通货膨胀》［《南昌大学学报》（人文社会科学版）2014年第4期］一文指出，北宋末期的恶性通胀政策造成货币贬值、物价暴涨，加速了北宋王朝的灭亡。2020年，俞晖和俞兆鹏的《两宋通货膨胀史》（江西人民出版社，2020）一书问世，从宋代通货膨胀的起源与缓解状况出发，分别阐述两宋三百多年八个阶段的控遏通货膨胀的举措及效果、通货膨胀程度，并总结当时政府控制货币通胀成败的经验教训，深刻揭示出两宋通货膨胀变化的分阶段特点和货币经济根源，是宋代通货膨胀研究的集大成之作。

2011年以来，对宋代的货币流通和购买力研究呈现出很多新变化。第一，宋代货币的域内流通研究已经十分成熟，对钱荒问题的认识取得了不小的突破，今后须更加关注同一空间长时间段的宏观研究，在整体的视角下对不同材质货币的演变规律和社会政经结构变化影响下的货币形态深入研究。第二，宋代货币的域外研究尚处于起步阶段，将宋代中国货币史和世界货币史两个维度相结合，运用外国文献来进行宋代货币研究将是必然趋势。第三，对宋代货币购买力的研究走向深入，物价、货币比价和通货膨胀等领域标志性成果已经问世，今后对宋代货币购买力的精细化研究将是可行思路。

三　宋代货币理论和货币思想文化研究

（一）货币理论研究

2011年以来，对宋代货币理论的个案研究呈现出"全面开花"的特点。对于短陌货币理论的研究，何平的《传统中国的货币与财政》（人民出版社，2019）对宋代的"短陌"现象运用经济模型进行了产生机制分析，创造性地将短陌理论研究与计量经济方法相结合。王申的《土地视野下的宋代短陌》（《第十届北京大学史学论坛论文集》，2014）在前人对宋代短陌研究的基础上创新性地提出不同物品的短陌数值同持币者的交换意愿相关，短陌数值是交换意愿的指示器，土地交易的高短陌数值是其表现。从称提理论来看，叶伟颖在《南宋时期的"称提"及其历史启示》[《齐齐哈尔大学学报》（哲学社会科学版）2016年第2期]中指出，南宋的称提之策已经失败，其历史启示可归纳为须控制流通纸币数量、准备金需足量、钱楮并用树立纸币信用等。何平的《世界最早纸币理论"称提理论"与南宋纸币风险管理》（《中国钱币》2020年第1期）认为称提目标在于维持纸币价值的稳定和会子的购买力保证，在南宋政府的实际操作中不断平衡其纸币价值风险管理。此外，沈括的"货币流通速度论"也得到学者的重视，舍娜莉在《沈括"货币流通速度论"之管窥》(《兰台世界》2015年第15期)中指出沈括所提出的货币流通速度与货币数量关系的理论，较英国人约翰·洛克的货币流通速度理论早了600余年，其高明之处在于站在经济发展角度阐释货币流通。近年来对宋代货币理论的研究开始受到重视，涌现出何平、王申等一批高水平的学者，货币理论映射出宋人对货币运用的看法和观点，印证了宋代士大夫阶层观察宋代货币经济的独到眼光。

(二) 货币思想文化研究

2011年以来宋代货币思想文化的研究，涌现出一批水平高、声誉好的著作。从货币思想研究来看，方宝璋、李中福的《论宋代纸币管理思想及历史借鉴》(《江西财经大学学报》2012年第2期)认为宋人提出的发行纸币准备金、钱楮并用、控制纸币流通量、纸币防伪等管理思想对当代仍具有借鉴意义。此外，姚文宇的《两宋时期的货币制度与货币思想研究》(山西财经大学硕士学位论文，2014)从金属货币和纸币两个维度来探讨宋代的货币制度，总结出宋代货币具有人为划分货币区、铸币发行数量大、纸币发行与广泛行用、金银重回流通领域等四个特点。黄坤的《两宋时期货币思想演变研究》(西北大学硕士学位论文，2019)从两宋时期货币思想演变的历史背景、过程、特点、原因和启示等角度论述了该问题。从货币文化来看，戴建兵的《中国货币文化史》(山东画报出版社，2011)提出货币上的文字、图案乃至货币本身都有丰富的文化内涵，该专著介绍宋代货币文化以及宋代同当时世界主要国家的货币文化交流，是中国货币文化研究领域的重要著作。鲍展斌的《"海上丝绸之路"与中外货币文化交流》(中华书局，2019)对宋代的广州、泉州、宁波港的对外货币文化交流做了详尽解读。

宋代货币理论和货币思想文化研究十余年来取得了长足进步，但仍有很大的提升空间。一方面，宋代的货币理论研究尚处于发展阶段，李觏的"数量说"、司马光的"实物论"、苏轼的"金属论"、苏辙的"钱币国定说"、罗泌的"货币起源说"等宋人货币理论都值得进一步探究；另一方面，"宋型"货币文化对周边民族政权货币文化的影响和交流也可深入推动下去，宋与周边民族政权在中华民族共同体这一范畴之下互学互鉴多元货币文化，对统一的多民族国家的发展和建立有巨大促进作用。

四 宋代货币信用和货币地理研究

（一）宋代货币信用及信用金融机构研究

2011年以来对宋代货币信用及信用金融机构的研究集中在抵当库、交引铺和内藏库等方向。宋代的贷款业务可分为信用贷款和抵押贷款，其中涉及一个核心的金融机构就是抵当库。王文书的《宋代借贷业研究》（河北大学博士学位论文，2011，已于2014年由河北大学出版社出版）在曾我部静雄和刘秋根的基础上对宋代抵当所、抵当库的起源与名称演变、资本、利率、经营管理、存款业务的出现及其历史作用等问题做了系统性阐述。其次，宋代的兑换机关显然比前代更发达，及至南宋时期经营兑换业务的金银盐钞引交易铺逐渐发达起来。刘春燕在《宋代的茶叶"交引"和"茶引"》（《中国经济史研究》2012年第1期）中首次提出北宋末期，政府从直接参与茶叶生产与批发的"实物禁榷制"，改为通过专卖税方式间接控制市场的"茶叶专卖税制"，"茶引"由商人贩运凭证变成收取茶叶专卖税的凭证。而何卯的《北宋时期的便钱钞与茶盐钞》（云南大学硕士学位论文，2016）与前人研究不同之处在于以"便钱钞"和"茶盐钞"的异同关系为着眼点，探讨了二者逐渐合一的货币形态趋势。再次，宋代的汇兑业务最早由政府机构办理，在京师向左藏库付现款，到各州去取现，以实现兑换，因此内藏库也具备一定的货币兑换职能。高飏的《北宋财政和货币问题的一点考察——以内藏库为中心》（南京师范大学硕士学位论文，2011）从内藏库在北宋财政运作中所处的货币供应核心地位进行研究，揭示了其对整个北宋财政运转的意义及影响。崔玉谦《皇权与国运兴衰视角下的宋代内藏库研究》（河北大学博士学位论文，2017）则着重对两宋之际内藏库贮藏钱物的流失及南宋初内藏库的重建进行了探讨，揭示了左藏南库和左藏封桩库的性质及特点。董春林的《宋代内藏财政研究》（中国社会科学出版社，2019）以内藏财政制度发展变迁中财权迁移为线索，将内藏财政放在中央财政转型变迁的视角下加以考察，研究内藏财政变迁下国家财权集中的经济现象。

（二）宋代货币地理研究

从2011年以来的宋代货币地理研究上看，张天胤的《南宋铸币地理研究》（上海师范大学硕士学位论文，2020）从东南铜钱、江南江北铁钱、四川铁钱铸造地理和铸钱管理准政区研究等角度研究了南宋铸币地理。孙斌在《宋金货币流动的品种特征及其历史地理考察——以出土钱币窖藏为中心》（载姜锡东主编《宋史研究论丛》第二十七辑，科学出版社，2020）中强调金朝虽有本国铸币流通，但宋朝货币实为流通市场上的主力军，并首次将金朝货币窖藏划为各具特点的四个区域加以区分。

宋代的货币信用和信用机关的研究一直是学界关注的重点，2011年以来学者的研究成果涉及抵当库、交引铺和内藏库等方面，但对营田、质库、柜坊、兑坊的研究还有进一步拓展的空间；宋代的货币地理研究在这十年间异军突起，这是前人研究比较薄弱的环节，未来可进一步加强北宋时期铸币地理和铸钱管理准政区研究，争取新的突破。

综上所述，学者们对于宋代货币史的已有探索，为进一步加深人们对宋代货币的解读提供了宝贵参考。虽然宋代货币研究成果蔚为大观，研究方法也日渐成熟，但对宋代货币的细化深入研究还有很大的空间可以推进。过往的宋代货币研究主要集中在经济史、货币史领域，涌现出了一批系统的、专门的研究论著，但仍有运用新学科、新技术、新角度去分析挖掘宋代货币研究的巨大潜力。运用科学分析手段客观记录数据，运用经济学、考古学、科技史的方法进行多学科交叉研究，综合考察货币对于宋代社会的作用和影响，将是未来宋代货币研究走向深入的一个必然趋势。

多维视野下的中原灾害史研究

——读《近代中原地区水患与荒政》[*]

郭子初[**]

随着20世纪60年代环境史研究的蔚然勃兴及其在全世界的扩展,历史上的环境与社会经济发展的关联也愈发引人关注。突发、暴烈的灾荒作为剧烈地改变环境的自然力量,深刻地印记在人类社会的历史之中。四十年来,基于丰富的中华史籍典册以及民间文献的发现,经济史学者、环境史学者等对华北、江南、华南、西北等地的研究已取得丰硕的成果。颇为遗憾的是,长期以来作为中国经济核心区的中原,鲜有专门论著系统地研究与中原社会经济有重大关联的水灾与荒政问题。朱正业教授新著的《近代中原地区水患与荒政》(科学出版社,2020)则在相当程度上弥补了这一学术缺憾。

一 整体层面:基础问题牵动社会经济整体史图景的构建

近代以来,频繁的水灾不仅在自然环境上重塑着中原大地,还深刻改变了河南的人口、社会经济、政府职能等诸多方面。应对灾荒成为在中原大地上生活的人,以及近代在这块土地上风云变化的各个政权都不得不面对的生存挑战。这种对灾害的挑战和应对渗透于中原整体历史的各个方面,成为透视彼时区域社会诸多中心问题的一个牵制点。

---

[*] 本文为国家社会科学基金重大招标项目"民国时期淮河流域灾害文献搜集、整理与数据库建设"(18ZDA196)阶段性成果。
[**] 郭子初,安徽大学历史学院博士研究生。

灾害史研究的发展与整体历史研究从来都是密不可分的。从第一部系统研究中国历史上荒政问题的邓拓《中国救荒史》（商务印书馆，1937）开始，灾荒史研究便已涉及中国社会治乱兴衰的核心问题。改革开放以后，李文海等著的《近代中国灾荒纪年》（湖南教育出版社，1990）、《灾荒与饥馑》（高等教育出版社，1991）、《中国近代十大灾荒》（上海人民出版社，1994），重新开启了灾害史研究的热潮。21世纪以来，对灾害史的研究更是涌现了多种路径，例如自然科学史研究对灾害形成问题上的强势介入（如费杰《历史时期火山喷发与中国气候研究》，复旦大学出版社，2019），大数据分析方法在灾害成因、程度及其影响范围问题上的运用（如萧凌波《气候、灾害与清代华北平原社会生态》，科学出版社，2021）。一方面我们固然可以欣喜地看到灾害史研究方兴未艾，但与之同时出现的却是学科畛域愈加分明，领域分工越来越精细，灾害史研究中的终极关怀对象——"人"有意无意被边缘化。

　　而实际上，灾害所影响的不仅是作为生物属性的人自身，还有作为社会经济属性的生产资料和生产关系。灾害史对这两个层面基础问题的观照，直接牵涉到诸多经典问题的探讨。《近代中原地区水患与荒政》一书展现了广阔的学术视野，全书在结构上涉及了近代河南水利事业的兴废、救灾机制的变迁、疫病的防治、灾民的安置等诸多近代河南的制度设置和社会问题。如在梳理河南水利事业管理体制的变迁中，着重考察了当时各层级出台的水利法规与治理方案，不局限于单纯的应对灾害而举行的大型水利工程，还十分注意分析日常农田水利建设，分析水利建设与社会经济发展整体需求之间的关系。同时，由于近代水利工程技术的发展，现代技术对水利、气候、地形的勘测考察逐渐代替传统王朝的雨雪粮价的题本汇报，《近代中原地区水患与荒政》花费大量笔墨放在现代技术应用层面上，展现出了近代社会经济发展的多面性。该书在聚焦水灾造成巨大自然系统变动、社会震荡的主线下，进而串联呈现了近代河南社会经济的整体景观。水患之下，河南人口迁转流动，数量、结构发生变动，平抑粮食价格、转运调配粮食资源、蠲免、缓征钱粮赋税，组织治水与兴修农田水利，这些围绕地方社会经济发展的基础问题，不仅是考察河南灾荒历史需要面对的问题，更是关乎着河南整体社会经济发展水平的衡量与评价。

　　正是灾害之于社会一般状态爆发性的冲击影响，灾害史研究在宏大历史叙事结构中的最大作用可能就在于其所带来的"不确定性"（夏明方：

《文明的"双相":灾害与历史的缠绕》,广西师范大学出版社,2020)。无论是现在还是历史上的经济社会研究,与亚当·斯密(Adam Smith)所构造的"理性经济人"(hypothesis of rational man)一样,纯粹的、理想的、凝固的社会状态也只能存在于假设之中,实践的历史研究必须纳入这种"不确定性",唯如此方能描述符合实际的整体历史图景。

二 比较层面:多灾的中原之于区域经济史研究的独特价值

天下之中的地理区位注定使河南成为中国社会南来北往、东迁西移的过渡之地,加之黄淮水系交织所带来的水患叠加,原已纷繁复杂的区域经济更加牵连甚多,纠缠甚广。诚如作者所言,中原地区一直以来都是中华文明发展的核心地域,在中华文明形成与发展过程中发挥着十分重要的作用。相比于明清以来工商业经济发达、进入近代又得风气之先的江南,作为传统农业典型地域的河南可能更具有代表性,这种代表性体现在融通性和过渡性两个方面。

首先是融通性。近代农村经济史研究最重要的痛点之一在于如何评价农家经济中的劳动生产率问题,尽管黄宗智不断地强调"没有劳动生产率提高的经济增长"是长三角地区的独特经验,无疑相邻或相近地区农业经济的历史是验证或修正这一理论能否扩展乃至普及的关键。那么,无论证实或者证伪这种经济模式特征的普遍性,都不得不考察不同环境禀赋对农业生产资源获取与损失的影响。《近代中原地区水患与荒政》着重考察了水灾在空间、时间上的影响范围与程度,近代水利建设对中原地区自然资源的获取和利用产生的巨大效用。这种水利资源的改善是中原农村经济得以恢复和长久存续的重要条件,但与此同时,这种资源的改善又非彻底的解决,而是更近乎应对,对身处中原的民众来说,不断循环的灾害已经成为日常生活的组成部分,其对生产的劳动投入以及经济结构的构成因灾害的发生而不断调整和适应。不论是之于明清直至近代环境相对稳定的江南,还是生态系统持续退化、自然资源日趋枯竭的华北,对于具有典型水灾影响仍能不断恢复的中原地区来说,将其在自然生态条件层面上进行比较,可以考察其对社会经济发展模式关系的融通性。

而过渡性则体现在人口的内外流动。近代以来的中国,虽然并没有发生类似历史上衣冠南渡、湖广填四川那类大规模的人口迁移现象,但是灾害兵燹、就食谋生等原因导致的人口迁转并不少见,多重灾害重压之下的中原地区即为一显例。近代河南水灾可谓频繁矣。《近代中原地区水患与荒政》充分考察了1931年大水河南灾民移垦东北,1938年黄河花园口决堤灾民向陕西、四川移民就食,显示了从道光到民国时期河南人口损失和迁移的状况。以1931年水灾为例,南京国民政府的统计是71个县死亡5万余人,而根据作者细致地考证和分析,实际共有76个县受灾共计损失8万余人,灾害重压之下,河南官方组织的移垦东北行动一次多达十数万人并在此后次第增加。但这种突发性的移民潮,诚如作者所言总体虽不失为成功之举,但毕竟是临时举措。相比于持续时久、声势浩大的山东、直隶等地的"闯关东",以及华北平原的"走西口"两个典型地区的人口流动,中原因灾移民无疑在规模和持续性上都有所不及。但可贵的是,该书能从逆向角度思考开去,认为近代河南在遭遇多次严重的水灾状态下,灾民依然回流反而说明了中原农业的韧性,人地资源矛盾不如华北和山东之尖锐,在观点上不啻为一种突破。

该书能实现对近代河南社会经济两个层面的观照基于的是对史料的充分占有。该书因为在研究时段上贯穿了清代和民国两个时间段,收集整理了大量系统的种类丰富的资料。首先是有数量可观的中国第一历史档案馆资料,其中包括了清代河南各地官员向朝廷报告的朱批档61卷,朝廷下发的上谕档79卷,括检了《清实录》中的大量史料,这些档案资料较少为前人所注意和利用。除此之外,还包括了任职河南的各级官员的政书、公牍、电稿、个人文集以及各类救荒纪略、辑要、备览等,基本涵盖了传统社会有关灾害以及救荒各个方面的资料。其次是对民国各时期资料大量的收集,这其中包括了实时的社会新闻报道(如《申报》《民国日报》《农报》等数十种)、政府公报(《河南省政府公报》《国民政府行政院公报》等十数种),数量众多的各类期刊(《东方杂志》《行政院水利委员会月刊》《黄河水利月刊》等数十种),此外还包括了河南省民政、建设、保安、统计等月刊月报,以及数据详尽的资料汇编。正是作者对各类资料进行了细致入微的排比、爬梳、辨伪和提取,对不同数据加以细致比对和深入研读,进而推进了诸多领域和问题研究的深化。

对于身处天下之中的中原民众,灾害重压之下,种种经济活动与行为看似充满扭曲,但此即是其实际生活状态。中原荒政及其之下的社会经济模式，或许更加接近于"生存经济"，对于形色各异的中国各区域发展路径而言，或许灾害的发生程度和影响范围不尽相同，但是在前现代社会中充满无法预料的风险和应对灾害状态，虽不能断定为普适，但一定具有类型比较的意义。

三 文明层面：灾荒记忆凝聚的有温度的历史著作

可贵的是，灾荒研究并没有因为中国近代历史的巨大变革失去其本身所蕴含的丰富意义。新中国成立之后，国家对黄河和淮河进行了大规模的治理，黄河的三门峡工程、小浪底工程、沁河河口村水利工程等的建设，尤其"淮河是新中国成立后第一条全面系统治理的大河"，基本上消除了水患，中原大地告别了因河流泛滥而造成巨大灾害的隐患，"荒政"似乎成了一个历史上的词语，但并不意味着对灾害史的研究停下了脚步。至少在中国历史传统中，灾害与应对灾害一直是中华文明精神传承的一个重要组成部分，不仅是因为其关乎社会整体的发展、共同体的进步，更是因为中华文明中悲天悯人、感怀苍生的道德传承。

历史学似乎存在一些难以逃脱的悖论，例如历史是否可以鉴往知今，是否可以究古今之辨，而其中一个主题就是记忆与遗忘的关系。包含荒政内容的灾害史不仅是对于当时当地悲剧性历史的真实记录，也是中华文明历经磨难仍能历久弥新的民族精神的真实写照。历史上，水灾给中州大地上的人民造成的影响是深远的，正如电影《1942》所展现的河南旱灾悲剧一样，《近代中原地区水患与荒政》所做出的研究工作，挖掘中州大地曾经的苦难历史，唤醒民众深远中的记忆，呼吁更加重视人与自然协调发展的理念，真正实现人与自然的和谐发展。"前事不忘，后事之师"，重视我们民族历史上的伤痛，正是鼓舞中华民族不断前行的力量。

自然界是人类生存和发展的基础，没有自然界，人类社会就会成为无源之水、无本之木。然而，灾害亦是自然界的一部分，同时正是人类在利用和改造自然过程中的错误行为，诱发灾害的频率愈发增加，或许才导致灾害与人类历史以及未来呈现共存纠葛的状态。《近代中原地区水患与荒政研究》全面总结了近代中原地区水患治理与荒政的成败得失，为当今中原地区的经济社会发展提供了一些有益的借鉴与思考。

诚然，该书对大量的历史数据做了整理和统计，并进行了史料的仔细甄别和慎重运用，但囿于资料链完整性的缺失以及各地资料记载丰富程度的不一，欲实现对中原灾荒全面完整的认识，尚有进一步深耕的空间。瑕不掩瑜，该书以灾荒为视角，探讨了灾害在近代对中原地域社会经济发展的深刻影响，揭示了环境诸要素的变异与社会经济构造、运行的巨大关联，无疑对当下社会经济史研究具有重要意义。

稿　约

2022年，中国经济史学会会刊砥砺前行！自本年开始，中国经济史学会会刊《中国经济史评论》将由每年的两辑改为四辑。《中国经济史评论》由中国经济史学会、河北师范大学历史文化学院、《河北师范大学学报》编辑部共同主办。会刊主要刊登中国古代经济史、中国近代经济史、中国现代经济史以及世界经济史等方面的研究文章，同时也会兼顾书评、综述等方面的佳作！

虽然经历了9年的积累和沉淀，但前路仍然坎坷，仍然需要您的呵护和惠爱！虽栉风沐雨，我们希望您能与我们一路同行，无问西东。我们深知，推动中国经济史学研究的发展是当代学人的一份沉甸甸的责任。没有经济史学的研究，就没有对中国社会经济发展道路的深刻认识；没有经济史学的研究，我们就不能从全球视野和历史视野中认识和把握中国的特质和方位；没有经济史学的研究，我们也不能为中国特色社会主义政治经济学体系的构建贡献力量；没有经济史学的研究，我们更不能为构建中国特色的学术话语体系添砖加瓦。我们欢迎您的真知灼见，不论您是谁，大佬、大腕、大咖、年轻的学者、博士生、硕士生，我们都敞开怀抱！

具体事项告知如下：

1. 本刊主要发表经济史研究方面的学术论文。同时兼顾学术述评等。注重学术性、理论性、专业性和知识性。

2. 稿件文字、标点、年代、数字等书写方式及注释格式请参照《中国经济史评论》2022年第1辑。来稿请采用脚注、每页分别编序。来稿请附300字以内的中、英文摘要，以及3~5个中、英文关键词。为方便我们工作，文稿请尽量采用单倍行距，正文宋体五号字，摘要、关键词、大段引文楷体五号字，注释宋体小五号字。

3. 本刊取舍稿件以学术水平为准，请作者来稿时务必附姓名、单位、地址、邮编、电话、电子邮箱等。本刊尊重作者版权，除不符合国家出版管理规定的内容外，一般不对来稿进行删改，仅做必要的技术性和文字性修改。无论来稿采用与否，稿件一律不退，烦请自留底稿。

4. 来稿篇幅不限，本刊欢迎长论文。

5. 本刊采用电子投稿，投稿信箱为 zgjjspl@126.com。

我们常年征稿，期待您惠赐大作！

《中国经济史评论》编辑部

2022 年 1 月 14 日

图书在版编目(CIP)数据

中国经济史评论. 2022年. 第4辑：总第18辑 / 魏明孔，戴建兵主编；隋福民执行主编. -- 北京：社会科学文献出版社, 2023.1
（中国经济史学会会刊）
ISBN 978 - 7 - 5228 - 1415 - 5

Ⅰ.①中… Ⅱ.①魏… ②戴… ③隋… Ⅲ.①中国经济史 - 文集 Ⅳ.①F129 - 53

中国国家版本馆CIP数据核字（2023）第021838号

中国经济史学会会刊
中国经济史评论 2022年第4辑（总第18辑）

主　　编 / 魏明孔　戴建兵
执行主编 / 隋福民

出 版 人 / 王利民
组稿编辑 / 周　丽
责任编辑 / 李　淼
责任印制 / 王京美

出　　版 / 社会科学文献出版社·城市和绿色发展分社（010）59367143
　　　　　 地址：北京市北三环中路甲29号院华龙大厦　邮编：100029
　　　　　 网址：www.ssap.com.cn
发　　行 / 社会科学文献出版社（010）59367028
印　　装 / 三河市龙林印务有限公司

规　　格 / 开　本：787mm × 1092mm　1/16
　　　　　 印　张：14　字　数：235千字
版　　次 / 2023年1月第1版　2023年1月第1次印刷
书　　号 / ISBN 978 - 7 - 5228 - 1415 - 5
定　　价 / 98.00元

读者服务电话：4008918866

版权所有 翻印必究